CLÁSICOS

El fantasma de la Ópera

Gaston Leroux

GRANTRAVESÍA

CLÁSICOS

El fantasma de la Ópera

Gaston Leroux

Traducción de Manuel Serrat Crespol

GRANTRAVESÍA

EL FANTASMA DE LA ÓPERA

Título original: *Le Fantôme de l'Opéra*

Autor: Gaston Leroux

Traducción:
Manuel Serrat Crespol

**Concepto gráfico de la colección, dirección de arte
y diseño de portada:**
Carles Murillo

Ilustración de portada:
Marc Torrent Barceló

D.R. © 2024, por la presente edición,
Editorial Océano de México, S.A. de C.V.
Guillermo Barroso 17-5, Col. Industrial Las Armas
Tlalnepantla de Baz, 54080, Estado de México
www.oceano.mx
www.grantravesia.com

Primera edición: 2024

ISBN: 978-607-557-913-9
Depósito legal: B 6198-2024

HECHO EN MÉXICO / *MADE IN MEXICO*
IMPRESO EN ESPAÑA / *PRINTED IN SPAIN*

9005798010324

A Jo, mi querido hermano, que, sin tener nada de fantasma, no por ello deja de ser, como Erik, un ángel de la música.

Con todo mi afecto,

GASTON LEROUX

PRÓLOGO

EN DONDE EL AUTOR DE ESTA OBRA SINGULAR CUENTA AL LEC-
TOR CÓMO LLEGÓ A ADQUIRIR EL CONVENCIMIENTO DE QUE EL
FANTASMA DE LA ÓPERA EXISTIÓ REALMENTE

El fantasma de la Ópera existió. No fue, como se ha creído durante tanto tiempo, una inspiración de artistas, una superstición de directores, la grotesca creación de los excitados cerebros de las señoritas del cuerpo de baile, de sus madres, de las acomodadoras, de las empleadas del vestuario y de la portera.

Sí, existió, en carne y hueso, aunque adoptara la apariencia de un auténtico fantasma, es decir, de una sombra.

Me impresionó, en cuanto comencé a consultar los archivos de la Academia Nacional de Música, la sorprendente coincidencia de los fenómenos atribuidos al *fantasma* y el más misterioso, el más fantástico de los dramas, y pronto comencé a pensar que, racionalmente, lo uno podía explicarse por lo otro. Apenas si han transcurrido treinta años desde que los acontecimientos tuvieron lugar, y no sería difícil hallar, aún hoy, en la misma sala de la danza, ancianos muy respetables, cuya palabra no puede ser puesta en duda, que se acuerdan, como si hubiera sucedido ayer, de las circunstancias misteriosas y trágicas que acompañaron el rapto de Christine Daaé, la desaparición del vizconde de Chagny y la muerte de su hermano mayor, el conde Philippe, cuyo cuerpo fue hallado a orillas del lago que se extiende en el subsuelo de la Ópera, en el lado de la rue Scribe. Pero ninguno de tales testigos creyó, hasta hoy, conveniente mezclar en tan horrenda aventura al legendario personaje del fantasma de la Ópera.

Tardó mucho la verdad en penetrar mi espíritu turbado por una investigación que topaba, una vez tras otra, con acontecimientos que, a primera vista, podían considerarse extraterrestres y, en más de una ocasión, me tentó la idea de abandonar la extenuante persecución, jamás coronada por el éxito, de una vana imagen. Tuve, por fin, prueba de que mis presentimientos no me habían engañado y todos mis esfuerzos se vieron recompensados el día en que adquirí la certidumbre de que el fantasma de la Ópera había sido algo más que una sombra.

Aquel día había yo pasado largas horas en compañía de las *Memorias de un director*, obra frívola de ese escéptico Moncharmin que nada comprendió, durante su paso por la Ópera, de la tenebrosa conducta del fantasma, y que se burló de él tanto como pudo mientras era, precisamente, la primera víctima de la curiosa operación financiera que tenía lugar en el interior del "sobre mágico".

Desesperado, acababa de abandonar la biblioteca cuando me encontré al encantador administrador de nuestra Academia Nacional charlando, en un rellano, con un viejecito, coquetón y vivaracho, a quien me presentó alegremente. El señor administrador se hallaba al corriente de mis investigaciones y sabía con qué impaciencia había intentado yo, en vano, descubrir el lugar de retiro del juez de instrucción del famoso asunto Chagny, el señor Faure. Nadie sabía qué había sido de él, si seguía vivo o estaba muerto; y he aquí que, a su regreso del Canadá, en donde acababa de pasar quince años, su primera gestión en París había consistido en ir a buscar una invitación a la secretaría de la Ópera. Aquel anciano era el propio señor Faure.

Pasamos juntos buena parte de la velada y me contó todo el asunto Chagny, tal como lo había entendido anteriormente. Tuvo que dictaminar, falto de pruebas, la locura del vizconde y la muerte accidental del hermano mayor, pero siguió convencido de que un terrible drama había tenido lugar, entre ambos hermanos, por causa de Christine Daaé. No supo decirme qué había sido de Christine ni del vizconde. Naturalmente, cuando le hablé del fantasma, se echó a reír. También él había sido puesto al corriente de las misteriosas manifestaciones que, por aquel entonces, parecían probar la existencia de un ser excepcional en uno de los rincones más misteriosos de la Ópera y conocía la historia del "sobre", pero nada había visto en ello que pudiera retener la atención de un magistrado y apenas escuchó durante unos instantes la declaración de un testigo que se había presentado espontáneamente para afirmar que había tenido ocasión de ver al fantasma. Aquel personaje, el testigo, no era sino el hombre que en las altas esferas de París recibía el sobrenombre de "el Persa", muy conocido por todos los abonados a la Ópera. El juez lo había tomado por un iluminado.

Ya imaginarán que la historia del Persa me interesó prodigiosamente. Quise ver, si estaba todavía a tiempo, a ese precioso y original testigo. Mi buena fortuna volvió a brillar y lo encontré en un pequeño apartamento de la rue Rivoli, del que no había salido desde entonces y en el que moriría cinco meses después de mi visita.

Al principio, desconfié; pero cuando el Persa me hubo contado, con un candor infantil, todo cuanto, personalmente, sabía del fantasma y me hubo entregado las pruebas de su existencia y, sobre todo, la extraña correspondencia de Christine Daaé, la cual arrojaba una deslumbradora luz sobre su horrendo destino, no me fue ya posible dudar. ¡No, no! ¡El fantasma no era un mito!

Bien sé que se me ha respondido que toda esa correspondencia podía no ser auténtica en absoluto y que tal vez había sido fabricada por un hombre cuya imaginación se habría, sin duda, alimentado de los más seductores cuentos; pero, por fortuna, me fue posible hallar la escritura de Christine al margen del famoso paquete de cartas y, en consecuencia, consagrarme a un estudio comparativo que despejó todas mis dudas.

También me documenté acerca del Persa, descubriendo así, en él, a un hombre honesto incapaz de inventar una maquinación que pudiese engañar a la justicia.

Ésta es, por lo demás, la opinión de las más grandes personalidades que se vieron mezcladas, con mayor o menor intensidad, en el asunto Chagny, amigos de la familia a quienes he mostrado todos mis documentos y ante quienes he expuesto todas mis teorías. He recibido, de su parte, el más noble aliento y me permito reproducir, a este respecto, algunas líneas que me fueron remitidas por el general D...

Caballero:

Quiero, con ésta, animarlo a publicar los resultados de su investigación. Recuerdo perfectamente que unas semanas antes de la desaparición de la gran cantante Christine Daaé y del drama que enlutó todo el *faubourg* Saint-Germain, se hablaba mucho, en la sala de la danza, del fantasma, y creo que sólo dejó de ser motivo de conversación a consecuencia de aquel asunto que ocupaba todos los espíritus; pero si es posible, como creo tras haberle escuchado, explicar el drama gracias al fantasma, se lo ruego, caballero, vuélvanos a hablar del fantasma. Por misterioso que pueda al principio parecer, siempre será más explicable que esa sombría historia en la que, gente mal intencionada, ha querido ver desgarrándose hasta la muerte a dos hermanos que se adoraron durante toda su vida…

Reciba, etcétera.

Por fin, con mi expediente en la mano, había recorrido de nuevo los vastos dominios del fantasma, el formidable monumento que había convertido en su imperio, y todo cuanto mis ojos habían visto, todo lo que mi espíritu había descubierto corroboraba admirablemente los documentos del Persa, cuando un maravilloso descubrimiento coronó de modo definitivo mi trabajo.

Recordarán que, últimamente, cavando en el subsuelo de la Ópera para enterrar en él las voces fonográficas de varios artistas, la piqueta de los obreros desenterró un cadáver; pues bien, enseguida comprobé que tal cadáver era el del fantasma de la Ópera. Hice que el propio administrador tocara la prueba con sus manos y, ahora, me importa muy poco que los periódicos afirmen que se ha encontrado a una víctima de la Comuna.

Los infelices que fueron ejecutados durante la Comuna en los sótanos de la Ópera no están enterrados en este lado; diré dónde pueden encontrarse sus esqueletos, muy lejos de esa inmensa cripta donde se habían acumulado, durante el asedio, toda suerte de vituallas. Descubrí la pista mientras buscaba, precisamente, los restos del fantasma de la Ópera, que no hubiera podido encontrar sin el inaudito azar del enterramiento de las voces vivientes.

Pero ya volveremos a hablar de ese cadáver y de lo que conviene hacer con él; me interesa ahora terminar este necesario prefacio agradeciendo a los comparsas, excesivamente modestos, que, como el señor comisario de policía Mifroid (llamado para realizar las primeras pesquisas cuando se produjo la desaparición de Christine Daaé), y también como al exsecretario Rémy, al exadministrador Mercier, al exmaestro de canto Gabriel y, especialmente, a la señora baronesa de Castelot-Barbezac, que fue antaño "la pequeña Meg" (de lo que no se ruboriza), la más encantadora estrella de nuestro admirable cuerpo de baile, la hija mayor de la honorable señora Giry (antigua acomodadora, fallecida, del palco del fantasma) me fueron de la mayor utilidad y gracias a ellos podré, con el lector, revivir en sus más mínimos detalles aquellas horas de puro amor y de espanto.[1]

1. Demostraría una enorme ingratitud si no diera también las gracias, en el umbral de esta espantosa y verídica historia, a la actual dirección de la Ópera que tan amablemente se prestó a todas mis investigaciones y, en particular, al señor Messager, así como al simpático administrador, señor Gabion, y al amable arquitecto que se ocupa de la conservación del monumento, y que no dudó ni un momento en prestarme las obras de Charles Garnier, aunque estaba casi seguro de que no se las devolvería. Finalmente, sólo me queda reconocer públicamente la generosidad de mi amigo y antiguo colaborador señor J.-L. Croze, que me permitió consultar su admirable biblioteca teatral y tomar prestadas ediciones únicas que le eran muy queridas. G. L.

I

¿ES EL FANTASMA?

Aquella noche, en la que los señores Debienne y Poligny, directores dimitentes de la Ópera, daban su última *soirée* de gala, con ocasión de su despedida, el camerino de la Sorelli, una de las primeras figuras del ballet, era súbitamente invadido por media docena de jovencitas del cuerpo de baile que acababan de dejar el escenario tras haber "danzado" *Polyeucte*. Entraban en una gran confusión, dejando oír risas excesivas y poco naturales, unas, y emitiendo gritos de terror, las otras.

La Sorelli, que deseaba estar sola unos instantes para "repasar" el discurso que debía pronunciar un poco más tarde en la residencia ante los señores Debienne y Poligny, había recibido de mal humor esa muchedumbre aturdida que se lanzaba en pos de ella. Se volvió hacia sus compañeras, inquieta por tan tumultuosa emoción. Fue la pequeña Jammes, naricilla grata a Grévin,[2] ojos de miosotis, mejillas de rosa y garganta de lis, la que explicó en tres palabras la razón de semejante conducta, con una voz temblorosa que la angustia ahogaba:

—¡Es el fantasma!

Y cerró la puerta con llave. El camerino de la Sorelli era de una elegancia artificial y vulgar. Un enorme espejo móvil, un diván, un tocador y unos armarios formaban el mobiliario necesario. Algunos grabados en las paredes, recuerdos de la madre,

---

2. Alfred Grévin (1827-1892), creador en 1882 del famosísimo museo de figuras de cera, fue también caricaturista teatral. *(N. del T.)*

que había conocido los mejores días de la antigua Ópera de la rue Le Peletier. Retratos de Vestris, de Gardel, de Dupont, de Bigottini. Aquel camerino les parecía un palacio a las chiquillas del cuerpo de baile, que se alojaban en habitaciones comunes, donde pasaban el tiempo cantando, discutiendo, pegando a los peluqueros y a las vestuaristas y bebiendo vasitos de licor de grosella, de cerveza o, incluso, de ron hasta que sonaba la campana del regidor.

La Sorelli era muy supersticiosa. Al oír que la pequeña Jammes hablaba del fantasma, se estremeció y dijo:

—¡Lagarto, lagarto!

Y como era la primera que creía en fantasmas de modo general y particularmente en el de la Ópera, quiso informarse de inmediato.

—¿Lo habéis visto? —preguntó.

—¡Como la veo a usted! —replicó gimiendo la pequeña Jammes que, sintiéndose incapaz de mantenerse de pie, se dejó caer en una silla.

Enseguida la pequeña Giry (ojos de ciruela, cabellos de betún, tez mate y aquella pobre piel sobre sus pequeños huesos) añadió:

—Sí es él, ¡qué feo es!

—¡Oh, sí! —dijo el coro de bailarinas. Y se pusieron a hablar todas al mismo tiempo. El fantasma se les había presentado bajo el aspecto de un caballero vestido de negro que se había aparecido, de pronto, ante ellas, en el pasillo, sin que pudiera saberse de dónde venía. Su aparición había sido tan súbita que hubiera podido creerse que salía del muro.

—¡Bah! —dijo una de ellas que casi había conservado la sangre fría—, vosotras veis al fantasma por todas partes.

Y era cierto que, desde hacía unos meses, en la Ópera sólo se hablaba del fantasma vestido de negro que se paseaba, como una sombra, por el edificio, que no dirigía la palabra a nadie, al que nadie se atrevía a hablar y que se desvanecía, por lo demás, en cuanto lo veían, sin que pudiera saberse por dónde ni cómo. No hacía ruido al andar, como corresponde a un verdadero fantasma. Todos habían comenzado por reírse y burlarse de aquel aparecido, vestido como un hombre de mundo o como un enterrador, pero la leyenda del fantasma pronto había tomado proporciones colosales en el cuerpo de baile. Todas pretendían haberse encontrado, más o menos veces, a ese ser extranatural y haber sido víctimas de sus maleficios. Y las que con mayor fuerza reían no eran las más tranquilas. Cuando no se dejaba ver, señalaba su presencia o su paso con extraños o funestos acontecimientos de los que la casi general superstición le responsabilizaba. ¿Se debía lamentar un accidente?, ¿cierta compañera le había jugado una broma a una de aquellas damiselas del cuerpo de baile?, ¿había desaparecido una borla para los polvos de arroz? Todo era culpa del fantasma, ¡del fantasma de la Ópera!

Pero ¿quién lo había visto, en realidad? ¡Se ven en la Ópera tantos trajes negros que no son fantasmas! Claro que éste poseía una característica que no tienen todos los trajes negros. Cubría a un esqueleto.

Al menos eso decían aquellas damiselas. Y tenía, naturalmente, una calavera.

¿Era serio todo aquello? Lo cierto es que la fantasía del esqueleto había nacido a causa de la descripción que del fantasma había hecho Joseph Buquet, jefe de tramoyistas que sí lo había visto realmente. Se había topado, no puedo decir "de narices" puesto que el fantasma no las tenía, con el misterioso personaje en la pequeña escalera que, cerca de la rampa, baja directamente al "sótano". Había tenido tiempo de verlo unos segundos, pues el fantasma había huido, y había conservado un imborrable recuerdo de aquella visión.

He aquí lo que Joseph Buquet dijo del fantasma a quien quiso escucharle:

"Es de una delgadez prodigiosa y su traje negro flota sobre un armazón esquelético. Tiene los ojos tan hundidos que no se distinguen bien sus inmóviles pupilas. Sólo se ven, en definitiva, dos grandes agujeros negros como los de las calaveras. Su piel, tensa sobre la osamenta como una piel de tambor, no es blanca sino de un amarillo horrendo; su nariz es tan poca cosa que de perfil es invisible y la *ausencia* de tal nariz es algo horrible de *ver*. Tres o cuatro largos mechones castaños, en la frente y detrás de las orejas, desempeñan el papel de cabellera."

Joseph Buquet había perseguido en vano aquella extraña aparición. Desapareció como por arte de magia y no volvió a encontrar su rastro.

El jefe de tramoyistas era un hombre serio, ordenado, de imaginación lenta y estaba sobrio. Sus palabras fueron escuchadas con estupor e interés, y hubo enseguida gente dispuesta a contar que también se había encontrado con un traje negro y una calavera.

Las personas sensatas a cuyos oídos llegó tal historia afirmaron, primero, que Joseph Buquet había sido víctima de una broma por parte de alguno de sus subordinados. Pero luego se produjeron, uno tras otro, incidentes tan curiosos e inexplicables que los más maliciosos comenzaron a preocuparse.

¡Un teniente de bomberos es alguien muy valiente! ¡No teme nada y, sobre todo, no le teme al fuego!

Pues bien, el teniente de bomberos en cuestión,[3] que había ido a dar una vuelta de inspección por los sótanos y que se había aventurado, al parecer, algo más lejos que de costumbre, había reaparecido de pronto en el escenario, pálido, aterrorizado, tembloroso, con los ojos fuera de las órbitas, y casi se había desvanecido en los brazos de la noble madre de la pequeña Jammes. ¿Por qué? Porque había visto cómo avanzaba hacia él, *a la altura de la cabeza, aunque sin cuerpo, una cabeza de fuego*. Y, lo repito, un teniente de bomberos no teme al fuego.

Aquel teniente de bomberos se llamaba Papin.

El cuerpo de baile quedó consternado. En principio, la cabeza de fuego no respondía en absoluto a la descripción que del fantasma había dado Joseph Buquet. Se le hicieron al bombero muchas preguntas, interrogaron de nuevo al jefe de tramoyistas y, a resultas de ello, aquellas damiselas se convencieron de que el fantasma tenía varias cabezas que podía cambiar a voluntad. Naturalmente, imaginaron enseguida que corrían el mayor de los peligros. Desde el instante en que un teniente de bomberos no dudaba en desmayarse, coristas y figurantes podían invocar muchas excusas para el terror que les hacía poner sus pies en polvorosa cuando pasaban frente al agujero oscuro de algún pasadizo mal iluminado.

De modo que, para proteger en la medida de lo posible el monumento víctima de tan horribles maleficios, la propia Sorelli, rodeada de todas las bailarinas e incluso seguida por toda la caterva de comparsas en mallas, había, al día siguiente al de la historia del teniente de bomberos, puesto una herradura en la mesa que se halla ante el vestíbulo del conserje, junto al

---

3. La anécdota, también auténtica, me la contó personalmente el señor Pedro Gailhard, exdirector de la Ópera. *(N. del A.)*

patio de la administración, para que todo aquel que entrara en la Ópera, por motivos distintos a los del simple espectador, la tocara antes de poner los pies en el primer peldaño de la escalera. Y ello so pena de convertirse en presa de la potencia oculta que se había apoderado de todo el edificio, desde los sótanos al desván.

Tal herradura, como, por lo demás, toda esta historia, no la he inventado, por desgracia, y hoy puede verse todavía en la mesa del vestíbulo, ante la garita del conserje, cuando se entra en la Ópera por el patio de la administración.

Eso da, con bastante exactitud, una idea del estado de ánimo en que se encontraban las damiselas aquella noche cuando ingresamos con ellas en el camerino de la Sorelli.

—¡Es el fantasma! —había gritado pues la pequeña Jammes.

Y la inquietud de las bailarinas no había dejado de aumentar. Ahora, un angustioso silencio reinaba en el camerino. Sólo se oía el rumor de las jadeantes respiraciones. Por fin, Jammes, tras haberse retirado con signos de sincero espanto hasta el más apartado rincón de la pared, murmuró una sola palabra:

—¡Escuchen!

Parecía, en efecto, que un roce se dejaba oír detrás de la puerta. Ningún ruido de pasos. Hubiérase dicho que se trataba de una seda ligera resbalando por el panel. Luego, nada. La Sorelli intentó mostrarse menos pusilánime que sus compañeras. Avanzó hacia la puerta y preguntó con un hilillo de voz:

—¿Quién es?

Pero nadie respondió.

Entonces, sintiendo fijos en ella los ojos que espiaban sus menores gestos, se esforzó por ser valiente y dijo en voz muy alta:

—¿Hay alguien detrás de la puerta?

—¡Sí, sí, sí, evidentemente, hay alguien detrás de la puerta!
—repitió la pequeña ciruela pasa de Meg Giry, reteniendo heroicamente a la Sorelli por su falda de gasa—. ¡No abra, por lo que más quiera! ¡Dios mío, no abra!

Pero la Sorelli, armada con un estilete que jamás la abandonaba, osó dar vuelta a la llave en la cerradura y abrir la puerta, mientras las bailarinas retrocedían hasta el tocador y Meg Giry suspiraba:

—¡Mamá, mamá!

La Sorelli miró valerosamente hacia el pasillo. Estaba desierto; una lamparilla, en su celda de cristal, vertía un brillo rojizo y engañoso en las tinieblas ambientales, sin lograr disiparlas. Y la bailarina cerró de nuevo, rápidamente, la puerta con un gran suspiro.

—No —dijo—, no hay nadie.

—Pero nosotras lo hemos visto —afirmó una vez más Jammes, recuperando a pequeños pasitos su lugar junto a la Sorelli—. Debe estar en alguna parte, por ahí, merodeando. Yo no vuelvo a vestirme. Debiéramos bajar a la sala, enseguida, sin separarnos, para el "discurso" y así podríamos volver juntas.

Dicho esto, la niña tocó piadosamente el dedito de coral destinado a conjurar la mala suerte. La Sorelli dibujó, a hurtadillas, con la punta de la rosada uña de su pulgar derecho, una cruz de san Andrés en el anillo de madera que circundaba el anular de su mano izquierda.

"La Sorelli —escribió un célebre cronista— es una bailarina alta, hermosa, de grave y voluptuoso rostro, de talle flexible como una rama de sauce; se dice, generalmente, que es 'una hermosa criatura'. Sus cabellos rubios y puros como el oro coronan una frente mate bajo la que se engarzan dos ojos de esmeralda. Su cabeza se balancea suavemente, como una garceta, sobre un cuello largo, elegante y orgulloso. Cuando baila, sus caderas se mueven con un balanceo indescriptible que transmite a todo su cuerpo un estremecimiento de inefable languidez. Cuando levanta los brazos y se inclina para comenzar una pirueta, poniendo así de relieve las líneas de su corpiño, y la inclinación del cuerpo hace sobresalir la cadera de esta mujer deliciosa, parece un cuadro compuesto para que nos hagamos saltar la tapa de los sesos."

Y hablando de sesos, parece indiscutible que no los tenía en exceso. Y nadie se lo reprochaba.

—Hijas mías, hay que "sobreponerse"... ¿El fantasma? Nadie lo ha visto nunca...

—¡Sí, sí! ¡Nosotras lo hemos visto...! Lo vimos hace un momento —replicaron las pequeñas—. Tenía la calavera y llevaba su traje, como la noche en que se apareció a Joseph Buquet.

—Y Gabriel también lo ha visto —dijo Jammes—, ayer mismo, ayer por la tarde... a plena luz...

—¿Gabriel, el maestro de canto?

—Sí... ¡pero cómo!, ¿no lo sabe usted?

—¿Y llevaba el traje, en pleno día?

—¿Quién? ¿Gabriel?

—¡No! ¿El fantasma?

—Claro, llevaba el traje —afirmó Jammes—. El mismo Gabriel me lo ha dicho...

Precisamente lo reconoció por eso. Así ocurrió. Gabriel estaba en el despacho del administrador. De pronto, se abrió la puerta. Entró el Persa. Y ya saben que el Persa echa el "mal de ojo".

—¡Oh, sí! —respondieron a coro las bailarinas que, en cuanto hubieron evocado la imagen del Persa, formaron los cuernos del destino con el índice y el meñique extendidos, mientras el corazón y el anular se mantenían replegados hacia la palma, retenidos por el pulgar.

—... Y, también, que Gabriel es muy supersticioso —continuó Jammes—, aunque, sin embargo, es siempre educado y cuando ve al Persa se limita a meterse tranquilamente la mano en el bolsillo para tocar las llaves... Pues bien, en cuanto la puerta se abrió ante el Persa, Gabriel dio un salto del sillón donde estaba sentado hasta la cerradura del armario, para tocar hierro. En su movimiento, se desgarró con un clavo todo el faldón del gabán. Al apresurarse a salir, se dio de cabeza contra una percha y se hizo un chichón enorme; luego, al retroceder bruscamente, se hirió en el brazo con el biombo que hay junto al piano; quiso apoyarse en el piano con tan mala fortuna que la tapa le cayó sobre las manos aplastándole los dedos; saltó como un loco fuera del despacho y, por fin, calculó tan mal las escaleras que bajó rodando todos los peldaños del primer piso. Precisamente entonces pasaba yo con mamá. Nos apresuramos a levantarlo. Estaba todo magullado y tenía el rostro tan lleno de sangre que nos daba miedo. Pero enseguida nos sonrió gritando: "¡Gracias, Dios mío, por haber salido tan bien librado!". Lo interrogamos entonces y nos contó todo su miedo. Se lo había producido el ver, detrás del Persa, al fantasma; ¡al fantasma con su calavera, como lo describió Joseph Buquet!

Un aterrorizado murmullo saludó el final de la historia, al que Jammes llegó sin aliento porque la había contado de prisa, de prisa, como si el fantasma la persiguiera. Luego, se produjo de nuevo un silencio que fue interrumpido, a media voz, por la pequeña Giry, mientras, muy conmovida, la Sorelli se lustraba las uñas.

—Joseph Buquet haría mejor callándose —enunció la ciruela.

—¿Por qué tiene que callarse? —le preguntaron.

—Es lo que mamá dice… —contestó Meg, en voz muy baja esta vez, y mirando a su alrededor como si pudieran escucharla otros oídos distintos a los que allí se hallaban.

—¿Y por qué piensa así tu madre?

—Porque… porque… por nada…

Tan sabia resistencia tuvo la virtud de exasperar la curiosidad de aquellas damiselas, que se apiñaron alrededor de la pequeña Giry suplicando que se explicara. Allí estaban, codo con codo, inclinadas en un mismo movimiento de súplica y espanto. Se comunicaban mutuamente su miedo obteniendo de él un agudo placer que las helaba.

—¡He jurado no decir nada! —dijo Meg en un soplo de voz.

Pero no le dieron cuartel y tanto prometieron guardar el secreto que Meg, que ardía en deseos de contar lo que sabía, comenzó, con los ojos fijos en la puerta:

—Pues, bueno…, fue a causa del palco…

—¿Qué palco?

—¡El palco del fantasma!

—¿El fantasma tiene palco?

Ante la idea de que el fantasma tuviera palco, las bailarinas no pudieron contener el funesto gozo de su estupefacción. Lanzaron pequeños suspiros. Dijeron:

—¡Oh, Dios mío!, cuenta… cuenta…

—¡Más bajo! —ordenó Meg—. Es el primer palco, el número 5, ya sabéis, el primer palco que hay junto al proscenio de la izquierda.

—¡No es posible!

—Como os digo… Mamá es la acomodadora… ¿Me juráis que no vais a contar nada?

—¡Sí, claro, vamos…!

—Pues bien, es el palco del fantasma… Nadie ha entrado en él desde hace más de un mes, a excepción del fantasma, claro, y han dado órdenes a la administración para que no vuelvan a alquilarlo nunca…

—¿Y es cierto que el fantasma lo utiliza?

—Claro…

—Por lo tanto hay alguien…

—¡No…! *El fantasma lo utiliza pero no hay nadie.*

Las bailarinas se miraron. Si el fantasma iba al palco, debía vérsele, puesto que lucía una calavera y un traje negro. Intentaron hacérselo comprender a Meg, pero ésta les replicó:

—¡Precisamente! ¡El fantasma no se ve! ¡Y ni tiene calavera ni tiene traje…! Todo lo que se cuenta sobre su calavera o su cabeza de fuego son tonterías… No tiene nada de eso… Sólo se le oye cuando está en el palco. Mamá no lo ha visto nunca, pero lo ha oído. Y mamá lo sabe bien porque ella misma le da el programa.

La Sorelli se creyó en el deber de intervenir:

—Giry, pequeña, te estás burlando de nosotras.

Entonces, la pequeña Giry rompió a llorar.

—Mejor hubiera sido callarme… ¡Si mamá lo supiera…! Pero lo cierto es que Joseph Buquet se equivoca al ocuparse de cosas que no le atañen… Eso le traerá desgracia…, ayer mismo lo decía mamá…

Entonces se oyeron unos poderosos y apresurados pasos en el pasillo y una voz jadeante que gritaba:

—¡Cécile, Cécile!, ¿estás ahí?

—¡Es la voz de mamá! —dijo Jammes—. ¿Qué pasa?

Y abrió la puerta. Una honorable dama, vestida como un granadero pomerano, penetró en el camerino y se dejó caer, gimiendo, en un sillón. Los ojos giraban en sus órbitas, enloquecidos, iluminando lúgubremente su rostro de ladrillo.

—¡Qué desgracia! —exclamó—. ¡Qué desgracia!

—¿Qué, qué?

—Joseph Buquet...

—¿Qué le pasa a Joseph Buquet?

—¡Joseph Buquet ha muerto!

El camerino se llenó de exclamaciones, asombradas protestas, aterradas solicitudes de explicación...

—Sí..., acaban de encontrarlo ahorcado en el tercer sótano... *Pero lo más terrible* —continuó jadeando la pobre y honorable dama—, *lo más terrible es que los tramoyistas que hallaron el cuerpo pretenden que, alrededor del cadáver, se oía un rumor parecido a un canto funerario.*

—¡Es el fantasma! —dejó escapar, a pesar suyo, la pequeña Giry, pero se retractó de inmediato, con los puños en la boca—. ¡No...! ¡No...! ¡No he dicho nada..., no he dicho nada...!

A su alrededor, todas sus compañeras, aterrorizadas, repetían en voz baja:

—¡Seguro! ¡Es el fantasma...!

La Sorelli estaba pálida...

—Jamás podré pronunciar mi discurso —dijo.

La mamá de Jammes expuso su opinión vaciando un vasito de licor que estaba sobre la mesa: aquello era cosa de fantasmas...

Lo cierto es que jamás se ha sabido, a ciencia cierta, cómo murió Joseph Buquet. La investigación, sumaria, no dio resultado alguno, excepto el de *suicidio natural*. En sus *Memorias de un director*, el señor Moncharmin, que era uno de los dos directores que sucedieron a los señores Debienne y Poligny, cuenta así el incidente del ahorcado:

"Un enojoso incidente turbó la pequeña fiesta que daban los señores Debienne y Poligny para celebrar su partida. Me hallaba en el despacho de la dirección cuando vi entrar, de pronto, a Mercier, el administrador. Estaba fuera de sí y me comunicó que acababan de descubrir, ahorcado en el tercer sótano del escenario, entre unos bastidores y un decorado para *El rey de Lahore*, el cuerpo de un tramoyista. Grité: '¡Vamos a descolgarlo!'. En el breve tiempo que tardé en correr escaleras abajo, el ahorcado ya no tenía la cuerda."

He aquí, pues, un acontecimiento que el señor Moncharmin encuentra natural. Un hombre se ha ahorcado con una cuerda, van a descolgarlo y la cuerda ha desaparecido. Claro que el señor Moncharmin encontró una explicación sencilla. Escuchémosle: *Era la hora de la danza, ¡coristas y figurantes se habían apresurado a tomar precauciones contra el mal de ojo!* Punto y aparte, eso es todo.

Desde aquí vemos al cuerpo de baile bajando por la escalera y repartiéndose la cuerda del ahorcado en menos tiempo del que tardo en decirlo. No es serio. Cuando, por el contrario, pienso en el lugar exacto donde fue encontrado el cuerpo, en el tercer sótano del escenario, imagino que podía existir, *en alguna parte*, interés porque esta cuerda desapareciera después de haber cumplido su tarea, y más tarde veremos si me equivoco al imaginarlo.

La siniestra noticia había recorrido con rapidez la Ópera, donde Joseph Buquet era muy querido. Los camerinos se vaciaron y las jóvenes bailarinas, agrupadas alrededor de la Sorelli como ovejas temerosas en torno al pastor, tomaron el camino de la residencia, atravesando corredores y escaleras mal iluminadas, trotando con todo el apresuramiento que les permitían sus patitas rosadas.

II

LA NUEVA MARGUERITE

En el primer rellano, la Sorelli chocó con el conde de Chagny que subía. El conde, por lo general tan tranquilo, daba muestras de una gran excitación.

—Precisamente iba a verla —dijo el conde saludando a la joven con mucha galantería—. ¡Ah, Sorelli, qué hermosa velada! Y Christine Daaé, ¡qué triunfo!

—¡No es posible! —interrumpió Meg Giry—. Hace seis meses desafinaba. Pero déjenos pasar, *querido conde* —dijo la muchacha con una reverencia traviesa—, vamos en busca de información sobre un pobre hombre al que han encontrado ahorcado.

En aquel momento pasaba, preocupado, el administrador que se detuvo de pronto al oír aquella frase.

—¡Cómo! ¿Ya lo saben ustedes, señoritas? —dijo en tono bastante brusco—. Muy bien, pues no hablen de ello… y, sobre todo, que los señores Debienne y Poligny no lo sepan; eso les apenaría mucho en su último día.

Todo el mundo se dirigió a la sala de la danza, que ya se hallaba repleta.

El conde de Chagny tenía razón; jamás hubo gala comparable a aquélla; los privilegiados que pudieron asistir a ella todavía se lo cuentan a sus hijos y sus nietos con conmovido recuerdo. Imaginen que Gounod, Reyer, Saint-Saëns, Massenet, Guiraud y Delibes subieron por turno al estrado del director de orquesta para dirigir la ejecución de sus propias obras.

Actuaron, entre otros intérpretes, Faure y la Krauss, y aquella noche se reveló ante "todo París", estupefacto y embriagado, aquella Christine Daaé cuyo misterioso destino quiero dar a conocer en esta obra.

Gounod dirigió la ejecución de *La marche funèbre d'une Marionnette*; Reyer, la de su hermosa obertura de *Sigurd*; Saint-Saëns, la de *La Dance macabre* y una *Rêverie orientale*; Massenet, la de una *Marche hongroise* inédita; Guiraud, la de su *Carnaval*; Delibes la de *La Valse lente de Sylvia* y los *pizzicati de Coppélia*. Las señoritas Krauss y Denise Bloch cantaron: la primera el bolero de las *Vísperas sicilianas*; la segunda, el brindis de *Lucrecia Borgia*.

Pero el triunfo se lo llevó Christine Daaé que, para comenzar, se dejó oír en algunos pasajes de *Romeo y Julieta*. Era la primera vez que la joven artista cantaba esta obra de Gounod que, por lo demás, todavía no había sido adaptada a la ópera y que la Ópera-Cómica acababa de reponer, mucho tiempo después de que hubiera sido estrenada en el antiguo Teatro Lírico por la señora Carvalho. ¡Ah!, debe compadecerse a quienes no escucharon a Christine Daaé en el papel de Julieta, a quienes no conocieron su ingenua gracia, a quienes no se estremecieron con los acentos de su voz seráfica, a quienes no sintieron que su alma emprendía el vuelo, con la de la cantante, por encima de las tumbas de los amantes de Verona: "¡Señor, Señor, Señor, perdonadnos!".

Pues bien, todo aquello no era nada comparándolo con los sobrehumanos acentos que dejó oír en el acto de la prisión y en el trío final de *Fausto*, que cantó sustituyendo a la indispuesta Carlotta. ¡Aquello fue lo nunca visto, lo nunca oído!

Era "la nueva Marguerite" lo que la Daaé revelaba, una Marguerite de esplendor y brillo todavía insospechados.

Toda la sala había saludado, con mil clamores de su inenarrable emoción, a una Christine que sollozaba y se desfallecía entre los brazos de sus compañeros. Tuvieron que transportarla a su camerino. Parecía que hubiera entregado el alma. El gran crítico P. de St.-V. fijó el inolvidable recuerdo de aquel instante maravilloso en una crónica que tituló, precisamente, "La nueva Marguerite". Como el gran artista que era descubrió, simplemente, que aquella hermosa y dulce niña había entregado esa noche, sobre las tablas de la Ópera, algo más que su arte, es decir, su propio corazón. Ninguno de los amigos de la Ópera ignoraba que el corazón de Christine había permanecido tan puro como a sus quince años, y P. de St.-V. declaraba "que para comprender lo que acababa de sucederle a la Daaé, *se veía obligado a imaginar que acababa de amar por primera vez.* Tal vez soy indiscreto —añadía—, pero sólo el amor es capaz de realizar semejante milagro, una transformación tan fulminante. Escuchamos, hace dos años, a Christine Daaé en su examen del Conservatorio, y despertó en nosotros una simpática esperanza. *¿De dónde procede la sublimidad de hoy? Si no viene del cielo, en alas del amor, me veré obligado a pensar que sube del infierno y que Christine, como el maestro cantor Ofterdingen, ha hecho un pacto con el Diablo.* Quien no haya escuchado a Christine cantar el trio final de *Fausto*, no conoce *Fausto*: la exaltación de la voz y la sacra embriaguez de un alma pura no podían llegar más lejos".

Mientras, algunos abonados protestaban. ¿Cómo había podido ocultarse durante tanto tiempo un tesoro semejante? Christine Daaé había sido, hasta entonces, un correcto Siebel junto a aquella Marguerite, de una esplendidez material algo excesiva, que era la Carlotta. Y había sido precisa la incomprensible e inexplicable ausencia de la Carlotta, en aquella velada de gala, para que la pequeña Daaé, improvisadamente, pudiera demostrar sus facultades en una parte del programa reservada a la diva española. En fin, ¿cómo, privados de Carlotta, los señores Debienne y Poligny habían recurrido a la Daaé? ¿Conocían pues su talento oculto? Y si lo conocían, ¿por qué lo habían ocultado? ¿Y por qué lo ocultaba ella? Cosa extraña, no se le conocía profesor actual. Ella había declarado varias veces que, en adelante, trabajaría sola. Y todo aquello resultaba muy inexplicable.

El conde de Chagny había asistido, de pie en su palco, a tal delirio mezclándose en él con sus resonantes bravos.

El conde de Chagny (Philippe-Georges-Marie) tenía entonces exactamente cuarenta y un años. Era un gran señor y un hombre apuesto. De talla superior a la media, de rostro agradable, pese a la dureza de la frente y a unos ojos algo fríos, era de una refinada cortesía con las mujeres y algo altivo con los hombres, que no siempre le perdonaban sus éxitos en sociedad. Tenía un excelente corazón y una conciencia honesta. A la muerte del anciano conde Philibert, se había convertido en jefe de una de las más ilustres y antiguas familias de Francia, cuyo abolengo databa de Luis el Testarudo. La fortuna de los Chagny era considerable, y cuando el anciano conde, que era viudo, murió, no fue tarea fácil para Philippe administrar tan pesado patrimonio. Sus dos hermanas y su hermano Raoul no quisieron, en absoluto, oír hablar de reparto y mantuvieron la indivisión, poniéndose en manos de Philippe, como si el derecho de primogenitura no hubiera dejado de existir. Cuando las dos hermanas se casaron, el mismo día, tomaron sus partes respectivas de manos de su hermano, no como algo que les perteneciera sino como una dote por la que le expresaron su agradecimiento.

La condesa de Chagny, de soltera de Mœrogis de la Martynière, había muerto al alumbrar a Raoul, nacido veinte años después que su hermano mayor. Cuando el viejo conde murió, Raoul tenía doce años. Philippe se ocupó activamente de la educación del niño. En esta tarea fue admirablemente secundado primero por sus hermanas y, luego, por una anciana tía, viuda de marino, que vivía en Brest y que despertó en el joven Raoul su gusto por las cosas de la mar. El joven ingresó en el *Borda*,[4] obtuvo uno de los primeros números y realizó tranquilamente su vuelta al mundo. Gracias a valiosas ayudas acababa de ser designado para formar parte de la expedición oficial del *Requin*, que tenía por misión buscar entre los hielos del Polo a los supervivientes de la expedición del *d'Artois*, de los que no se tenía noticias desde hacía tres años. Mientras, gozaba de unas largas vacaciones que sólo terminarían al cabo de seis meses, y las ancianas viudas del barrio noble, al ver al hermoso muchacho, que tan frágil parecía, lo compadecían ya por los rudos trabajos que le aguardaban.

La timidez de ese marino, casi estoy tentado de decir su inocencia, era notable. Parecía que acabara de salir, la misma víspera, de manos de las mujeres. De hecho, mimado por sus dos hermanas y por su anciana tía, había conservado de aquella educación, puramente femenina, maneras casi cándidas, teñidas de un encanto que nada, hasta entonces, había podido empañar. En aquella época contaba algo más de veintiún años y parecía tener dieciocho. Lucía un bigotillo rubio, tenía hermosos ojos azules y una tez de jovencita.

Philippe mimaba mucho a Raoul. Primero estaba muy orgulloso de él y preveía, con gozo, una carrera gloriosa para su hermano menor en aquella marina donde uno de sus antepasados,

---

4. Jean-Charles Borda (1733-1799), marino francés cuyo nombre se dio al bajel que sirvió de escuela naval de 1840 a 1913. *(N. del T.)*

el famoso Chagny de La Roche, había conseguido el rango de almirante. Aprovechaba las vacaciones del joven para enseñarle París, que éste casi desconocía por completo, en lo que puede ofrecer de lujosos goces y placer artístico.

El conde estimaba que, a la edad de Raoul, una prudencia excesiva no es recomendable.

El carácter de Philippe estaba muy bien equilibrado, era ponderado tanto en sus trabajos como en sus placeres; siempre de impecable aspecto, incapaz de dar a su hermano un mal ejemplo. Lo llevaba constantemente consigo. Le hizo incluso conocer la sala de la danza.

Sé bien que, en aquel tiempo, se decía que el conde se llevaba "muy bien" con la Sorelli. ¡Pero qué más da!, ¿podía reprochársele, acaso, a aquel gentilhombre que permanecía soltero y que, en consecuencia, tenía mucho ocio ante sí, sobre todo desde que sus hermanas se habían establecido, que fuera a pasar una o dos horas, después de cenar, en compañía de una bailarina que, evidentemente, no era muy, muy espiritual, pero que tenía los ojos más hermosos del mundo? Y además, hay lugares donde un auténtico parisino, cuando tiene la clase del conde de Chagny, debe dejarse ver, y, en aquella época, la sala de la danza de la Ópera era uno de esos lugares.

En fin, tal vez Philippe no hubiese llevado a su hermano a los pasillos de la Academia Nacional de Música si éste no hubiera sido el primero en pedírselo, varias veces, con una tranquila obstinación que el conde recordaría más tarde.

Philippe, aquella noche, tras haber aplaudido a la Daaé, se había vuelto hacia Raoul y lo había visto tan pálido que se había asustado.

—¿No se dan cuenta —había dicho Raoul— de que esta mujer se encuentra mal?

En efecto, en el escenario, Christine Daaé debía ser sostenida.

—Tú sí que vas a desfallecer... —dijo el conde, inclinándose hacia Raoul—. ¿Qué te pasa?

Pero Raoul estaba ya de pie.

—Vámonos —dijo con voz estremecida.

—¿Adónde quieres ir, Raoul? —preguntó el conde, asombrado ante la emoción que demostraba su hermano menor.

—¡Vamos a verla! ¡Es la primera vez que canta así!

El conde miró con curiosidad a su hermano y una ligera sonrisa apuntó en la comisura de sus divertidos labios.

—¡Bah!... —y añadió enseguida—: ¡Vamos, vamos!

Parecía encantado.

Pronto se hallaron en la entrada de los abonados, que estaba bastante llena de gente. Mientras aguardaba a poder ingresar en el escenario, Raoul desgarraba sus guantes con un gesto inconsciente. Philippe, que era bondadoso, no se burló ni un instante de su impaciencia. Pero ya veía claro. Ahora sabía por qué Raoul estaba distraído cuando él le hablaba y también por qué parecía experimentar tan vivo placer llevando a la Ópera todos los temas de conversación.

Penetraron en el escenario.

Una multitud vestida de negro se apresuraba hacia la sala de la danza o se dirigía hacia los camerinos de los artistas. Las vehementes alocuciones de los jefes de servicio se mezclaban con los gritos de los tramoyistas. Los figurantes del último cuadro que se alejan, los comparsas que empujan, un bastidor que pasa, un telón de fondo que desciende de los telares, una plataforma que se sujeta a grandes martillazos, el eterno "¡paso!" que resuena en los oídos como la amenaza de alguna nueva catástrofe para la chistera o de un buen golpazo en los riñones, ésos son los habituales acontecimientos de los entreactos que no dejan nunca de turbar a un novicio como el joven del bigotillo rubio, ojos azules y tez de jovencita que cruzaba, tan de prisa como se lo permitían los obstáculos, aquel escenario donde Christine Daaé acababa de triunfar y bajo el que Joseph Buquet acababa de morir.

La confusión nunca había sido tan completa como aquella noche, pero Raoul nunca había sido menos tímido. Apartaba con sus sólidos hombros cuanto suponía un impedimento sin preocuparse por lo que se decía a su alrededor ni intentar comprender las asustadas palabras de los tramoyistas. Sólo le impulsaba el deseo de ver a aquella cuya mágica voz le había arrancado el corazón. Sí, bien advertía que su pobre corazón, joven todavía, no le pertenecía ya. Había intentado defenderlo desde el día en que Christine, a la que había conocido de pequeña, apareció de nuevo ante él. Frente a ella había experimentado una emoción muy dulce que quiso, tras haber reflexionado, expulsar, pues se había jurado, tanto respeto sentía por sí mismo y por su lealtad, amar sólo a la que sería su mujer, y no podía pensar, ni por un momento, naturalmente, en casarse con una cantante; pero una sensación atroz había sucedido a la dulce emoción. ¿Sensación? ¿Sentimiento? Aquello tenía algo de físico y algo de moral. Le dolía el pecho como si se lo hubieran abierto para robarle el corazón. Sentía allí un horrendo hueco, un vacío real que sólo con el corazón del otro podría ya llenar. Éstos son acontecimientos de una psicología particular que, al parecer, no pueden ser comprendidos más que por quienes han sido golpeados por el amor, con ese extraño golpe que, utilizando el lenguaje vulgar, se llama "flechazo".

El conde Philippe apenas si podía seguirle. Continuaba sonriendo.

Al fondo del escenario, pasada la doble puerta que se abre a las escaleras que llevan a la residencia y a las que llevan hacia los camerinos de la izquierda de la planta baja, Raoul tuvo que detenerse ante el grupo de coristas que, acabadas de bajar de su desván, impedían el paso en la dirección que quería tomar. Más de una palabra agradable le fue dirigida por unos pequeños labios maquillados, a los que no respondió; por fin pudo pasar y se hundió en la penumbra de un corredor ruidoso por las exclamaciones que dejaban oír los entusiastas admiradores. Un nombre cubría todos los rumores: ¡Daaé, Daaé! El conde, detrás de Raoul, se decía: "El muy tunante conoce el camino", y se preguntaba cómo habría podido averiguarlo. Jamás había llevado a Raoul al camerino de Christine. Estaba claro que éste debía de haber ido solo mientras el conde permanecía, por lo común, charlando en la residencia con la Sorelli, que con frecuencia le rogaba que se quedara a su lado hasta el momento de entrar en escena, y que, a veces, tenía la tiránica manía de darle, para que se las guardara, las pequeñas sobrecalzas con las que bajaba de su camerino y protegía el lustre de sus zapatos de satén y la limpieza de sus mallas color carne. La Sorelli tenía una excusa: había perdido a su madre.

El conde, retrasando en algunos minutos la visita que debía hacer a la Sorelli, seguía pues la galería que llevaba al camerino de la Daaé y comprobaba que aquel corredor jamás había estado frecuentado como aquella noche, en que todo el teatro parecía trastornado por el éxito de la artista así como por su desmayo. Pues la hermosa muchacha todavía no había recuperado el conocimiento y habían ido a buscar al médico del teatro, que llegó entonces, empujando a los grupos y seguido de cerca por Raoul, que no se despegaba de sus talones.

De este modo, médico y enamorado se encontraron en el mismo instante junto a Christine, que recibió los primeros auxilios de uno y abrió los ojos en los brazos del otro. El conde había permanecido, como muchos otros, en el umbral de la puerta ante la que no se podía ni siquiera respirar.

—¿No le parece, doctor, que estos caballeros tendrían que "despejar" un poco el camerino? —preguntó Raoul con increíble audacia. Aquí no se puede respirar.

—Tiene usted toda la razón —asintió el doctor e hizo salir a todo el mundo, excepto a Raoul y a la camarera.

Ésta miraba a Raoul con los ojos llenos del más sincero asombro. Jamás lo había visto.

Sin embargo, no se atrevió a hacerle preguntas.

El doctor imaginó que si el joven actuaba así era, evidentemente, porque tenía derecho a hacerlo. De modo que el vizconde permaneció en el camerino contemplando cómo la Daaé volvía a la vida, mientras los dos directores, los señores Debienne y Poligny en persona, que habían acudido para testimoniar su admiración a su protegida, eran obligados a retroceder hacia el corredor con el resto de los trajes negros.

El conde de Chagny, rechazado como los demás, reía a carcajadas.

—¡El muy bribón, el muy bribón!

Y añadía, *in petto*: "Fíense de esos jovencitos que parecen doncellas".

Estaba radiante. Concluyó: "Es un Chagny", y se dirigió hacia el camerino de la Sorelli; pero ésta bajaba ya a la residencia con su pequeño rebaño tembloroso de miedo y el conde la encontró en camino, como ya se ha dicho.

En el camerino, Christine Daaé había lanzado un profundo suspiro al que había respondido un gemido. Giró la cabeza, vio a Raoul y se sobresaltó. Miró al doctor, a quien sonrió, luego a su camarera y, por fin, de nuevo a Raoul.

—Caballero... —preguntó a este último con voz que sólo era un soplo—, ¿quién es usted?

—Señorita —respondió el joven hincando la rodilla en tierra y depositando un ardiente beso en la mano de la diva—, señorita, *soy el niño que fue a buscar su echarpe que había caído al mar.*

Christine miró de nuevo al doctor y a la camarera, y los tres se echaron a reír. Raoul se levantó muy ruborizado.

—Señorita, puesto que no desea usted reconocerme, quisiera decirle algo en privado, algo muy importante.

—Cuando me encuentre mejor, caballero, ¿le parece? —y su voz temblaba—. Es usted tan gentil...

—Pero tiene que marcharse... —añadió el doctor con su más amable sonrisa—. Déjeme cuidar a la señorita.

—No estoy enferma —dijo de pronto Christine con una energía tan extraña como inesperada.

Y se levantó pasando, con rápido ademán, una mano por sus párpados.

—¡Se lo agradezco, doctor...! Necesito estar sola... ¡Váyanse todos!, por favor... déjenme... Esta noche estoy muy nerviosa...

El médico quiso formular algunas protestas pero, ante la agitación de la joven, creyó que el mejor remedio consistía en no contrariarla. Y se fue con Raoul, que se encontró en el pasillo, muy desamparado. El doctor le dijo:

—Esta noche no la reconozco... Generalmente es tan dulce...

Y lo dejó.

Raoul se quedó solo. Toda aquella parte del teatro estaba, entonces, desierta. Debía procederse a la ceremonia de despedida en la sala de la danza. Raoul pensó que tal vez la Daaé asistiría a ella, y la esperó en la soledad y el silencio. Se ocultó, incluso, en la sombra propicia de la jamba de una puerta. Seguía sintiendo aquel horrendo dolor en el lugar del corazón. Y de ello quería hablar, en aquel mismo instante, con la Daaé. De pronto, el camerino se abrió y vio que la doncella se alejaba, sola, llevándose unos paquetes. La detuvo al pasar y le preguntó por su señora. Ella le contestó, riendo, que ésta se encontraba perfectamente, pero que no podía molestarla porque quería estar sola. Y se fue. Una idea cruzó por el ardiente cerebro de Raoul: evidentemente, la Daaé quería estar sola *para él*... ¿Acaso no le había dicho que quería hablar con ella en privado y no era ésta la razón por la que ella había despedido a los demás? Respirando apenas, se acercó al camerino y con la oreja contra la puerta, para escuchar lo que le respondieran, se dispuso a llamar. Pero su mano se detuvo. Acababa de percibir, en el camerino, *una voz de hombre*, que con entonación especialmente autoritaria decía:

—¡Christine, tiene que amarme!

Y la voz de Christine, dolorosa, que se adivinaba llena de lágrimas, temblorosa, respondía:

—¿Cómo puede decirme esto? *¡A mí, que sólo canto para usted!*

Raoul se apoyó en la puerta, ¡sufría tanto! Su corazón, que creía ausente para siempre, había regresado a su pecho y latía con sonoros golpes. Todo el pasillo resonaba con ellos y los oídos de Raoul parecían ensordecidos. En verdad, si su corazón seguía haciendo tanto ruido, terminarían por oírle, abrirían la puerta y el joven se vería vergonzosamente expulsado. ¡Qué situación para un Chagny! ¡Escuchar tras una puerta! Tomó su corazón con ambas manos para obligarlo a callar. Pero un corazón no es como las fauces de un perro, e incluso cuando se sujeta con ambas manos las fauces de un perro, un perro que ladra insoportablemente, se oye todavía su gruñido.

La voz del hombre prosiguió:

—Debe de estar muy cansada.

—¡Oh!, esta noche le he dado mi alma y estoy muerta.

—Tu alma es muy hermosa, pequeña mía —prosiguió la voz grave del hombre— y te lo agradezco. No hay emperador que haya recibido regalo semejante. *Esta noche los ángeles han llorado.*

Tras las palabras: *esta noche los ángeles han llorado,* el vizconde ya no oyó nada.

Sin embargo, no se fue, pero, como temía que le sorprendieran, se acurrucó en su rincón sombrío decidido a esperar allí hasta que el hombre abandonara el camerino. Acababa de aprender, al mismo tiempo, el amor y el odio. Sabía a quién amaba. Quería conocer a quién odiaba. Con gran estupefacción por su parte, la puerta se abrió y Christine Daaé, envuelta en pieles y con el rostro oculto bajo un velo de encaje, salió sola. Cerró la puerta, pero Raoul observó que no la cerraba con llave. Pasó.

Él ni siquiera la siguió con la mirada pues sus ojos estaban fijos en la puerta, que no volvió a abrirse. Entonces, de nuevo desierto el corredor, lo cruzó, abrió la puerta del camerino y volvió a cerrarla tras de sí. Se halló en la más completa oscuridad. Habían apagado el gas.

—¡Hay alguien aquí! —dijo Raoul con voz vibrante—. ¿Por qué se oculta?

Y, al decirlo, mantenía la espalda apoyada en la puerta cerrada.

Oscuridad y silencio. Raoul sólo oía el rumor de su propia respiración.

Ciertamente no se daba cuenta de que la indiscreción de su conducta sobrepasaba todo lo imaginable.

—¡No saldrá usted de aquí hasta que yo lo permita! —gritó el joven—. ¡Si no me responde es usted un cobarde! ¡Pero yo sabré desenmascararle!

Encendió una cerilla. La llamita iluminó el camerino. ¡Estaba vacío! Raoul, tras haber tomado la precaución de cerrar la puerta con llave, encendió las lámparas. Penetró en el tocador, abrió los armarios, buscó, tanteó las paredes con sus húmedas manos. ¡Nada!

—¡Ay!—dijo en voz alta—, ¿estaré volviéndome loco?

Permaneció así durante diez minutos, escuchando el siseo del gas en la paz de aquel camerino abandonado; enamorado, ni siquiera pensó en robar una cinta que pudiera llevar hasta él el perfume de aquella a quien amaba. Salió sin saber ya lo que hacía ni adónde iba. En cierto momento de su incoherente deambular, un aire helado le golpeó el rostro. Se hallaba al pie de una estrecha escalera por la que bajaba, tras él, un cortejo de obreros que se inclinaban hacia una especie de camilla cubierta por un lienzo blanco.

—¿La salida, por favor? —preguntó a uno de aquellos hombres.

—¡Mírela usted, está ahí enfrente! —le respondieron—. La puerta está abierta. Pero déjenos pasar.

Preguntó, maquinalmente, señalando la camilla.

—¿Qué es esto?

El obrero respondió:

—Esto fue Joseph Buquet, a quien han encontrado ahorcado en el tercer sótano, entre un bastidor y un decorado para *El rey de Lahore*.

Se echó a un lado ante el cortejo, saludó y salió.

III

DONDE, POR PRIMERA VEZ, LOS SEÑORES DEBIENNE Y POLIGNY
COMUNICAN EN SECRETO A LOS NUEVOS DIRECTORES DE LA
ÓPERA, SEÑORES ARMAND MONCHARMIN Y FIRMIN RICHARD,
LA VERDADERA Y MISTERIOSA RAZÓN DE SU ABANDONO DE LA
ACADEMIA NACIONAL DE MÚSICA

Mientras, se había celebrado la ceremonia de despedida. He dicho ya que aquella magnífica fiesta la daban, con motivo de su marcha de la Ópera, los señores Debienne y Poligny que habían querido, como diríamos hoy, tener un buen entierro.

Habían sido ayudados, para llevar a cabo ese programa ideal y fúnebre, por todos los que, en aquel tiempo, representaban algo en las artes o en sociedad.

Toda aquella gente se había dado cita en la sala de la danza, donde la Sorelli aguardaba, con una copa de champaña en la mano y un discursito preparado en la punta de la lengua, a los directores dimitentes. Tras ella, todas sus compañeras del cuerpo de baile se apretujaban, unas hablando en voz baja de los acontecimientos del día, otras dirigiendo discretos signos de complicidad a sus amigos. La bulliciosa multitud rodeaba el buffet que había sido dispuesto sobre las inclinadas tablas, entre la *danza guerrera* y la *danza campestre* del señor Boulenger.

Algunas bailarinas vestían ya sus trajes de calle; la mayoría llevaba todavía su ligera falda de gasa; pero todas habían creído su deber componer un rostro de circunstancia. Sólo la pequeña Jammes, cuyas quince primaveras parecían haber olvidado ya, en su despreocupación (feliz edad), el fantasma y la muerte de Joseph Buquet, no dejaba de parlotear, cuchichear, dar saltitos y hacer bromas, de modo que, cuando los señores Debienne y Poligny aparecieron en los peldaños de la sala de la danza, la Sorelli, impaciente, le llamó severamente la atención.

Todo el mundo advirtió que los señores directores dimitentes parecían alegres, lo cual, en las provincias, no hubiera parecido natural a nadie, pero en París fue considerado de muy buen gusto. Nunca será parisino quien no haya aprendido a colocar una máscara de alegría sobre sus dolores y el "antifaz" de la tristeza, del hastío o de la indiferencia sobre sus más íntimas alegrías. Si sabéis que uno de vuestros amigos está apenado, no intentéis consolarle; os dirá que se ha consolado ya; pero si le ha acontecido algún feliz suceso, guardaos bien de felicitarle; le parece tan natural su buena fortuna que se sorprendería si alguien le hablara de ella. En París se vive siempre en un baile de máscaras y, naturalmente, personas tan "avispadas" como los señores Debienne y Poligny no iban a tener, en plena sala de la danza, el desliz de demostrar su pesadumbre, que era muy real. Y sonreían ya, en exceso, a la Sorelli, que comenzaba a soltar su discurso cuando una exclamación de la locuela de Jammes rompió la sonrisa de los señores directores de un modo tan brutal que el rostro de desolación y espanto que había dejado apareció ante los ojos de todos:

—¡El fantasma de la Ópera!

Jammes había pronunciado esta frase en tono de indecible terror y su dedo señalaba, entre la muchedumbre de trajes negros, un rostro tan pálido, tan lúgubre y tan feo, con los agujeros negros de los arcos superciliares tan profundos, que la calavera así designada obtuvo de inmediato un éxito loco.

—¡El fantasma de la Ópera, el fantasma de la Ópera!

Y reían y se empujaban y querían invitar a beber al fantasma de la Ópera; pero éste había desaparecido. Se había perdido entre la muchedumbre y lo buscaron en vano, mientras dos ancianos caballeros intentaban tranquilizar a la pequeña Jammes y la pequeña Giry lanzaba gritos de pavo real.

La Sorelli estaba furiosa: no había podido terminar su discurso; los señores Debienne y Poligny la habían besado, le habían dado las gracias y habían huido con la misma rapidez que el propio fantasma. Nadie se sorprendió, pues se sabía que debían sufrir la misma ceremonia en el piso superior, en la sala del canto, y que, para finalizar, recibirían por última vez a sus amigos íntimos en el gran vestíbulo del despacho de la dirección, donde les aguardaba una verdadera cena.

Y allí volvemos a encontrarles junto a los nuevos directores los señores Armand Moncharmin y Firmin Richard. Los primeros apenas conocían a los segundos, pero se extendieron en grandes demostraciones de amistad y éstos les respondieron con mil cumplidos; de modo que los invitados que habían temido una velada algo desagradable adoptaron de inmediato rostros gozosos. La cena fue casi alegre y, habiéndose presentado la ocasión de llevar a cabo varios brindis, el señor comisario del gobierno se mostró tan particularmente hábil, mezclando la gloria del pasado con los éxitos por venir, que pronto reinó entre los invitados la mayor cordialidad. La transmisión de poderes de dirección se había llevado a cabo la víspera, con la mayor simplicidad posible, y las cuestiones que quedaban por solucionar entre la antigua y la nueva dirección se habían resuelto bajo la presidencia del comisario del gobierno con tan gran deseo de entendimiento por una y otra parte que, en verdad, nadie podía asombrarse, en esta memorable velada, de ver cuatro rostros de directores tan sonrientes.

Los señores Debienne y Poligny habían entregado ya a los señores Armand Moncharmin y Firmin Richard las dos minúsculas llaves, las llaves maestras que abrían todas las puertas de la Academia Nacional de Música, varios millares. Y las llavecitas, objeto de la curiosidad general, pasaban con presteza de mano en mano cuando la atención de algunos fue atraída por el descubrimiento que acababan de hacer, a un extremo de la mesa, de aquel extraño, pálido y fantástico rostro de ojos hundidos que había ya aparecido en la sala de la danza y que había sido saludado por la pequeña Jammes con el apóstrofe: "¡El fantasma de la Ópera!".

Estaba allí, como el más natural de los invitados, salvo que no comía ni bebía.

Los que habían comenzado a mirarlo sonrientes, terminaron volviendo la cabeza, pues aquella visión llevaba de inmediato a su espíritu los más fúnebres pensamientos. Nadie reinició la broma de la sala, nadie gritó: "¡He aquí al fantasma de la Ópera!".

No había pronunciado una sola palabra y ni sus propios vecinos habrían podido decir en qué momento se había sentado allí, pero todos pensaban que si los muertos regresaban a veces para sentarse a la mesa de los vivos, no podrían tener más macabro rostro. Los amigos de los señores Firmin Richard y Armand Moncharmin creyeron que aquel descarnado invitado era un íntimo de los señores Debienne y Poligny, mientras los amigos de los señores Debienne y Poligny pensaron que aquel cadáver pertenecía a la clientela de los señores Richard y Moncharmin. De modo que nadie pidió explicaciones, y ninguna reflexión acerba, ninguna broma de mal gusto se arriesgó con el fin de no molestar a aquel huésped de ultratumba. Algunos invitados que estaban al corriente de la leyenda del fantasma y conocían la descripción que de él había hecho el jefe de tramoyistas, ignoraban la muerte de Joseph Buquet, pensaron *in petto* que el hombre del extremo de la mesa habría podido pasar perfectamente por la viviente realización del personaje creado, según ellos, por la indestructible superstición del personal de la Ópera: y sin embargo, según la leyenda, el fantasma no tenía nariz, mientras que el personaje la tenía, pero el señor Moncharmin afirmó en sus "memorias" que la nariz del comensal era transparente. "Su nariz —escribió— era larga, fina y transparente, y yo añadiré que podía tratarse de una nariz postiza. El señor Moncharmin pudo tomar por transparencia lo que sólo era brillo. Todo el mundo sabe que la ciencia hace admirables narices postizas para aquellos que han sido privados de ella por la naturaleza o por alguna operación. ¿Había el fantasma ido a sentarse realmente, aquella noche, en el banquete de los directores sin haber sido invitado? ¿Podemos estar seguros de que aquella figura era la del mismo fantasma de la Ópera? ¿Quién puede decirlo? Si hablo aquí de tal incidente no es porque, ni por un momento, quiera hacer creer o intentar que el lector crea que el fantasma hubiera sido capaz de tan soberbia audacia, sino porque, en definitiva, la cosa es muy posible.

Y he aquí, me parece, una razón suficiente. El señor Armand Moncharmin, de nuevo en sus "memorias", dice textualmente en el capítulo XI: "Cuando pienso en aquella primera velada, no puedo separar la confidencia que en su despacho nos hicieron los señores Debienne y Poligny de la presencia en nuestra cena de aquel *fantasmal* personaje que ninguno de nosotros conocía.

"He aquí exactamente lo que ocurrió:

"Los señores Debienne y Poligny, colocados en el centro de la mesa, no habían todavía descubierto al hombre de la calavera cuando éste se puso, de pronto, a hablar.

47

"—Las coristas tienen razón —dijo—. La muerte del pobre Buquet tal vez no haya sido tan natural como se cree.

"Debienne y Poligny tuvieron un sobresalto.

"—¿Buquet ha muerto? —gritaron.

"—Sí... —replicó tranquilamente el hombre o la sombra de hombre—. Lo han encontrado ahorcado, esta noche, en el tercer sótano, entre un bastidor y un decorado para *El rey de Lahore*.

"Los dos directores o, mejor dicho, exdirectores, se levantaron enseguida mirando de modo extraño a su interlocutor. Estaban más afectados de lo que era razonable, es decir, más de lo que razonablemente podía afectarles el anuncio del ahorcamiento de un jefe de tramoyistas. Ambos se miraron. Estaban más pálidos que el mantel. Por fin, Debienne hizo una seña a los señores Richard y Moncharmin; Poligny pronunció unas palabras de excusa dirigidas a los comensales y los cuatro pasaron al despacho de dirección. Cedo ahora la palabra al señor Moncharmin.

"Los señores Debienne y Poligny parecían cada vez más agitados —cuenta en sus memorias—, y nos dio la impresión de que querían decirnos algo que les ponía en un gran aprieto. Primero nos preguntaron si conocíamos al individuo sentado a un extremo de la mesa que les había informado de la muerte de Joseph Buquet y, ante nuestra respuesta negativa, dieron muestras de mayor turbación aún, tomaron de nuestras manos las llaves maestras, las miraron pensativamente un instante, movieron la cabeza y, luego, nos aconsejaron que, con el mayor secreto, hiciéramos poner nuevas cerraduras en los despachos, camerinos y objetos que deseáramos mantener cerrados herméticamente. Tenían, al decirlo, un aspecto tan divertido que rompimos a reír preguntándoles si había ladrones en la Ópera.

"Nos respondieron que había algo peor todavía, *el fantasma*. Reímos de nuevo, persuadidos de que nos estaban gastando alguna broma que debía ser el coronamiento de aquella pequeña fiesta íntima. Luego, ante sus ruegos, nos pusimos de nuevo 'serios', decididos a entrar, para complacerles, en aquella especie de juego. Nos dijeron que jamás hubieran hablado del fantasma si no hubieran recibido la orden formal del propio fantasma para que intentaran convencernos de que nos mostráramos amables con él y le concediéramos todo cuanto pidiera. Sin embargo, demasiado satisfechos de abandonar un territorio en el que reinaba como dueña absoluta aquella sombra tiránica y, así, verse desembarazados de ella, habían dudado hasta el último momento en hacernos partícipes de una tan curiosa aventura para la que, sin duda, nuestros escépticos espíritus no estaban preparados en absoluto, hasta que el anuncio de la muerte de Joseph Buquet les había recordado bruscamente que, cada vez que habían desobedecido los deseos del fantasma, algún acontecimiento fantástico o funesto les había devuelto pronto el sentimiento de su dependencia.

"Durante aquellas inesperadas palabras pronunciadas en la más secreta e importante confidencia, yo miraba a Richard. Richard, cuando era estudiante, tenía fama de ser un bromista, es decir, que no ignoraba ni una sola de las mil y una maneras que existen de burlarse de los demás, y los conserjes del bulevar Saint-Michel tuvieron buenas pruebas de ello. De modo que parecía saborear de buena gana el plato que, a su vez, le servían. No perdía ni un solo bocado, aunque el condimento fuese algo macabro debido a la muerte de Buquet. Meneaba tristemente la cabeza, y su rostro, a medida que los otros iban hablando, se hacía cada vez más compungido como el de un hombre que sintiera amargamente el asunto de la Ópera ahora que sabía que incluía un fantasma. Yo no podía hacer otra cosa que copiar servilmente aquella actitud desesperada. Sin embargo, pese a todos nuestros esfuerzos, no pudimos, al fin, evitar que la risa se nos 'escapara' en las mismas narices de los señores Debienne y Poligny que, viéndonos pasar sin transición del más sombrío estado de ánimo a la más insolente alegría, parecieron creer que nos habíamos vuelto locos.

"Siendo la farsa demasiado larga ya, Richard preguntó medio en serio, medio en broma:

"—Pero, bueno, ¿qué quiere ese fantasma?

"El señor Poligny se dirigió a su mesa y regresó con un pliego de condiciones.

"El pliego de condiciones comenzaba con estas palabras:

"'La dirección de la Ópera estará obligada a dar a las representaciones de la Academia Nacional de Música el esplendor adecuado al primer escenario lírico francés', y terminaba en el artículo 98, redactado así:

"El presente privilegio podrá ser retirado: '1º Si el director contraviene las disposiciones estipuladas en este pliego de condiciones'.

"Siguen las disposiciones.

"Esta copia, dice el señor Moncharmin, estaba escrita con tinta negra y era absolutamente igual a la que nosotros poseíamos.

"Sin embargo vimos que el pliego de condiciones que el señor Poligny nos mostraba incluía *in fine* unas líneas escritas en tinta roja, de extraña y atormentada caligrafía, como si hubiera sido trazada con el extremo de una cerilla, escritura de niño que no hubiera pasado del estadio de los 'palitos' y que no supiera todavía unir las letras. Y las líneas que tan extrañamente prolongaban el artículo 98, decían textualmente:

"5° *Si el director retrasa en más de quince días la mensua-lidad que debe al fantasma de la Ópera, mensualidad fijada hasta nueva orden en 20 000 francos (240 000 francos anuales).*

"El señor Poligny, con dedo tembloroso, nos mostró aquella cláusula suprema que, ciertamente, no esperábamos.

"—¿Eso es todo? ¿Él no quiere nada más? —preguntó Richard con la mayor sangre fría.

"—Sí —contestó Poligny.

"Hojeó de nuevo el pliego de condiciones y leyó:

"Artículo 63. El gran palco de proscenio a la derecha de los delanteros, n° 1, estará reservado en todas las representaciones para el jefe del Estado.

"El palco de platea n° 20, los lunes, y el palco delantero n° 30, los miércoles y viernes, serán puestos a disposición del ministro.

"El palco del segundo piso, n° 27, estará reservado todos los días para uso de los prefectos del Sena y de policía.

"Y de nuevo, al terminar este artículo, el señor Poligny nos mostró una línea añadida en tinta roja.

"*El palco delantero n° 5 será puesto, en todas las represen-taciones, a disposición del fantasma de la Ópera.*

"Ante este último detalle, no nos quedó más remedio que levantarnos y estrechar calurosamente las manos de nuestros dos predecesores, felicitándoles por haber imaginado tan encantadora broma, buena prueba de que el antiguo buen humor francés no había perdido facultades. Richard creyó incluso su deber añadir que, ahora, comprendía ya por qué los señores Debienne y Poligny dejaban la dirección de la Academia Nacional de Música. Con un fantasma tan exigente, los negocios no eran posibles.

"—Evidentemente —replicó sin pestañear el señor Poligny—; 240 000 francos no se encuentran debajo de las piedras.

Y ya pueden imaginar lo que nos cuesta no alquilar el palco delantero nº 5, reservado al fantasma en todas las representaciones. Sin contar que nos vimos obligados a devolver el dinero del abono, ¡es aterrador! ¡Ciertamente no trabajamos para mantener fantasmas...! ¡Preferimos marcharnos!

"—Sí —repitió el señor Debienne—, preferimos marcharnos. ¡Marchémonos!

"Y se levantó.

"Richard dijo:

"—Pero, al fin y al cabo, me parece que han sido ustedes muy buenos con el fantasma, si yo tuviera un fantasma tan molesto no dudaría en hacerlo arrestar...

"—Pero ¿dónde? Pero ¿cómo? —gritaron a coro—. ¡Jamás lo hemos visto!

"—¿Y cuándo acude a su palco?

"—*Jamás lo hemos visto en su palco*.

"—Alquílenlo entonces.

"—¡Alquilar el palco del fantasma de la Ópera! Como quieran, caballeros, ¡inténtenlo!

"Dicho esto, los cuatro salimos del despacho de la dirección. Richard y yo jamás nos habíamos reído tanto."

IV

Armand Moncharmin ha escrito tan voluminosas memorias que, en lo que concierne particularmente al periodo, bastante largo, de su codirección, podemos preguntarnos si tuvo alguna vez tiempo de ocuparse de la Ópera de un modo distinto al de contar lo que ocurría. El señor Moncharmin no sabía ni una nota musical, pero tuteaba al ministro de Instrucción Pública y Bellas Artes, había hecho algo de periodismo en el bulevar y gozaba de una fortuna considerable. En fin, era un muchacho encantador que no carecía de inteligencia puesto que, decidido a patrocinar la Ópera, había sabido elegir a quien sería un útil director yendo enseguida a buscar a Firmin Richard.

Firmin Richard era un músico distinguido y un hombre galante. He aquí el retrato que, cuando tomó posesión, trazó de él la *Revue des théâtres*: "El señor Firmin Richard tiene unos cincuenta años de edad, es alto y de robusta constitución, sin barriga. Tiene prestancia y distinción, bronceado, con los cabellos hirsutos, bajos y cortados a cepillo, la barba como los cabellos, el aspecto de la fisonomía tiene cierta tristeza temperada, de inmediato, por una mirada franca y directa unida a una sonrisa encantadora.

"El señor Firmin Richard es un músico muy distinguido. Hábil armonista, sabio contrapuntista, la grandeza es el carácter principal de su composición. Ha publicado música de cámara muy apreciada por los aficionados, música para piano, sonatas o fugas llenas de originalidad, toda una antología de melodías. Finalmente, *La Mort d'Hercule*, ejecutada en los conciertos del Conservatorio, respira un aliento épico que recuerda a Gluck, uno de los venerados maestros del señor Firmin Richard. De todos modos, si adora a Gluck, no le gusta menos Puccini; el señor Richard toma el placer donde lo encuentra. Lleno de admiración por Puccini, se inclina ante Meyerbeer, se deleita con Cimarosa y nadie aprecia mejor que él, el inimitable genio de Weber. Por fin, en lo que concierne a Wagner, el señor Richard llega casi a pretender que fue él, Richard, el primero, tal vez el único, que llegó a comprenderlo en Francia."

Termino aquí mi cita de la que, a mi entender, se desprende claramente que si al señor Firmin Richard le gustaba casi toda la música y todos los músicos, todos los músicos tenían el deber de apreciar al señor Firmin Richard. Digamos, para terminar este rápido retrato, que el señor Richard era eso que ha venido a llamarse un autoritario, es decir, que tenía bastante mal carácter.

Durante los primeros días que los dos asociados pasaron en la Ópera, se entregaron al goce de sentirse dueños de tan vasta y hermosa empresa, y ciertamente habían olvidado la curiosa y extraña historia del fantasma cuando se produjo un incidente que les probó que si broma había, la broma no había terminado.

El señor Firmin Richard llegó aquella mañana, a las once, a su despacho. Su secretario, el señor Rémy, le mostró media docena de cartas que no había abierto porque llevaban la indicación "personal". Una de estas cartas llamó de inmediato la atención de Richard, no sólo porque el sobre estaba escrito con tinta roja, sino también porque le pareció haber visto ya en algún lugar aquella caligrafía. No tuvo que buscar mucho tiempo: era la caligrafía roja con la que se había completado, tan curiosamente, el pliego de condiciones. Reconoció su aspecto de trazos infantiles. Tras abrirla, leyó:

Querido director, le pido perdón por venir a molestarle en estos preciosos momentos, cuando decide la suerte de los mejores artistas de la Ópera, cuando renueva usted importantes contratos y firma otros nuevos; y todo ello con una seguridad, con una comprensión del teatro, con un conocimiento del público y de sus gustos, una autoridad que ha estado a punto de dejarme estupefacto pese a mi gran experiencia. Estoy al corriente de lo que acaba usted de hacer por la Carlotta, la Sorelli y la pequeña Jammes, así como por algunos otros cuyas admirables cualidades, talento o genio, ha adivinado usted. (Ya sabe de quién hablo al escribir estas palabras; evidentemente no de la Carlotta, que desafina y que jamás tendría que haber dejado el café Jacquin ni los Ambassadeurs; ni de la Sorelli cuyo éxito se debe, sobre todo, a su carrocería; ni de la pequeña Jammes, que baila como una ternera en un prado. Tampoco de Christina Daaé, cuyo talento es evidente, pero que usted deja con celoso empeño al margen de toda creación importante.) En fin, son ustedes libres de administrar su pequeño negocio como les parezca, ¿no es cierto? Sin embargo, desearía aprovechar el hecho de que no hayan puesto todavía a Christine Daaé de patitas en la calle para escucharla esta noche en el papel de Siebel, puesto que el de Marguerite, desde su triunfo del otro día, le está prohibido; y le ruego que no disponga hoy, ni los días sucesivos, de mi palco: pues no quiero terminar esta carta sin confesarle cuán desagradablemente sorprendido he quedado, en los últimos tiempos, al llegar a la Ópera y comprobar que mi palco había sido alquilado, en la taquilla, *por orden suya.*

No he protestado, primero porque soy enemigo del escándalo, luego porque imaginé que sus predecesores, los señores Debienne y Poligny, que han sido siempre encantadores conmigo, habían olvidado hablarle de mis pequeñas manías antes de partir. Pero acabo de recibir la respuesta de los señores Debienne y Poligny a mi solicitud de explicaciones, respuesta que me ha demostrado que está usted al corriente de mi pliego de condiciones y, en consecuencia, que me está tomando insultantemente el pelo. *Si desea que vivamos en paz, debe comenzar por no quitarme mi palco.* Con el beneficio de estas pequeñas observaciones. le ruego que me considere, querido director, como el más humilde y obediente servidor.

Firmado: F. DE LA ÓPERA

Esta carta iba acompañada de un recorte de los anuncios por palabras de la *Revue théâtrale*, en el que podía leerse lo siguiente: "*F. de la Ó.: R. y M. son inexcusables. Les prevenimos y pusimos en sus manos su pliego de condiciones. Saludos*".

Apenas el señor Firmin Richard terminó su lectura cuando la puerta de su despacho se abrió y el señor Armand Moncharmin apareció ante él con una carta en la mano, absolutamente idéntica a la que había recibido su colega. Se miraron y rompieron a reír.

—La broma continúa —dijo Richard—, pero ya no es divertida.

—¿Qué significa esto? —preguntó Moncharmin—. ¿Acaso creen que, por haber sido directores de la Ópera, vamos a concederles un palco a perpetuidad?

Así pues, tanto para el primero como para el segundo, no cabía duda alguna de que la doble misiva era fruto de la juguetona colaboración de sus predecesores.

—No estoy de humor para dejar que me tomen el pelo mucho tiempo —declaró Firmin Richard.

—¡Es inofensivo! —observó Armand Moncharmin.

—En definitiva, ¿qué quieren? ¿Un palco para esta noche?

El señor Firmin Richard dio a su secretaria la orden de que enviara el palco delantero nº 5, si no había sido alquilado, a los señores Debienne y Poligny.

No lo había sido. Fue enviado de inmediato. Los señores Debienne y Poligny vivían, el primero, en la esquina de la rue Scribe con el bulevar de los Capucines; el segundo en la rue Auber. Ambas cartas del fantasma F. de la Ópera habían sido echadas al correo en la estafeta del bulevar de los Capucines, Moncharmin lo advirtió al examinar los sobres.

—¡Lo ves! —dijo Richard.

Se encogieron de hombros sintiendo que gente de edad se divirtiera todavía en juegos tan inocentes.

—De cualquier modo, habrían podido ser más corteses —observó Moncharmin—. ¿Te das cuenta de cómo nos tratan a causa de la Carlotta, la Sorelli y la pequeña Jammes?

—Bueno, querido, ¡se los comen los celos…! Cuando pienso que han llegado a pagar un anuncio en la *Revue théâtrale…* ¿Acaso no tienen nada mejor que hacer?

—Por cierto—prosiguió Moncharmin—, parecen interesarse mucho por la pequeña Christine Daaé…

—Sabes tan bien como yo que tiene fama de ser una chica formal —respondió Richard.

—Esas famas son tantas veces inmerecidas —respondió Moncharmin—. Yo tengo fama de entender de música y, sin embargo, ignoro la diferencia que hay entre la clave de sol y la clave de fa.

—Tranquilízate —declaró Richard—, jamás has tenido tal fama.

Tras ello, Firmin Richard ordenó al conserje que hiciera entrar a los artistas que, desde hacía dos horas, se paseaban por el gran pasillo de la administración aguardando que la puerta de los directores se abriera, aquella puerta tras la que les esperaban la gloria y el dinero... o el despido.

Todo el día transcurrió entre discusiones, negociaciones, firmas o rupturas de contratos; de modo que les ruego que crean que aquella noche, la noche del 25 de enero, nuestros dos directores, fatigados por una áspera jornada de cóleras, intrigas, recomendaciones, amenazas, protestas de amor o de odio, se acostaron pronto sin ni siquiera sentir la curiosidad de ir a echar una ojeada al palco n° 5, para saber si los señores Debienne y Poligny encontraban de su gusto el espectáculo. Desde que la antigua dirección se había marchado, la Ópera no había descansado y el señor Richard había hecho que se procediera a efectuar los trabajos necesarios sin interrumpir el curso de las representaciones.

A la mañana siguiente, los señores Richard y Moncharmin hallaron en su correspondencia, por una parte, una carta de agradecimiento redactada así:

Querido director:
Gracias. Encantadora velada. Daaé exquisita. Cuide los coros. La Carlotta, magnífico y banal instrumento. Pronto escribiré acerca de los 240 000 francos, exactamente 233 424 francos con 70; los señores Debienne y Poligny me hicieron llegar los 6 575 francos con 30, correspondientes a los diez primeros días de mi pensión de este año, puesto que sus atribuciones terminaron el día 10 por la noche.
A su disposición.

F. DE LA Ó.

Por la otra, una carta de los señores Debienne y Poligny:

Muy señores míos:
Agradecemos su amable atención, pero no les será difícil comprender que la perspectiva de escuchar de nuevo el *Fausto*, por agradable que sea, para unos antiguos directores de la Ópera, no puede hacernos olvidar que no tenemos derecho alguno a ocupar el palco delantero nº 5, que pertenece exclusivamente a aquel del que les hablamos ya cuando releímos con ustedes, por última vez, el pliego de condiciones (último párrafo del artículo 63).
Reciban, señores, nuestros más cordiales, etcétera.

—¡Ah!, ya comienzan a cansarme —declaró violentamente Firmin Richard, tomando la carta de los señores Debienne y Poligny. Aquella noche, el palco delantero nº 5 fue alquilado.

Al día siguiente, cuando llegaron a su despacho, los señores Richard y Moncharmin encontraron un informe del inspector referente a los acontecimientos que habían tenido lugar, la noche anterior, en el palco delantero nº 5. Éste es el párrafo esencial del breve informe:

"Me he visto en la necesidad —escribe el inspector—, de reclamar, esta noche —el inspector había escrito su informe la víspera—, la presencia de un guardia municipal para que evacuara por dos veces, al principio y a la mitad del acto segundo, el palco delantero nº 5. Sus ocupantes, que habían llegado a comienzos del segundo acto, estaban causando un verdadero escándalo con sus risas y sus ridículos comentarios. Los 'shhh' se dejaban oír por todas partes y la sala comenzaba a protestar cuando la acomodadora ha venido a buscarme; he entrado en el palco y les he hecho las necesarias observaciones. Esa gente no parecía estar en posesión de sus facultades mentales y me dirigieron palabras sin sentido. Les he advertido que, si reanudaban semejante escándalo, me vería obligado a evacuar el palco. Apenas me había marchado cuando he oído de nuevo sus risas y las protestas de la sala. He regresado, pues, con un guardia municipal, y les he hecho salir. Han protestado, sin dejar de reír, afirmando que no se marcharían si no les devolvían su dinero. Por fin se han calmado y he permitido que entraran de nuevo en el palco; las risas han comenzado otra vez y, entonces, les he hecho expulsar definitivamente."

—Que venga el inspector —gritó Richard a su secretario, que había sido el primero en leer el informe y lo había subrayado ya en lápiz azul.

El secretario, el señor Rémy, veinticuatro años, fino bigotillo, elegante, distinguido, vestido de etiqueta (en aquel tiempo la levita era obligatoria durante el día), inteligente y tímido ante el director, con 2400 francos de sueldo anual, pagado por el director, lee los periódicos, contesta las cartas, distribuye los palcos y las invitaciones, concierta las citas, charla con quienes aguardan turno para ser recibidos, corre a casa de los artistas enfermos, busca las sustituciones, trata con los jefes de servicio pero, ante todo, es el cerrojo del despacho de dirección y puede, sin compensación alguna, ser puesto de patitas en la calle de un día para otro, pues no es reconocido por la administración; el secretario, pues, que había hecho ya llamar al inspector, le dio la orden de entrar.

El inspector entró algo inquieto.

—Cuéntenos lo que pasó —dijo con brusquedad Richard.

El inspector tartamudeó enseguida y aludió a su informe.

—¡Pero bueno! ¿Por qué reía esa gente? —preguntó Moncharmin.

—Señor director, debían de haber cenado bien y parecían más dispuestos a hacer bromas que a escuchar buena música. En cuanto llegaron, apenas si habían entrado en el palco, salieron y llamaron a la acomodadora, que les preguntó qué deseaban. Dijeron a la acomodadora: "Mire en el palco, no hay nadie, ¿verdad...?". "No", respondió la acomodadora. "Pues bien", afirmaron, "cuando hemos entrado hemos oído una voz diciendo que *estaba ocupado*".

El señor Moncharmin no pudo mirar al señor Richard sin sonreír, pero el señor Richard, por su parte, no sonreía en absoluto. Había "trabajado" demasiado en el género como para no reconocer, en el relato que estaba haciendo, con la mayor ingenuidad del mundo, el inspector, todas las características de una de aquellas malignas bromas que, primero, divierten a quienes las sufren pero que terminan encolerizándoles.

El señor inspector, para halagar al señor Moncharmin, que sonreía, creyó que debía sonreír también. ¡Infeliz sonrisa! La mirada del señor Richard fulminó a su empleado que, inmediatamente, se preocupó por mostrar un rostro espantosamente consternado.

—En fin, ¿cuando esa gente llegó —preguntó rugiendo el terrible Richard— no había nadie en el palco?

—¡Nadie, señor director!, ¡nadie! Ni en el palco de la derecha ni en el de la izquierda, nadie, ¡se lo juro!, ¡pondría la mano en el fuego!; y eso prueba muy a las claras que sólo se trata de una broma.

—¿Y qué dice la acomodadora?

—¡Oh!, para la acomodadora es muy sencillo, afirma que se trata del fantasma de la Ópera. De modo que...

Y el inspector sonrió irónicamente. Pero comprendió también que se había equivocado al sonreír, pues en cuanto hubo pronunciado las palabras "afirma que se trata del *fantasma de la Ópera*", la fisonomía del señor Richard pasó de ser hosca a ser huraña.

—Vayan a buscar a la acomodadora...! —ordenó—. ¡Enseguida! ¡Y tráiganmela aquí! ¡Y echen de aquí a toda esa gente!

El inspector quiso protestar, pero Richard le cerró la boca con un terrible: "¡Cállese!". Luego, cuando los labios del infeliz subordinado parecieron cerrados para siempre, el señor director ordenó que se abrieran de nuevo.

—¿Qué es eso del "fantasma de la Ópera"? —preguntó con un gruñido.

Pero el inspector era ya incapaz de decir palabra alguna. Dio a entender con desesperadas señas que no sabía nada o, mejor dicho, que no quería saber nada.

—¿Ha visto usted a ese fantasma de la Ópera?

Con un enérgico movimiento de cabeza, el inspector negó haberlo visto nunca.

—¡Peor para usted! —dijo fríamente el señor Richard.

El inspector abrió unos ojos enormes, unos ojos que salían de sus órbitas, para preguntar por qué el señor director había pronunciado aquel siniestro: "¡Peor para usted!".

—Porque voy a arreglarles las cuentas a todos los que no lo hayan visto —explicó el señor director—. Es inadmisible, ya que está en todas partes, que nadie lo haya visto. A mí me gusta que cada uno cumpla con su trabajo.

V

Tras haber dicho aquello, el señor Richard no se ocupó ya del inspector y trató distintos asuntos con su administrador, que acababa de entrar. El inspector pensó que podía marcharse y, muy despacio, muy despacio, ¡Dios mío, qué despacio!, reculando, se había aproximado a la puerta cuando el señor Richard, dándose cuenta de la maniobra, clavó al hombre en el lugar donde se encontraba con un retumbante: "¡No se mueva!".

El señor Rémy se había preocupado por que fueran a buscar a la acomodadora, que era portera en la rue de Provence, a dos pasos de la Ópera. Pronto hizo su entrada.

—¿Cómo se llama usted?

—Soy la señora Giry. Ya me conoce, señor director; soy la madre de la pequeña Giry, la pequeña Meg, ¡vamos!

Dijo eso en un tono rudo y solemne que, por un instante, impresionó al señor Richard. Éste miró a la señora Giry (desteñido chal, zapatos usados, viejo vestido de tafetán, sombrero color hollín). Parecía evidente, ante la actitud del señor director, que éste no conocía en absoluto o, al menos, no recordaba haber conocido a la señora Giry, ni siquiera a la pequeña Giry, "ni siquiera a la pequeña Meg!". Pero el orgullo de la señora Giry era tal que la célebre acomodadora (creo, efectivamente, que con su nombre se creó una palabra que es muy conocida en el argot de entre bastidores: *"giris"*. Ejemplo: si una artista reprocha a su compañera sus parloteos, sus murmuraciones, le dirá: "Todo son giris"), la célebre acomodadora, digámoslo, se imaginaba que todo el mundo la conocía.

—No la conozco —terminó proclamando el señor director—. Pero, de todos modos, señora Giry, me gustaría saber qué le sucedió ayer noche para que se viera usted obligada, usted y el señor inspector, a recurrir a un guardia municipal...

—Precisamente quería verle a usted para hablarle de ello, señor director, para que no sufra usted los mismos inconvenientes que los señores Debienne y Poligny... Tampoco ellos, al comienzo, quisieron escucharme...

—No es eso lo que le pregunto. Quiero saber sólo lo que sucedió ayer noche.

La señora Giry se puso roja de indignación. Nunca le habían hablado en un tono semejante.

Se levantó como si se dispusiera a marcharse, recogiendo ya los pliegues de su falda y agitando con dignidad las plumas de su sombrero color hollín; pero, reconsiderándolo, volvió a sentarse y dijo con voz ronca:

—Lo único que ocurrió fue que, de nuevo, se molestó al fantasma.

De inmediato, viendo que el señor Richard iba a estallar, el señor Moncharmin intervino para dirigir el interrogatorio, del que se desprendió que a la señora Giry le parecía muy natural que en un palco donde no había nadie se escuchara una voz proclamando que dicho palco estaba ocupado. Sólo podía explicar tal fenómeno, que no era nuevo para ella, con la intervención del fantasma. Nadie veía al fantasma en el palco, pero todo el mundo lo oía. Ella lo había oído a menudo, y podían creerle, pues nunca mentía. Podían preguntar a los señores Debienne y Poligny y a todos los que la conocían, también al señor Isidore Saack, a quien el fantasma había roto una pierna.

—¡Caramba! —interrumpió Moncharmin—. ¿El fantasma rompió una pierna al pobre Isidore Saack?

La señora Giry abrió mucho sus ojos, en los que se leía el asombro que tal ignorancia le producía. Aceptó, por fin, informar a aquellos dos desgraciados inocentes. La cosa había ocurrido en los tiempos de los señores Debienne y Poligny, también en el palco nº 5 y en el transcurso de una representación del *Fausto*.

La señora Giry tose, se aclara la voz... comienza... diríase que se dispone a cantar toda la partitura de Gounod.

—Pues bien, señor. Aquella noche estaban, en primera fila, el señor Maniera y su esposa, los diamantistas de la rue Mogedor y, detrás de la señora Maniera, su amigo íntimo, el señor Isidore Saack. Mefistófeles cantaba *(la señora Giry canta)*: "Vos que os hacéis 'la dormida'", y entonces el señor Maniera escucha, en el oído derecho (su mujer estaba a la izquierda) una voz que le dice: "¡Ah, ah!, no es Julie la que se hace 'la dormida'". (Precisamente su esposa se llama Julie.) El señor Maniera se vuelve hacia la derecha para ver quién le habla así. ¡Nadie! Se frota la oreja y se dice: "¿Estaré soñando?". Mientras, Mefistófeles seguía cantando... Pero tal vez estoy aburriendo a los señores directores...

—¡No, no!, prosiga...

—Los señores directores son muy amables *(mueca de la señora Giry)*. Decía, pues, que Mefistófeles seguía cantando *(la señora Giry canta)*: "Catherine a quien adoro, ¿por qué rechazáis al amante que os implora un dulce beso?", y el señor Maniera oye enseguida, también por su oído derecho, la voz que le dice: "¡Ah, ah!, Julie no rechazaría darle un beso a Isidore". Se vuelve pero, esta vez, hacia su mujer e Isidore y ¿qué es lo que ve? Ve a Isidore que había tomado por detrás la mano de la dama y estaba cubriéndola de besos por la pequeña abertura del guante... Así, queridos señores *(la señora Giry cubre de besos el rincón de piel que su guante de filoseda deja al descubierto)*, comprenderán que, a partir de entonces, las cosas no fueron discretas. ¡Plif, plaf! El señor Maniera, que era grande y fuerte como usted, señor Richard, distribuyó un par de bofetones al señor Isidore Saack que era delgado y débil como el señor Moncharmin, con todos los respetos que le debo. Fue un escándalo. En la sala gritaban: "¡Basta, basta...! ¡Va a matarlo...!". Por fin, el señor Isidore Saack pudo escapar...

—Pero ¿no le había roto la pierna el fantasma? —preguntó el señor Moncharmin, algo vejado de que su físico hubiera producido tan poca impresión en la señora Giry.

—Se la rompió, señor —responde la señora Giry con altivez (pues ha captado la hiriente intención)—. Se la rompió limpiamente en la gran escalera, que estaba bajando demasiado de prisa, señor. Y, ¡palabra!, se la rompió tan bien que el pobre no podrá volver a subirla enseguida...

—¿Y fue el fantasma quien le dijo a usted las frases que había deslizado en el oído derecho del señor Maniera? —pregunta manteniendo una seriedad que cree muy cómica el juez instructor Moncharmin.

—¡No, *siñor*!, fue el propio *siñor* Maniera. De modo...

—Pero ¿ha hablado usted ya con el fantasma, buena mujer?

—Como le estoy hablando a usted, buen *siñor*...

—¿Y qué le dice el fantasma cuando le habla?

—Bueno, me dice que le traiga una silla.

Al decir estas palabras, pronunciadas solemnemente, el rostro de la señora Giry se hizo de mármol, de un mármol amarillento, cruzado por rayas rojas, como el de las columnas que sostienen la gran escalinata y que se llama mármol Sarrancolin.

Esta vez, Richard se echó a reír acompañado por Moncharmin y el secretario Rémy; pero, aleccionado por la experiencia, el inspector ya no se rio. Apoyado en la pared, se preguntaba, agitando febrilmente las llaves en su bolsillo, cómo iba a terminar aquella historia. Y, cuanto más tomaba la señora Giry un tono "altanero", más temía él que recomenzara la cólera del señor director. Y ahora, ante la hilaridad de los directores, la señora Giry se atrevía a adoptar un tono amenazador, ¡pero amenazador de verdad!

—En vez de burlarse del fantasma —gritó indignada—, mejor harían ustedes haciendo como el señor Poligny que se dio cuenta por sí mismo…

—¿Se dio cuenta de qué? —pregunta Moncharmin que nunca se había divertido tanto.

—Si se lo estoy diciendo… ¡del fantasma…! ¡Mire…! *(se calma de pronto pues considera que el momento es grave).* ¡Miren…! Lo recuerdo como si fuera ayer. Esta vez interpretaban *La Juive.* El señor Poligny había querido asistir, solo, a la representación, en el palco del fantasma. La señora Krauss había obtenido un éxito enloquecedor. Acababa de cantar la cosa aquella del segundo acto, ya saben *(la señora Giry canta a media voz)*:

Junto al hombre que amo
vivir quiero, y morir,
y ni la misma muerte
podrá separarnos.

—¡Bueno, bueno!, ya veo —observa con desalentadora sonrisa el señor Moncharmin.

Pero la señora Giry continúa, a media voz, balanceando la pluma de su sombrero color hollín:

¡Partamos, partamos! Aquí abajo, en los cielos,
idéntica suerte nos espera, ya, a los dos.

—¡Sí, sí! ¡Ya vemos! —repite Richard impaciente de nuevo—. ¿Y qué es lo que pasó entonces?

—Bueno, pues, es entonces cuando Léopold grita: "¡Huyamos!", ¿no es cierto? Y Eléazar los detiene preguntándoles: "¿Adónde vais?". Pues bien, justo en este momento, el señor Poligny a quien yo observaba desde un palco contiguo que estaba vacío, el señor Poligny se levantó, muy rígido, y se marchó andando como una estatua sin que yo tuviera tiempo más que para preguntarle, como Eléazar: "¿Adónde va?". Pero no me respondió y estaba más pálido que un muerto. Observé cómo bajaba la escalera pero no se rompió la pierna… Sin embargo, parecía caminar en sueños, como en una pesadilla, y ni siquiera podía encontrar el camino… ¡Él, que cobraba por conocer bien la Ópera!

Así se expresó la señora Giry y, luego, calló para observar el efecto que había producido. La historia de Poligny hizo que Moncharmin moviera la cabeza.

—Todo eso no me aclara en qué circunstancias ni cómo el fantasma de la Ópera le pidió una silla —insistió mirando fijamente a mamá Giry, cara a cara, como suele decirse.

—Bueno, desde aquella noche…, a partir de aquella noche dejaron tranquilo a nuestro fantasma… ya no intentaron disputarle el palco. Los señores Debienne y Poligny dieron órdenes para que se lo dejaran en todas las representaciones. Entonces, cuando venía, me pedía su silla…

—¡Caramba! ¿Un fantasma que pide una silla? ¿Acaso su fantasma es una mujer? —preguntó Moncharmin.

—No, el fantasma es un hombre.

—¿Cómo lo sabe?

—Tiene voz de hombre, ¡ay!, una dulce voz de hombre; las cosas suceden así: cuando viene a la Ópera llega, por lo común, a mitad del primer acto, da tres golpecitos secos en la puerta del palco n° 5. La primera vez que oí esos tres golpes, cuando yo sabía muy bien que no había nadie en el palco, ya pueden imaginar cómo me intrigó la cosa. Abro la puerta, escucho, miro: ¡nadie!, y, luego, he aquí que escucho una voz diciéndome: "Señora Jules (es el nombre de mi difunto marido), una silla, por favor". Con el debido respeto, señor director, me quedé hecha un flan... Pero la voz continuó: "No se asuste, señora Jules, soy yo, el fantasma de la Ópera". Miré hacia el lugar de donde venía la voz que, por lo demás, era tan bondadosa, tan "acogedora", que casi no me daba miedo ya. La voz, *siñor* director, *estaba sentada en la primera butaca de la primera fila, a la derecha.* Salvo que yo no vi a nadie en la butaca, habría jurado que había alguien, alguien que hablaba, alguien, ¡palabra!, muy bien educado.

—¿Estaba ocupado el palco contiguo al n° 5? —preguntó Moncharmin.

—No; tanto el palco n° 7 como el n° 3, a la izquierda, no estaban todavía ocupados. El espectáculo acababa de comenzar.

—¿Y qué hizo usted?

—Bueno, pues, le llevé la silla. Evidentemente, no la pedía para él sino para su dama. Pero a ella no la he visto ni la he oído jamás...

¡Ah, caramba!, ¿el fantasma tenía ahora una mujer? La doble mirada de los señores Moncharmin y Richard fue de la señora Giry al inspector que, detrás de la acomodadora, agitaba los brazos intentando atraer la atención de sus jefes. Se golpeaba la sien con un índice desolado para hacer comprender a los directores que mamá Jules estaba, evidentemente, loca, pantomima que convenció, de modo definitivo, al señor Richard de que debía deshacerse de un inspector que mantenía en su servicio a una alucinada. La buena mujer, concentrada en su fantasma, prosiguió alabando ahora su generosidad.

—Cuando termina el espectáculo siempre me da una moneda de cuarenta sous, a veces cien y, en algunas ocasiones, incluso diez francos, cuando ha estado varios días sin venir. Pero, desde que han vuelto a molestarle, ya no me da nada...

—Perdón, buena mujer... (nueva sublevación de la pluma del sombrero color hollín, ante tan persistente familiaridad), ¡perdón...! ¿Cómo se las arregla el fantasma para entregarle cuarenta sous? —preguntó Moncharmin que había nacido curioso.

—¡Bah!, los deja en la mesita del palco; los encuentro con el programa que siempre le llevo; algunas noches encuentro incluso flores en el palco, alguna rosa caída del corpiño de su dama... porque, con toda seguridad, debe venir, a veces, con una dama; un día olvidaron un abanico.

—¡Ah, caramba!, ¿el fantasma olvidó un abanico? ¿Y qué hizo usted con él?

—Bueno, se lo llevé la vez siguiente.

Aquí se dejó oír la voz del inspector:

—No cumplió usted el reglamento, señora Giry, le impongo una multa.

—¡Cállese, imbécil! *(voz de bajo del señor Firmin Richard).*

—Muy bien, le llevó el abanico. ¿Y qué pasó?

—Pasó que se lo llevaron, *siñor* director; al final del espectáculo ya no lo encontré y, en su lugar, habían dejado una caja de los bombones ingleses que tanto me gustan, *siñor* director. Fue una gentileza del fantasma...

—Muy bien, señora Giry... puede usted retirarse.

Cuando la señora Giry hubo saludado respetuosamente, no sin una cierta dignidad que jamás la abandonaba, a ambos directores, éstos declararon al señor inspector que estaban decididos a prescindir de los servicios de aquella vieja loca. Y despidieron al señor inspector.

Cuando el señor inspector se hubo, a su vez, retirado, tras mil protestas de su devoción por la empresa, los señores directores indicaron al señor administrador que preparara la cuenta del señor inspector. Cuando se quedaron solos, los señores directores se comunicaron el mismo pensamiento, que se les había ocurrido a los dos al mismo tiempo, el de ir a dar una vueltecita por el palco n° 5.

Pronto les seguiremos.

VI

Christine Daaé, víctima de intrigas sobre las que volveremos más tarde, no volvió a conseguir, enseguida, en la Ópera, el triunfo de la famosa velada de gala. Desde aquel día, sin embargo, había tenido ocasión de hacerse escuchar en casa de la duquesa de Zúrich, donde cantó los más hermosos fragmentos de su repertorio; y el gran crítico X. Y. Z., que se hallaba entre los invitados distinguidos, se expresó así refiriéndose a ella:

"Cuando se le escucha en *Hamlet*, nos preguntamos si Shakespeare se ha acercado a los Campos Elíseos para hacerle ensayar su *Ofelia*... Cierto es que cuando se ciñe la diadema de estrellas de la reina de la noche, Mozart, por su lado, debe abandonar las moradas eternas para venir a escucharla. Pero no, no tiene por qué molestarse, pues la voz aguda y vibrante de la maravillosa intérprete de su *Flauta mágica* sube a su encuentro hasta el cielo, escalando con facilidad, exactamente del mismo modo que supo, sin esfuerzo pasar de su choza del pueblo de Skotelof al palacio de oro y mármol construido por el señor Garnier."

Pero después de la velada de la duquesa de Zúrich, Christine no volvió a cantar en sociedad. Lo cierto es que, en aquella época, rechazó toda invitación, todo emolumento. Sin dar ningún pretexto plausible, renuncia a comparecer en una fiesta de caridad a la que había prometido asistir. Actúa como si no fuera dueña de su destino, como si temiera un nuevo triunfo.

Supo que el conde de Chagny, para complacer a su hermano, había realizado activas gestiones en su favor ante el señor Richard; le escribió para agradecérselo y, también, para rogarle que no siguiera hablando de ella a sus directores. ¿Cuáles podían ser, entonces, las causas de tan extraña actitud? Unos han pretendido que había en ello un inconmensurable orgullo, otros apelaron a una divina modestia. No se es tan modesto cuando se forma parte del teatro; ciertamente, me parece que debiera escribir una sola palabra: espanto. Sí, creo que Christine Daaé tenía entonces miedo de lo que acababa de ocurrirle y que estaba tan estupefacta como lo estaba, a su alrededor, todo el mundo. ¿Estupefacta? ¡Vamos! Tengo aquí una carta de Christine (colección del Persa) que se refiere a los acontecimientos de aquella época. Pues bien, tras haberla leído varias veces, no me atrevo a escribir que Christine estuviera estupefacta o incluso asustada por su triunfo, sino más bien *asombrada*. Sí, sí... ¡asombrada! "Ya no me reconozco cuando canto", dice.

¡Pobre, pura y tierna niña!

No se dejaba ver en parte alguna y el vizconde de Chagny intentó, en vano, cruzarse en su camino. Le escribió solicitándole permiso para presentarse en su casa, y había perdido ya las esperanzas de obtener una respuesta cuando, cierta mañana, ella le hizo llegar la siguiente nota:

"Caballero, no he olvidado al niño que fue a buscar mi echarpe al mar. No puedo evitar escribirle esto, hoy, cuando parto hacia Perros, empujada por un deber sagrado. Mañana es el aniversario de la muerte de mi pobre padre, a quien conoció usted, y que le apreciaba mucho. Está enterrado allí, con su violín, en el cementerio que circunda la pequeña iglesia, al pie del cerro donde jugábamos cuando éramos pequeños; junto al camino donde, ya algo mayores, nos despedimos por última vez."

Cuando recibió la nota de Christine Daaé, el vizconde de Chagny se precipitó sobre una guía de ferrocarriles, se vistió a toda prisa, escribió algunas líneas para que su criado las entregara a su hermano, y se introdujo en un coche que, por otra parte, lo dejó demasiado tarde en el andén de la estación de Montparnasse para permitirle tomar el tren de la mañana, que era lo que pretendía.

Raoul pasó una fastidiosa jornada y no recuperó su gusto por la vida hasta el atardecer, cuando estuvo instalado en su vagón. Durante todo el viaje releyó la nota de Christine, aspirando su perfume; resucitó la dulce imagen de sus años jóvenes. Pasó aquella abominable noche de ferrocarril en una enfebrecida ensoñación que comenzaba y terminaba en Christine Daaé. El día apuntaba ya cuando desembarcó en Lannion. Corrió hacia la diligencia de Perros-Guirec. Era el único pasajero. Interrogó al cochero. Supo que la víspera, por la tarde, una mujer joven que parecía parisina se había hecho llevar a Perros y había bajado ante el albergue del Sol Poniente. Sólo podía ser Christine. Había venido sola. Raoul dejó escapar un profundo suspiro. Así podría hablar con Christine en completa paz, rodeados por aquella soledad. La amaba hasta perder la respiración. Aquel gran muchacho, que había dado la vuelta al mundo, era puro como una virgen que nunca hubiera dejado la casa de su madre.

A medida que iba acercándose a ella, recordaba con devoción la historia de la pequeña cantante sueca. Muchos de sus detalles son todavía ignorados por el público.

Había una vez, en un pequeño burgo de los alrededores de Upsala, un campesino que vivía con su familia, cultivando la tierra durante la semana y cantando en el coro los domingos. Aquel campesino tenía una hijita a la que, mucho antes de que supiera leer, le enseñó a descifrar el alfabeto musical. El padre

Daaé era, sin que tal vez ni él mismo lo sospechara, un gran músico. Tocaba el violín y era considerado como el mejor solista de toda Escandinavia. Su fama se extendía por todas partes y siempre se dirigían a él para tocar en los banquetes y las bodas. Mamá Daaé, impotente, murió cuando Christine comenzaba el sexto año. Inmediatamente, el padre, que sólo amaba la música y a su hija, vendió su terruño y se fue en busca de gloria a Upsala. Sólo halló la miseria.

Regresó, entonces, al campo y se dedicó a ir de feria en feria, tocando sus melodías escandinavas mientras su hija, que no lo abandonaba jamás, lo escuchaba extasiada o lo acompañaba cantando. Un día, en la feria de Limby, el profesor Valérius los escuchó a ambos y se los llevó a Gotemburgo. Afirman que el padre era el primer violinista del mundo y que su hija tenía madera de gran artista. Se encargó de la educación y la instrucción de la niña. Por todas partes la niña maravillaba a todos por su belleza, su gracia y sus deseos de hablar bien y de hacer bien las cosas. Sus progresos fueron rápidos. El profesor Valérius y su esposa tuvieron, entonces, que instalarse en Francia. Se llevaron consigo a Daaé y Christine. Mamá Valérius trataba a Christine como si fuera su propia hija. Por lo que se refiere al buen hombre, comenzó a languidecer, víctima de la nostalgia por su país. En París no salía jamás. Vivía en una especie de ensoñación mantenida con su violín. Se encerraba durante horas enteras en su habitación, con su hija, y se les oía cantar y tocar el violín, dulce, dulcemente. A veces, mamá Valérius iba a escucharlo detrás de la puerta, dejaba escapar un gran suspiro, enjugaba una lágrima y se alejaba de puntillas. También ella sentía nostalgia de su cielo escandinavo.

Papá Daaé sólo parecía recuperar sus fuerzas en verano, cuando toda la familia se iba a veranear a Perros-Guirec, en un rincón de Bretaña que entonces era casi desconocido para los parisinos. Le gustaba mucho el mar de aquella región porque, según decía, tenía el mismo color que el de su país y, a menudo, en la playa, tocaba sus más dolientes melodías fingiendo que el mar callaba para escucharlas.

Y además, tanto había suplicado a mamá Valérius, que ésta había cedido a un nuevo capricho del anciano músico.

En la época de los "perdones",[5] de las fiestas pueblerinas, las danzas y las "serenatas", tenía derecho a llevarse a su hija durante ocho días. Nadie se cansaba de escucharlos. Derramaban la armonía acumulada durante todo el año en las más pequeñas aldeas y dormían, por la noche, en los graneros, rechazando la cama de la posada, estrechándose uno contra otro sobre la paja, como lo hacían, en Suecia, cuando eran pobres.

Pero iban muy bien vestidos, rechazaban las monedas que les ofrecían, no pasaban el platillo y la gente, a su alrededor, nada comprendía de la conducta de aquel violinista que recorría los caminos acompañado por una niña tan hermosa y que cantaba tan bien que parecía, a quienes la escuchaban, un ángel del paraíso. Los seguían de pueblo en pueblo. Un día, un muchacho de la capital, que iba con su gobernanta, obligó a hacer, a esta última, un largo camino, pues no se decidía a dejar a la niñita cuya voz, tan dulce y pura, parecía haberlo encadenado. Llegaron, así, a orillas de una cala que se llama, todavía, Trestraou. En aquellos tiempos no había en tal lugar más que el cielo, el mar y la dorada ribera. Y, soplando por encima de todo, un ventarrón que arrebató el echarpe de Christine y lo arrojó al mar. Christine lanzó un grito tendiendo los brazos, pero el

5. Los "pardons" ("perdones") son fiestas religiosas típicas de Bretaña. *(N. del T.)*

77

velo estaba ya lejos, entre las olas. Christine escuchó una voz que le decía:

—No se preocupe, señorita, yo iré a buscar su echarpe al mar.

Y vio a un muchachito que corría, corría, pese a los gritos y a las indignadas protestas de una buena mujer, completamente vestida de negro. El muchachito entró vestido en el mar y le trajo su echarpe. ¡Ambos, niño y echarpe, se hallaban en un estado lamentable!

La dama de negro no conseguía calmarse, pero Christine reía de muy buena gana y besó al muchachito. Era el vizconde Raoul de Chagny. Vivía, entonces, con su tía, en Lannion. Durante la temporada volvieron a verse casi todos los días y tocaron juntos. Por deseo de la tía y gracias a la intervención del profesor Valérius, el buen Daaé aceptó dar clases de violín al joven vizconde. De modo que Raoul aprendió a amar las mismas melodías que habían hechizado la infancia de Christine.

Ambos tenían casi la misma alma soñadora y tranquila, sólo les gustaban las historias, los viejos cuentos bretones, y su principal juego consistía en ir a buscarlos en el dintel de las puertas, como mendigos.

—Buena señora, o buen señor, por favor, ¿no tendría, por casualidad, una pequeña historia que contarnos?

Y raro era que no les "dieran" nada. ¿Qué anciana abuela bretona no ha visto, al menos una vez en su vida, bailar a los *korrigans*,[6] en el brezal, al claro de luna?

Pero su fiesta mayor llegaba al crepúsculo, en la paz del atardecer, cuando el sol se había ocultado en el mar y papá Daaé, sentándose a su lado al borde del camino, les contaba en voz

---

6. Especie de duendes o genios en el folclore bretón. *(N. del T.)*

baja, como si temiera asustar a los fantasmas que evocaba, las hermosas, dulces o terribles leyendas del país del norte. A veces eran hermosas como los cuentos de Andersen, a veces tristes como los cantos del gran poeta Runeberg. Y cuando callaba, ambos niños decían:

—¡Otra!

Había una historia que comenzaba así:

—Un rey se había sentado en un barquichuelo, sobre una de esas aguas tranquilas y profundas que se abren, como un ojo brillante, en medio de las montañas de Noruega...

Y otra:

—La pequeña Lotte pensaba en todo y no pensaba en nada. Pájaro de estío, planeaba entre los rayos dorados del sol, llevando sobre sus rubios rizos la corona primaveral. Su alma era tan clara y azul como su mirada. Acariciaba tiernamente a su madre, era fiel a su muñeca, cuidaba mucho su vestido, sus zapatos rojos y su violín, pero, por encima de todo, le gustaba escuchar mientras se dormía al ángel de la música.

Mientras el buen hombre decía aquellas cosas, Raoul contemplaba los ojos azules y la dorada cabellera de Christine. Y Christine pensaba que la pequeña Lotte era muy feliz al poder escuchar, mientras se dormía, al ángel de la música. No había muchas historias de papá Daaé en las que no interviniera el ángel de la música y los niños le pedían, interminablemente, explicaciones sobre el ángel. Papá Daaé explicaba que todos los grandes músicos, todos los grandes artistas, reciben, al menos una vez en su vida, la visita del ángel de la música. Ese ángel se inclinó, varias veces, sobre su cuna, como le ocurrió a la pequeña Lotte, y así se explica que existan niños prodigio que toquen el violín, a los seis años, mejor que hombres de cincuenta, cosa que, lo reconoceréis, es absolutamente extraordinaria. A veces, el ángel llega mucho más tarde, porque los niños no son buenos y no quieren aprender el método, y olvidan practicar las escalas. A veces, el ángel no llega nunca, porque no tienen el corazón ni la conciencia tranquila. Nunca se ve al ángel, pero éste hace que le escuchen las almas predestinadas. Frecuentemente cuando menos lo esperan, cuando se sienten tristes o desalentados, entonces, de pronto, el oído percibe armonías celestiales, una voz divina, y lo recuerda toda la vida. Las personas a quienes ha visitado el ángel parecen quedar inflamadas. Vibran con un estremecimiento que los demás mortales no conocen en absoluto. Y gozan del privilegio de no poder tocar un instrumento o abrir la boca para cantar sin producir sonidos que avergüenzan, por su belleza, a los demás sonidos humanos. La gente que no sabe que el ángel ha visitado a estas personas dice de ellas que tienen genio. La pequeña Christine preguntaba a su padre si él había oído al ángel. Pero papa Daaé movía tristemente la cabeza y, luego, le brillaban los ojos al mirar a su hija para decirle:

—Tú, hija mía, tú lo oirás un día. Cuando me vaya al cielo, te lo enviaré; ¡te lo prometo!

Por aquel entonces, papá Daaé comenzaba a toser.

Llegó el otoño que separó a Raoul y Christine.

Volvieron a verse tres años más tarde: eran ya unos muchachos. Ocurrió de nuevo en Perros y Raoul conservó de ello tal impresión que ésta lo persiguió durante toda su vida. El profesor Valérius había muerto, pero mamá Valérius había permanecido en Francia, con el buen Daaé y su hija, retenida por sus intereses; padre e hija seguían cantando y tocando el violín, arrastrando en su armonioso sueño a su querida protectora, que parecía vivir ya sólo de música. El joven, sin demasiadas esperanzas, había ido a Perros y, de igual modo, penetró en la casa habitada antaño por su amiguita. Vio, primero, al anciano Daaé que se levantó de su asiento con lágrimas en los ojos y lo besó diciéndole que habían guardado de él un fiel recuerdo. De hecho, casi no había pasado un solo día sin que Christine hablara de Raoul. El anciano hablaba todavía cuando la puerta se abrió y, encantadora, apresurada, entró la muchacha llevando, en una bandeja, un té humeante. Reconoció a Raoul y dejó su carga. Una ligera llama se extendió por su encantador rostro. Permanecía dudosa, callaba. El padre los miraba a los dos. Raoul se aproximó a la muchacha y le dio un beso que ella no evitó. La joven le hizo unas preguntas, cumplió de buen modo su deber de anfitriona, tomó de nuevo la bandeja y dejó la habitación. Luego fue a refugiarse en una banca, en la soledad del jardín. Experimentaba sentimientos que se agitaban, por primera vez, en su corazón adolescente. Raoul fue a su encuentro y charlaron hasta que cayó la noche, muy cohibidos. Habían cambiado por completo, no reconocían ya sus personajes, que parecían haber adquirido una importancia considerable. Eran prudentes, diplomáticos y contaban cosas que en nada se relacionaban con sus nacientes sentimientos. Cuando, al borde del camino, se separaron, Raoul dijo a Christine, depositando un correcto beso en su temblorosa mano:

—Señorita, jamás la olvidaré.

Y partió lamentando tan audaz frase, pues sabía muy bien que Christine Daaé no podía ser la mujer del vizconde de Chagny. Por lo que a Christine se refiere, fue al encuentro de su padre y le dijo:

—¿No te parece que Raoul ya no es tan gentil como antes? ¡Ya no le quiero!

E intentó no seguir pensando en él. Le costaba mucho y se consagró a su arte, que le ocupó todos sus instantes. Sus progresos eran maravillosos. Quienes la escuchaban predecían que llegaría a ser la primera artista del mundo. Pero, entretanto, su padre murió y, de pronto, pareció haber perdido, con él, su voz, su alma y su genio. Tuvo bastante de todo ello como para entrar en el Conservatorio, pero justo lo suficiente. No se distinguió en modo alguno, siguió los cursos sin entusiasmo y consiguió un premio para complacer a la anciana mamá Valérius, con quien seguía viviendo. La primera vez que Raoul vio a Christine en la Ópera se sintió hechizado por la belleza de la muchacha y por la evocación de las dulces imágenes de antaño, pero le había sorprendido la vertiente negativa de su arte, parecía alejada de todo. Él regresó de nuevo para escucharla. La siguió entre bastidores. La esperó tras un decorado. Intentó llamar su atención. Más de una vez la acompañó hasta el umbral de su camerino, pero ella no lo veía. Parecía, por lo demás, no ver a nadie. Era la indiferencia misma. Raoul sufrió por ello, pues era hermosa: él era tímido y no osaba confesarse que la amaba. Y, luego, se había producido la sacudida de la velada de gala: desgarrándose los cielos, una voz de ángel se había dejado oír en la tierra para asombro de los hombres y para tormento de su corazón…

Y luego, luego había oído aquella voz de hombre detrás de la puerta: "¡Tienes que amarme!", y nadie en el camerino…

¿Por qué se había reído cuando él le había dicho, cuando abrió de nuevo los ojos: "Soy el niño que fue a buscar su echarpe que había caído al mar"? ¿Por qué no lo había reconocido? ¿Y por qué no le había escrito?

¡Oh!, qué larga es esta cuesta… qué larga… Aquí está el crucifijo de los tres caminos… y la desierta landa, el helado brezal, el inmóvil paisaje bajo el cielo blanco. Los cristales tintinean, parecen rompérsele en los oídos… ¡Qué ruido hace esta diligencia que tan poco avanza! Reconoce las chozas… los cercados, los taludes, los árboles del camino... Éste es el último recodo del camino, luego comenzarán a bajar y ahí estará el mar... la gran bahía de Perros...

Así que ella se ha albergado en la posada del Sol Poniente. ¡Maldición! No hay otra. Y, además, está muy bien. Recuerda que, en otro tiempo, contaban en ella hermosas historias. ¡Cómo late su corazón! ¿Qué dirá ella al verlo?

La primera persona que distingue al entrar en la vieja sala ahumada del albergue es la tía Tricard. Lo reconoce. Le dirige algunos cumplidos. Le pregunta qué le trae por allí. Él se ruboriza. Responde que, había ido por unos asuntos a Lannion, ha querido "continuar hasta allí para saludarla". Ella quiere servirle la comida, pero él responde: "Luego". Parece aguardar algo o a alguien. La puerta se abre. Él se levanta. No se ha engañado: ¡es ella! Quiere hablar, se sienta de nuevo. Ella permanece sonriente frente a él, en absoluto asombrada. Su rostro es fresco y rosado como una fresa que hubiera crecido en la umbría. Sin duda, la joven está agitada tras haber andado rápidamente. Su seno, que oculta un corazón sincero, se levanta suavemente. Sus ojos, claros espejos de pálido azul, del color de los lagos que sueñan, inmóviles, allí, en el norte del mundo, transmiten tranquilamente el reflejo de su alma cándida. El abrigo de pieles está entreabierto sobre un talle flexible, sobre la línea armoniosa de su joven cuerpo lleno de gracia. Raoul y Christine se miran mucho tiempo. La tía Tricard sonríe y, discreta, desaparece. Por fin, Christine habla:

—Ha venido usted y no me asombra. Tenía el presentimiento de que lo encontraría aquí, en este albergue, al volver de misa. Sí, me han anunciado su llegada.

—¿Quién? —pregunta Raoul, tomando entre sus manos la manita de Christine, que ésta no retira.

—Mi pobre papá, que ha muerto.

Se produjo entre los dos muchachos un silencio.

Luego Raoul continuó:

—¿Le ha dicho también su papá que la amo, Christine, y que no puedo vivir sin usted?

Christine se ruboriza hasta la raíz de sus cabellos y vuelve la cabeza. Dice con voz temblorosa:

—¿A mí? Está usted loco, amigo mío.

Y rompe a reír para ocultar, como suele decirse, su turbación.

—No se ría, Christine, es muy serio.

Y ella responde, gravemente:

—No le he hecho venir para que me diga usted esas cosas.

—Usted me ha "hecho venir", Christine; adivinó que su carta no me dejaría indiferente y que vendría en seguida a Perros. ¿Cómo pudo pensar esto si no pensó, al mismo tiempo, que yo la amaba?

—Pensé que recordaría usted los juegos de nuestra infancia, en los que tan a menudo se mezclaba mi padre. En el fondo, no sé bien lo que pensé... Tal vez me equivoqué al escribirle... Su repentina aparición, la otra noche, en mi camerino, me llevó muy, muy lejos en el pasado, y le escribí como si yo fuera la niñita que entonces era, la niñita que se sentiría feliz al ver, en momentos de tristeza y soledad, a su infantil compañero junto a ella...

Permanecen silenciosos un instante. Hay en la actitud de Christine algo que Raoul no encuentra natural, sin que pueda precisar su pensamiento.

Sin embargo, no la siente hostil, ni mucho menos... la desolada ternura de sus ojos se lo demuestra bastante. Pero ¿por qué esa ternura es desolada...?

Eso es tal vez lo que debe saber y lo que irrita ya al muchacho...

—Cuando me vio usted en su camerino, ¿era la primera vez que se fijaba en mí, Christine?

Ésta no sabe mentir. Dice:

—¡No!, le había visto ya varias veces en el palco de su hermano. Y también en el escenario.

—Lo sospechaba —dice Raoul, pellizcándose los labios—. Pero, entonces, ¿por qué, cuando me vio en su camerino, a sus pies, recordándole que había recogido su echarpe del mar, por qué me respondió como si no me conociera en absoluto y, además, se rio?

El tono de tales preguntas es tan áspero que Christine mira a Raoul, asombrada, y no le contesta. El joven está también estupefacto ante la súbita querella que se atreve a provocar precisamente cuando se había prometido hacer escuchar a Christine palabras de dulzura, de amor y de sumisión. Un marido, un amante que tuviera todos los derechos, no hablaría de otro modo a su mujer o a su querida que le hubiera ofendido. Pero él mismo se irrita ante sus errores y, pareciéndose estúpido, no halla otra salida a tan ridícula situación que la huraña decisión que toma de mostrarse odioso.

—¿No me responde usted? —dice, rabioso y desgraciado—. Muy bien, responderé yo por usted. Es que había alguien en aquel camerino, alguien que la importunaba, Christine, alguien a quien usted no quería demostrar que podía interesarse por otra persona distinta a él…

—Si alguien me importunaba, amigo mío —interrumpió Christine con voz helada—. Si alguien me importunaba, aquella noche, debía tratarse de usted, puesto que fue a usted a quien yo eché del camerino…

—¡Sí…! ¡Para quedarse con el otro…!

—¿Qué está diciendo, caballero? —responde la joven jadeante—. ¿De qué otro se trata?

—De aquél a quien usted dijo: "¡Sólo canto por usted! ¡Esta noche le he dado mi alma y estoy muerta!".

Christine ha tomado el brazo de Raoul y se lo estrecha con fuerza insospechada en tan frágil persona.

—¿De modo que escuchaba detrás de la puerta?

—¡Sí!, porque la amo... Y lo oí todo...

—¿Qué oyó usted? —y la joven, recuperando una extraña calma, suelta el brazo de Raoul.

—Le dijo: "¡Tiene que amarme!".

Ante esas palabras una palidez cadavérica se extiende por el rostro ojeroso de Christine... Titubea, se va a caer. Raoul se precipita, extiende los brazos, pero Christine ha superado ya su pasajero desfallecimiento y, en voz baja, casi expirante, susurra:

—¡Dígalo, dígalo otra vez! ¡Dígame todo lo que oyó usted!

Raoul la mira, duda, no comprende nada de lo que ocurre.

—¡Pero dígalo de una vez! ¡No se da cuenta de que me está matando...!

—Oí también que él respondió, cuando usted le hubo dicho que le había dado su alma: "Tu alma es muy hermosa, pequeña mía, y te lo agradezco. No hay emperador que haya recibido regalo semejante. Esta noche los ángeles han llorado".

Christine se ha llevado la mano al corazón. Mira fijamente a Raoul con una emoción indescriptible. Su mirada es tan aguda, tan fija, que parece la de una loca. Raoul está asustado. Pero los ojos de Christine se humedecen y por sus mejillas de marfil resbalan dos perlas, dos gruesas lágrimas...

—¡Christine...!

—¡Raoul...!

El joven quiere tomarla entre sus brazos, pero ella se le escapa de las manos y huye en una gran confusión.

Mientras Christine permanecía encerrada en su habitación, Raoul se hacía mil reproches por su brutalidad; pero, por otro lado, los celos volvían a galopar por sus encendidas venas. Para que la joven mostrara semejante emoción al saber que habían sorprendido su secreto, era necesario que éste fuera muy importante. Ciertamente, Raoul, pese a lo que había oído, no dudaba en absoluto de la pureza de Christine. Sabía que ella gozaba de una gran reputación de prudencia y no era tan inexperto que no comprendiera que, a veces, una artista se ve forzada a escuchar palabras de amor. Ella había respondido, en efecto, afirmando que había entregado su alma, pero evidentemente todo ello sólo se trataba de canto y música. ¿Evidentemente? Entonces, ¿a qué se debía la emoción de hacía unos instantes? ¡Dios mío, qué desgraciado era Raoul! Y si hubiera tenido delante al hombre, a la voz de hombre, le hubiera exigido explicaciones precisas.

¿Por qué ha huido Christine? ¿Por qué no baja?

Se negó a comer. Estaba muy afligido y su dolor era muy grande al ver cómo transcurrían, lejos de la joven sueca, unas horas que había imaginado muy dulces. ¿Por qué no venía, con él, a recorrer un país que albergaba tantos recuerdos comunes? ¿Y por qué, puesto que parecía no tener nada ya que hacer en Perros y, puesto que, de hecho, ya no hacía nada allí, no se ponía de inmediato en camino hacia París? Había sabido que, aquella mañana, ella había hecho decir una misa por el reposo del alma de papá Daaé y que había pasado largas horas orando en la pequeña iglesia y sobre la tumba del músico pueblerino.

Triste, desalentado, Raoul se dirigió al cementerio que rodeaba la iglesia. Empujó la puerta. Erró solitario entre las tumbas, descifrando las inscripciones, pero cuando llegó detrás del ábside, le llamó enseguida la atención el brillante colorido de las flores que suspiraban sobre el granito sepulcral desbordándose y cayendo en la blanca tierra. Embalsamaban aquel helado rincón del invierno bretón. Eran milagrosas rosas rojas que parecían haberse abierto aquella misma mañana, en la nieve. Eran algo vivo entre los muertos, pues allí la muerte estaba en todas partes. Desbordaba, también ella, de la tierra que había vomitado su hartazgo de cadáveres. Esqueletos y cráneos, por cientos, estaban amontonados contra los muros de la iglesia, sujetados simplemente por una ligera tela metálica que dejaba al descubierto el macabro edificio. Las calaveras, apiladas, alineadas como ladrillos, consolidadas a intervalos por huesos muy bien blanqueados, parecían formar la base sobre la que se habían construido los muros de la sacristía. La puerta de la sacristía se abría en mitad de este osario, como tantas veces se ve en las antiguas iglesias bretonas.

Raoul oró por Daaé y luego, lamentablemente impresionado por aquellas eternas sonrisas que lucen las bocas de las calaveras, salió del cementerio, subió al promontorio y se sentó al borde de la landa que domina el mar. El viento corría maligno sobre los guijarros de la playa, ladrando a la pobre y tímida claridad del día. Ésta cedió y, huyendo, pronto fue sólo una lívida raya en el horizonte. Entonces, calló el viento. Era de noche. Raoul se hallaba envuelto en heladas sombras, pero no sentía frío. Todo su pensamiento erraba por la landa desierta y desolada, todos sus recuerdos. Allí, a aquel lugar, había acudido, a menudo, al caer la tarde, con la pequeña Christine para ver bailar a los *korrigans* justo cuando sale la luna. Por su parte jamás había visto uno y, sin embargo, tenía buena vista. Christine, por el contrario, que era algo miope, aseguraba haber visto muchos. Sonrió ante el recuerdo y, luego, de pronto, se sobresaltó. Una forma, una forma precisa pero que había aparecido sin que él supiera cómo, sin que el menor ruido le hubiera advertido, una forma, de pie a su lado, decía:

—¿Cree usted que esta noche vendrán los *korrigans*?

Era Christine. Él quiso hablar. Ella le tapó la boca con su mano enguantada.

—Escúcheme, Raoul, estoy decidida a decirle algo grave, ¡algo muy grave!

Su voz temblaba. Él aguardó.

Ella, angustiada, continuó:

—¿Recuerda usted, Raoul, la leyenda del ángel de la música?

—¡Claro que la recuerdo! —dijo—, creo que incluso fue aquí donde su padre nos la contó por primera vez.

—Aquí fue donde me dijo también: "Cuando esté en el cielo, hija mía, te lo enviaré". Pues bien, Raoul, mi padre está en el cielo y yo he recibido la visita del ángel de la música.

—No lo dudo —replicó el muchacho gravemente, pues creía comprender que, en un piadoso pensamiento, su amiga mezclaba el recuerdo de su padre y la brillantez de su último triunfo.

Christine pareció ligeramente asombrada de la sangre fría con que el vizconde de Chagny se enteraba de que había recibido la visita del ángel de la música.

—¿Cómo se lo explica usted, Raoul? —dijo ella, inclinando su pálido rostro y aproximándolo tanto al del joven que éste llegó a creer que Christine iba a darle un beso, aunque la muchacha sólo quería leer, a pesar de las tinieblas, en sus ojos.

—Creo —replicó el joven— que una criatura humana no canta como cantó usted la otra noche sin la intervención de algún milagro, sin que el cielo tenga alguna influencia. No hay en la tierra un profesor que pueda enseñarle acentos semejantes. Christine, usted ha oído al ángel de la música.

—Sí —respondió ella solemnemente—, *en mi camerino*. Allí viene a darme sus lecciones cotidianas.

El tono en que lo dijo era tan penetrante y tan singular que Raoul la miró con inquietud, como se mira a una persona que dice una barbaridad o que afirma alguna enloquecida visión en la que cree con todas las fuerzas de su pobre cerebro enfermo. Pero ella había retrocedido y no era, inmóvil, más que un retazo de sombra en la noche.

—¿En su camerino? —repitió él como un eco estúpido.

—Sí, allí lo oí y no soy la única...

—¿Y puede decirme quién más lo ha oído, Christine?

—Usted, amigo mío.

—¿Yo?, ¿yo he oído al ángel de la música?

—Sí, la otra noche, él era quien hablaba cuando usted estaba escuchando detrás de la puerta de mi camerino. Él fue quien me dijo: "Tiene que amarme". Pero yo creía ser la única que percibía su voz. De modo que imagine mi asombro cuando, esta mañana, he sabido que también usted ha oído...

Raoul rompió a reír. Y, enseguida, la noche se disipó sobre la landa desierta y los primeros rayos de la luna envolvieron a ambos jóvenes. Christine se había vuelto, hostil, hacia Raoul. Sus ojos, tan tiernos por lo común, lanzaban centellas.

—¿Por qué se ríe usted? ¿Piensa tal vez que se trataba de la voz de un hombre?

—¡Caramba! —respondió el joven cuyas ideas comenzaban a embrollarse ante la belicosa actitud de Christine.

—¡Y es usted, Raoul, quien me dice esto! ¡Un antiguo compañero, un amigo de mi padre! Ya no lo reconozco. Pero ¿qué se ha creído? Soy una mujer honesta, señor vizconde Chagny, y no suelo encerrarme con voces de hombre en mi camerino. ¡Si hubiera usted abierto la puerta habría visto que no había nadie!

—¡Es cierto! Cuando usted se marchó, abrí aquella puerta y no encontré a nadie en el camerino...

—Ya lo ve... ¿Entonces?

El conde apeló a todo su valor.

—Entonces, Christine, pienso que alguien se está burlando de usted.

Ella lanzó un grito y huyó. Él corrió tras ella pero la muchacha gritó, con hosca irritación:

—¡Déjeme, déjeme!

Y desapareció. Raoul regresó a la posada muy fatigado, muy desalentado y muy triste. Le dijeron que Christine acababa de subir a su habitación tras anunciar que no bajaría a cenar. El joven preguntó si estaba enferma. La buena posadera le contestó de modo ambiguo que, si se encontraba mal, su enfermedad no debía ser muy grave y, puesto que pensaba en la disputa de dos enamorados, se alejó encogiéndose de hombros expresando socarronamente la piedad que sentía por dos jóvenes que malgastaban en vanas querellas las horas que el buen Dios les permitía pasar en la tierra. Raoul cenó solo, en un rincón de la sala y, como deben imaginar, bastante malhumorado. Luego, en su habitación, intentó leer y, más tarde, en su cama, intentó dormir. Ningún ruido se oía en las habitaciones contiguas. ¿Qué hacía Christine? ¿Dormía? Y si no dormía, ¿en qué pensaba? Y él, ¿en qué pensaba él? ¿Acaso habría sido capaz de decirlo? La extraña conversación mantenida con Christine lo había turbado por completo... Pensaba menos en Christine que *en torno* a Christine, y tal "en torno" era difuso, tan nebuloso, tan intangible, que él sentía un malestar muy curioso y angustiante.

Así pasaron, muy lentas, las horas; eran aproximadamente las once y media cuando oyó claramente que alguien andaba en la habitación contigua a la suya. Eran pasos ligeros, furtivos. ¿De modo que Christine no se había acostado? Sin pensar en lo que hacía, el joven se vistió apresuradamente y procurando hacer el menor ruido posible. Dispuesto a todo, aguardó. ¿Dispuesto a qué? ¿Acaso lo sabía? El corazón le dio un vuelco al oír que la puerta de Christine giraba lentamente sobre sus goznes. ¿Adónde iba a estas horas, cuando todo reposaba en Perros? Entreabrió suavemente su puerta y vio, en un rayo de luna, la forma blanca de Christine que se deslizaba cautamente por el corredor. Alcanzó la escalera, descendió y, él, en lo alto, se inclinó por la barandilla. De pronto, oyó dos voces hablando con rapidez. Le llegó una frase: "No pierda la llave". Era la voz de la posadera. Abajo, abrieron la puerta que daba a la rada. La cerraron de nuevo. Y todo quedó de nuevo tranquilo. Raoul regresó enseguida a su habitación, corrió hacia su ventana y la abrió. La forma blanca de Christine se erguía sobre el muelle desierto.

El primer piso de la posada del Sol Poniente no era muy alto y un árbol en espaldera que tendía sus ramas a los impacientes brazos de Raoul, le permitió salir sin que la posadera sospechara su ausencia. De modo que, a la mañana siguiente, la buena mujer se quedó estupefacta cuando le trajeron al joven, casi helado, más muerto que vivo, y supo que lo habían hallado tendido cuan largo era en los escalones del altar mayor de la pequeña iglesia de Perros. Corrió de inmediato a comunicar la noticia a Christine, que bajó enseguida y prodigó, ayudada por la posadera, sus inquietos cuidados al joven que no tardó en abrir los ojos y volver por completo a la vida al distinguir, inclinado sobre él, el encantador rostro de su amiga.

¿Qué había ocurrido? El señor comisario Mifroid tuvo ocasión, algunas semanas más tarde, cuando el drama de la Ópera motivó la acción del ministerio público, de interrogar al vizconde de Chagny acerca de los acontecimientos de la noche de Perros, y he aquí cómo fueron transcritos éstos en las hojas del expediente de investigación. (Anotación 150.)

Pregunta. ¿No lo había visto, la señorita Daaé, bajar de su habitación por el extraño camino que usted eligió?

Respuesta. No, señor, no, no. Y no obstante, fui tras ella sin cuidar de acallar el ruido de mis pasos. En aquellos momentos sólo quería una cosa, que se volviera, que me viera y me reconociese. Acababa de decirme, en efecto, que mi persecución era absolutamente incorrecta y que el espionaje al que me estaba entregando era indigno de mí. Pero ella no pareció oírme y, de hecho, actuó como si yo no hubiera estado allí. Dejó tranquilamente el muelle y luego, de pronto, subió con rapidez por el camino. El reloj de la iglesia acababa de dar las doce menos cuarto de la noche y me pareció que cuando oyó dar la hora aligeró el paso, pues casi se puso a correr. Así llegó a la puerta del cementerio.

P. ¿Estaba abierta la puerta del cementerio?

R. Sí, señor, y eso me sorprendió, aunque no pareció asombrar a la señorita Daaé.

P. ¿Había alguien en el cementerio?

R. Yo no vi a nadie. Si hubiera habido alguien lo habría visto. La luz de la luna era deslumbradora y la nieve que cubría la tierra, al reflejar sus rayos, hacía más clara todavía la noche.

P. ¿No podía ocultarse detrás de las tumbas?

R. No, señor. Son pobres losas sepulcrales que desaparecían bajo la capa de nieve y alineaban sus cruces a ras de suelo. Las únicas sombras eran las nuestras y las de esas cruces. La iglesia estaba muy iluminada. Jamás he visto semejante luz nocturna. Era muy hermoso, muy transparente y muy frío. Jamás había ido, de noche, a los cementerios e ignoraba que pudiera encontrarse en ellos semejante luz, "una luz que no pesa".

P. ¿Es usted supersticioso?

R. No, señor, soy creyente.

P. ¿En qué estado de ánimo se hallaba usted?

R. Muy sano y muy tranquilo, palabra. Ciertamente, la insólita salida de la señorita Daaé me había, al principio, turbado profundamente; pero en cuanto vi a la joven entrar en el cementerio, me dije que iba a cumplir algún voto sobre la tumba paterna, y la cosa me pareció tan natural que recuperé toda mi calma. Simplemente estaba asombrado de que todavía no me hubiera oído caminar tras ella, pues la nieve crujía bajo mis pies. Pero sin duda estaba absorbida por sus piadosos pensamientos. Además, decidí no turbarla y, cuando llegó a la tumba de su padre, permanecí algunos pasos detrás de ella. Se arrodilló en la nieve, hizo el signo de la cruz y comenzó a orar. Entonces, sonaron las campanadas de la medianoche. La duodécima resonaba todavía en mis oídos cuando, de pronto, vi que la muchacha levantaba la cabeza: su mirada se prendió en la bóveda celeste, sus brazos se tendieron hacia el astro de la noche; me pareció en éxtasis y me preguntaba todavía cuál había sido la razón súbita y determinante de tal éxtasis cuando yo mismo levanté la cabeza, arrojé a mi alrededor una mirada perdida y todo mi ser se tendió hacia lo Invisible, *lo invisible que nos tocaba su música.* ¡Y qué música! ¡Ambos la conocíamos ya! Christine y yo la habíamos oído ya en nuestra juventud. Pero nunca, en el violín de papá Daaé, había sonado con un arte tan divino. En aquel instante no pude hacer nada mejor que recordar lo que Christine acababa de decirme acerca del ángel de la música, y no supe qué pensar de aquellos sonidos inolvidables que, si no bajaban del cielo, dejaban que se ignorara su origen en la tierra. No había allí ni instrumento ni mano para sujetar el arco. ¡Oh!, recordé la admirable melodía. Era la *Resurrección de Lázaro* que papá Daaé nos tocaba en sus horas de tristeza y fe. Si el ángel de Christine existía, no podía haber tocado mejor, aquella noche, con el violín del difunto músico pueblerino. La evocación de Jesús nos arrebataba en la tierra y, a fe, casi esperaba ver levantarse la piedra sepulcral del padre de Christine. Tuve también la idea de que Daaé había sido enterrado con su violín y, en verdad, ignoro hasta dónde, en aquel instante fúnebre y centelleante, en el fondo de aquel cementerio provinciano, oculto y pequeño, junto a aquellas calaveras que nos sonreían con todas sus inmóviles mandíbulas, sí, ignoro hasta dónde fue mi imaginación, y dónde se detuvo. Pero la música había callado y recuperé mis sentidos. Me pareció oír ruidos entre las calaveras del osario.

P. ¡Ah, bueno! ¿Oyó usted ruido procedente del osario?

R. Sí, me pareció que las calaveras reían irónicamente y no pude evitar un estremecimiento.

P. ¿Y no pensó enseguida que tras el osario podía ocultarse, precisamente, el músico celestial que tanto acababa de encantarles?

R. Tanto lo pensé, que sólo pensé en ello, señor comisario, y olvidé seguir a la señorita Daaé que acababa de levantarse y salía tranquilamente por la puerta del cementerio. Por lo que a ella se refiere, estaba tan absorta que no es extraño que no me hubiera visto. Yo no me movía, con los ojos fijos en el osario, decidido a ir hasta el fin de aquella increíble aventura y a conocer sus entresijos.

P. ¿Y qué sucedió entonces para que, a la mañana siguiente, lo encontraran medio muerto en las gradas del altar mayor?

R. ¡Oh!, todo fue muy rápido... Una calavera rodó a mis pies...
Luego otra... luego otra... Hubiérase dicho que yo era el objetivo de tan fúnebre juego de bolos. Y se me ocurrió que un falso
movimiento debía haber destruido la armonía del túmulo tras el
que se ocultaba nuestro músico. La hipótesis me pareció tanto
más razonable cuanto que una sombra se deslizó, de pronto, por
el deslumbrador muro de la sacristía. Me precipité. La sombra
había ya empujando la puerta, penetrado en la iglesia. Yo tenía
alas, la sombra llevaba un manto. Fui lo suficientemente rápido
como para asir un extremo del manto de la sombra. En aquel
momento estábamos, la sombra y yo, justo ante el altar mayor
y los rayos de la luna, a través de la gran vidriera del ábside,
caían ante nosotros. Como yo no soltaba el manto, la sombra se
volvió y, habiéndose abierto el manto en que se envolvía, vi, señor
juez, como lo veo a usted, una espantosa calavera que me lanzaba una mirada en la que ardían los fuegos del infierno. Creí estar viéndomelas con el propio Satán y, ante aquella aparición de
ultratumba, mi corazón, pese a todo mi valor, desfalleció, y no
recuerdo nada más hasta que me desperté en la habitación de la
posada del Sol Poniente.

VII

H emos dejado a los señores Firmin Richard y Armand Moncharmin cuando se decidían a efectuar una pequeña visita al palco delantero nº 5.

Han dejado a sus espaldas la amplia escalinata que conduce del vestíbulo de la administración al escenario y sus dependencias; han cruzado el escenario (el tablado), han entrado en el teatro por la puerta de los abonados, y luego en la sala por el primer corredor de la izquierda. Se han deslizado entonces entre las primeras filas de butacas de platea y han mirado hacia el palco delantero nº 5. Lo vieron mal porque estaba sumido en una semioscuridad e inmensas fundas cubrían el terciopelo rojo de las barandillas.

En aquel momento estaban casi solos en el inmenso bajel tenebroso y un gran silencio los rodeaba. Era la hora tranquila, cuando los tramoyistas van a tomar una copa.

El equipo había, momentáneamente, dejado vacías las tablas y un decorado a medio montar; algunos rayos de luz (una luna amarillenta, siniestra, que parecía robada a un astro moribundo) se habían deslizado por alguna abertura hasta una vieja torre que levantaba sus almenas de cartón sobre el escenario; las cosas, en aquella noche ficticia o, mejor dicho, en aquella claridad engañosa, adoptaban formas extrañas. En las butacas de platea, la tela que las recubría tenía la apariencia de un mar enfurecido, cuyas glaucas olas hubieran sido inmovilizadas instantáneamente por orden secreta del gigante de las tempestades que, como todo el mundo sabe, se llama Adamastor. Los seño-res Moncharmin y Richard eran los náufragos de aquella inmó-vil agitación de un mar de tela pintada. Avanzaban hacia los palcos de la izquierda, a grandes brazadas, como marinos que, tras abandonar su barca, intentan ganar la orilla. Las ocho grandes columnas pulidas se levantaban en la sombra como otras tantas prodigiosas estacas destinadas a sostener el acan-tilado amenazador, ventrudo y ruinoso, cuyas bases eran repre-sentadas por las líneas circulares, paralelas y sinuosas de los balcones de los primeros, segundos y terceros palcos. Arriba, en la cumbre del acantilado, perdidas en el cielo de cobre del señor Lenepveu, unas figuras hacían muecas, reían irónicamen-te, se burlaban, se mofaban de la inquietud de los señores Mon-charmin y Richard. Y, sin embargo, eran por lo común figuras muy serias. Se llamaban: Isis, Anfitrite, Hebe, Flora, Pandora, Psique, Tetis, Pomona, Dafne, Clitia, Galatea, Aretusa. Sí, la misma Aretusa y Pandora, a quien todo el mundo conoce por su caja, miraban a los dos nuevos directores de la Ópera que ha-bían terminado agarrándose a algún resto del naufragio y que, desde allí, contemplaban en silencio el palco delantero nº 5. Ya he dicho que estaban inquietos. Al menos, eso imagino. El se-ñor Moncharmin, en cualquier caso, confiesa que estaba impre-sionado. Dice textualmente: "Esa 'pamema' (¡qué estilo!) del fantasma de la Ópera, con la que tan amablemente nos daban la lata desde que tomamos el relevo de los señores Poligny y De-bienne, había conseguido sin duda turbar el equilibrio de mis facultades imaginativas y, además, de las visuales pues (¿fue el excepcional decorado en el que nos movíamos, rodeado de un increíble silencio, lo que nos impresionó hasta tal punto…?, ¿fuimos el juguete de una especie de alucinación hecha posible por la casi total oscuridad de la sala y la penumbra que inundaba el palco nº 5?) pues vi, y Richard también vio, en el mismo momento, una forma en el palco nº 5. Richard no dijo nada; yo, por mi parte, tampoco. Pero nos tomamos la mano con un mismo gesto. Luego esperamos algunos minutos, así, sin movernos, con los ojos constantemente fijos en el mismo punto, pero la forma había desaparecido. Salimos entonces y, en el corredor, nos comunicamos nuestras impresiones y hablamos de la forma. Lo malo es que mi forma, la mía, no era en absoluto la forma de Richard. Yo había visto una especie de calavera puesta en el reborde del palco, mientras que Richard había distinguido una forma de vieja que se parecía a mamá Giry. De modo que nos dimos cuenta de que habíamos sido, realmente, juguetes de una ilusión y corrimos sin aguardar un instante, riendo como locos, al palco delantero nº 5, donde entramos y donde no encontramos forma alguna."

Henos ahora en el palco nº 5.

Es un palco como todos los delanteros. Ciertamente nada distingue este palco de sus vecinos.

Los señores Moncharmin y Richard, divirtiéndose a ojos vista y riéndose el uno del otro, movían los muebles del palco, levantaban las fundas y los sillones examinando, en particular, aquel donde *la voz solía sentarse*. Pero comprobaron que era un sillón común, que nada tenía de mágico. Resumiendo, el palco era el más ordinario de los palcos, con su tapicería roja, su alfombra y su barandilla de terciopelo rojo. Tras haber palpado, con la mayor seriedad del mundo, la alfombra sin haber encontrado, ni allí ni en ninguna otra parte, nada especial, bajaron al palco principal inferior, que correspondía al palco delantero nº 5. En el palco principal nº 5, que está situado precisamente en el rincón de la primera salida de la izquierda de las butacas de platea, tampoco encontraron nada que merezca ser señalado.

—Toda esa gente se está burlando de nosotros —gritó finalmente Firmin Richard—: el sábado se representa *Fausto*, ambos asistiremos a la representación desde el palco n° 5.

VIII

DONDE LOS SEÑORES FIRMIN RICHARD Y ARMAND MONCHARMIN
TIENEN LA AUDACIA DE HACER REPRESENTAR EL *FAUSTO* EN
UNA SALA "MALDITA" Y DEL ESPANTOSO SUCESO QUE ACONTECIÓ

P ero, el sábado por la mañana, al llegar a su despacho, los directores encontraron una doble carta del F. de la Ó. redactada en estos términos:

Mis queridos directores:
¿De modo que es la guerra?
Si todavía les interesa la paz, éste es mi ultimátum. Consiste en las cuatro condiciones siguientes:

1º Devolverme mi palco, y quiero que esté, desde ahora, a mi entera disposición.

2º El papel de "Marguerite" será cantado, esta noche, por Christine Daaé. No se preocupen por la Carlotta, estará enferma.

3º No quiero privarme, en modo alguno, de los buenos y leales servicios de la señora Giry, a la que reintegrarán de inmediato en sus funciones.

4º Háganme conocer, por una carta entregada a la señora Giry que se ocupará de hacérmela llegar, si aceptan, como sus predecesores, los puntos de mi pliego de condiciones relativos a mi asignación mensual. Ulteriormente les haré conocer de qué modo podrán pagarme.

En caso contrario, esta noche Fausto se representará en una sala maldita.

A buen entendedor… ¡salud!

F. DE LA Ó.

—¡Bueno, ya comienza a cansarme…! ¡Comienza a cansarme! —aulló Richard, levantando sus vengadores puños y dejándolos caer de nuevo, con estruendo, sobre la mesa de su despacho.

Mientras, entró Mercier, el administrador.

—Lachenal quisiera ver a uno de ustedes —dijo—. Parece que el asunto es urgente y el buen hombre tiene aspecto de estar trastornado.

—¿Quién es ese Lachenal? —preguntó Richard.

—Es el jefe de caballerizos.

—¡Cómo! ¿El jefe de caballerizos?

—Claro, señor —explicó Mercier—, en la Ópera hay varios caballerizos y el señor Lachenal es su jefe.

—¿Y qué hace ese caballerizo?

—Dirige la cuadra.

—¿Qué cuadra?

—La suya, señor, la cuadra de la Ópera.

—¿Hay una cuadra en la Ópera? ¡No sabía nada, palabra! ¿Dónde está?

—En los sótanos, en el lado de la Rotonda. Es un servicio muy importante, tenemos doce caballos.

—¡Doce caballos! ¿Para qué, Dios mío?

—Pues para los desfiles de *La Juive*, del *Prophète*, etcétera, hacen falta caballos amaestrados que "tengan tablas". Los caballerizos se encargan de enseñarlos. El señor Lachenal es muy hábil en ello. Es el antiguo director de las cuadras de Franconi.

—Muy bien... pero ¿qué quiere?

—No lo sé... nunca lo había visto en ese estado.

—¡Hágalo entrar!

El señor Lachenal entra. Lleva una fusta en la mano y golpea nerviosamente una de sus botas.

—Buenos días, señor Lachenal —dijo Richard impresionado—. ¿A qué debo el honor de su visita?

—Señor director, vengo a pedirle que ponga a toda la cuadra de patitas en la calle.

—¡Cómo! ¿Quiere poner de patitas en la calle a todos nuestros caballos?

—No se trata de los caballos, sino de los palafreneros.

—¿Cuántos palafreneros tiene usted, señor Lachenal?

—¡Seis!

—¡Seis palafreneros! Al menos sobran dos.

—Son "plazas" —interrumpió Mercier— que fueron creadas y nos fueron impuestas por el subsecretariado de Bellas Artes. Están ocupadas por protegidos del gobierno y, si me atreviera a permitirme...

—¡El gobierno me importa un bledo...! —afirmó Richard con energía—. No necesitamos más de cuatro palafreneros para doce caballos.

—¡Once! —rectificó el jefe de caballerizos.

—¡Doce! —repitió Richard.

—¡Once! —repite Lachenal.

—¡Ah, el señor administrador me había dicho que tenían ustedes doce caballos!

—Los teníamos, en efecto, pero desde que nos han robado a César ya sólo me quedan once.

Y el señor Lachenal se da un fuerte fustazo en la bota.

—¡Le han robado a César! —grita el señor administrador—; César, el caballo blanco del *Prophète*.

—¡No hay otro como César! —declaró en tono seco el señor jefe de caballerizos—. Estuve diez años con Franconi y vi muchos caballos. Pues bien, no hay otro como César. ¡Y nos lo han robado!

—¿Y cómo ha sido?

—¡No sé nada! ¡Nadie sabe nada! Por eso vengo a pedirle que ponga a toda la cuadra de patitas en la calle.

—¿Y qué dicen sus palafreneros?

—Tonterías…, unos acusan a los figurantes…. otros pretenden que ha sido el conserje de la administración.

—¿El conserje de la administración? ¡Respondo de él como de mí mismo! —protestó Mercier.

—En fin, señor primer caballerizo—gritó Richard—, ¡debe usted tener alguna idea…!

—Bueno, sí, tengo una. ¡Tengo una! —declaró de pronto el señor Lachenal—, y voy a decírsela. Para mí no hay duda —el jefe de caballerizos se aproximó a los señores directores y les susurró al oído—: *El fantasma ha dado el golpe.*

Richard se sobresaltó.

—¡Ah, usted también! ¡Usted también!

—¿Cómo? ¿Yo también? Pero si es la cosa más natural…

—¡Pero cómo! ¡Señor Lachenal! ¡Pero cómo, señor jefe de caballerizos…!

—… Decirles lo que pienso, después de lo que he visto…

—¿Qué ha visto usted, señor Lachenal?

—He visto, como los veo a ustedes, una sombra negra montada en un caballo blanco que se parecía, como una gota de agua a otra gota de agua, a César.

—¿Y no ha corrido usted tras ese caballo y esa sombra negra?

—He corrido y he gritado, señor director, pero ambos han huido con una desconcertante rapidez desapareciendo en las sombras de la galería...

El señor Richard se levantó.

—De acuerdo, señor Lachenal. Puede usted retirarse... Vamos a presentar una denuncia contra el *fantasma*...

—¡Y pondrán a toda la cuadra de patitas en la calle!

—De acuerdo. Hasta la vista, caballero.

El señor Lachenal saludó y salió.

Richard echaba chispas.

—Prepárele usted la liquidación a ese imbécil.

—¡Es un amigo del señor comisario del gobierno...! —arriesgó Mercier.

—Y toma el aperitivo en Tortoni con Lagréné, Sholl y Pertuiset, el cazador de leones —añadió Moncharmin—. Vamos a tener a toda la prensa encima. Contará la historia del fantasma y todo el mundo se divertirá a nuestras expensas. ¡Si caemos en el ridículo estamos listos!

—De acuerdo, no hablemos más de ello... —accedió Richard que estaba ya pensando en otra cosa.

En aquel momento se abrió la puerta que, sin duda, ya no estaba defendida por su habitual cancerbero pues se vio a la señora Giry entrar por las buenas, con una carta en la mano, y decir precipitadamente:

—Perdón, excúsenme, caballeros, pero esta mañana he recibido una carta del fantasma de la Ópera. Me dice que pase a verlos a ustedes que, según supone, tienen algo para...

No terminó la frase. Vio el rostro de Firmin Richard y era horrible. El honorable director de la Ópera estaba a punto de estallar. El furor que lo dominaba sólo se traducía, aún, en el color escarlata de su faz furibunda y en las centellas de sus ojos fulgurantes. No dijo nada. No podía hablar. Pero, de pronto, sus gestos se pusieron en marcha. Primero fue el brazo izquierdo que asió la grotesca figura de la señora Giry y le hizo describir una media vuelta tan inesperada, una pirueta tan rápida, que ésta soltó un grito desesperado y, luego, el pie derecho, el pie derecho del mismo honorable director, fue a imprimir su suela en el tafetán negro de una falda que, ciertamente, no había sufrido todavía, en semejante lugar, semejante ultraje.

El acontecimiento había sido tan precipitado que la señora Giry, cuando se encontró de nuevo en la galería, estaba todavía como aturdida y parecía no comprender nada. Pero entendió de pronto, y la Ópera tembló bajo sus indignados gritos, sus feroces protestas y sus amenazas de muerte. Fueron necesarios tres mozos para bajarla hasta el patio de la administración y dos agentes para sacarla a la calle.

Aproximadamente a la misma hora, la Carlotta, que vivía en una pequeña mansión de la rue del Faubourg-Saint-Honoré, llamaba a su camarera y le ordenaba que le trajeran a la cama la correspondencia. Entre esa correspondencia se hallaba una carta anónima en la que le decían:

Si canta usted esta noche debe temer que le ocurra una gran desgracia precisamente cuando esté usted cantando… una desgracia peor que la muerte.

La amenaza estaba escrita en tinta roja, con una caligrafía torpe y vacilante.

Tras haber leído la carta, la Carlotta no tuvo ya apetito para comer. Rechazó la bandeja en la que la camarera le presentaba el chocolate humeante. Se sentó en la cama y reflexionó profundamente. No era en absoluto la primera carta de este estilo que recibía, pero jamás había leído otra tan amenazadora.

Creía, en aquel momento, estar enfrentándose con mil manejos producto de los celos y contaba, por lo general, que tenía un enemigo secreto que había jurado su perdición. Fingía creer que se estaba tramando en su contra algún malvado complot, alguna conspiración que estallaría cualquier día; pero, añadía, ella no era mujer que se dejara intimidar fácilmente.

Lo cierto era que, si existía alguna conspiración, ésta era dirigida por la propia Carlotta contra la pobre Christine, que ni siquiera lo sospechaba. La Carlotta no había perdonado a Christine el triunfo que había obtenido tras haberla reemplazado sobre la marcha.

Cuando le habían comunicado la extraordinaria acogida dispensada a su reemplazante, la Carlotta se había sentido curada, al instante, de un principio de bronquitis y de un acceso de mal humor contra la administración, y no había vuelto a mostrar ya el menor deseo de dejar su empleo. Desde entonces había trabajado, con todas sus fuerzas para "ahogar" a su rival, haciendo que amigos poderosos actuaran sobre los directores para que éstos no proporcionaran a Christine ocasión para un nuevo triunfo. Algunos periódicos, que habían comenzado a cantar el talento de Christine, ya sólo se ocuparon de la gloria de la Carlotta. Por fin, en el mismo teatro, la célebre diva decía acerca de Christine las frases más ultrajantes e intentaba causarle mil pequeños inconvenientes.

La Carlotta no tenía alma ni corazón. ¡Sólo era un instrumento! Un maravilloso instrumento, cierto. Su repertorio comprendía todo cuanto puede tentar la ambición de una gran artista, tanto entre los maestros alemanes como entre los italianos o los franceses. Jamás, hasta entonces, se había escuchado desafinar a la Carlotta, ni se había visto que le faltara el volumen de voz necesario en la interpretación de pasaje alguno de su inmenso repertorio. Resumiendo, el instrumento era amplio, poderoso y de admirable precisión. Pero nadie hubiera podido decir a la Carlotta lo que Rossini dijo a la Krauss, cuando ésta hubo cantado para él, en alemán, *¿Sombríos bosques...?*: "¡Canta usted con su alma, hija mía, y su alma es hermosa!".

¿Dónde estaba tu alma, oh, Carlotta, cuando bailabas en los cuchitriles de Barcelona? ¿Dónde estaba, más tarde, en París, cuando cantaste en tristes teatruchos tus cínicas coplas de bacante de *music-hall*? ¿Dónde estaba tu alma cuando, ante los maestros reunidos en casa de uno de tus amantes, hacías resonar ese dócil instrumento, cuya maravilla estribaba en que cantaba con la misma indiferente perfección el amor sublime y la más baja de las orgías? ¡Oh, Carlotta, si hubieras tenido alguna vez un alma y la hubieras perdido, entonces la habrías recuperado cuando fuiste Elvira y Ofelia y Marguerite! Pues otras, salidas de más abajo que tú, han sido purificadas por el arte, con la ayuda del amor.

En verdad, cuando pienso en todas las mezquindades, las villanías que, en aquella época, tuvo que sufrir Christine Daaé de parte de esa Carlotta, no puedo contener mi ira, y no me asombra en absoluto que mi indignación se traduzca en consideraciones algo más amplias sobre el arte en general, y el del canto en particular, donde los admiradores de la Carlotta no encontrarán ciertamente nada que les plazca.

Cuando la Carlotta hubo terminado de reflexionar acerca de la amenaza de la extraña carta que acababa de recibir, se levantó.

—Ya veremos... —dijo. Y pronunció, en español, algunos juramentos con aire muy resuelto.

La primera cosa que vio, al sacar la nariz por la ventana, fue un coche mortuorio. El coche mortuorio y la carta la persuadieron de que corría, aquella noche, los más serios peligros. Reunió en su casa a la flor y nata, y a la flor sin nata, de sus amigos, les informó de que la amenazaba, en la representación de la noche, una conspiración organizada por Christine Daaé, y declaró que era preciso hacer frente a la pequeña llenando la sala de sus propios admiradores, de los suyos, los de la Carlotta. No carecía de ellos, ¿verdad? Contaba con ellos para que se mantuvieran dispuestos a cualquier eventualidad y a hacer callar a los perturbadores si, como temía, organizaban un escándalo.

Cuando el secretario particular del señor Richard fue a buscar noticias sobre la salud de la diva, volvió con la seguridad de que se encontraba a las mil maravillas y de que, "aunque estuviera agonizando", cantaría aquella noche el papel de Marguerite. Como el secretario había recomendado, de parte de su jefe, a la diva que no cometiera imprudencia alguna, que no saliera de casa y se protegiera de las corrientes de aire, la Carlotta no pudo evitar, tras su partida, relacionar tales recomendaciones excepcionales e inesperadas con las amenazas que contenía la carta.

Eran las cinco cuando recibió, por correo, una nueva carta anónima de idéntica caligrafía que la primera. Era breve. Decía simplemente:

Está usted resfriada: si fuera razonable comprendería que querer cantar esta noche es una locura.

La Carlotta rio irónicamente, se encogió de hombros, sus hombros eran magníficos, y lanzó dos o tres notas que la tranquilizaron.

Sus amigos fueron fieles a la promesa. Aquella noche todos estaban en la Ópera, pero buscaron en vano, a su alrededor, a los feroces conspiradores a quienes tenían la misión de combatir. A excepción de algunos profanos, de algunos honestos burgueses cuyo plácido rostro no reflejaba más designio que el de escuchar de nuevo una música que, desde hacía ya mucho tiempo, había conquistado su favor, no había allí más que feligreses habituales cuyas elegantes, pacíficas y correctas costumbres alejaban toda idea de manifestación. La única cosa que parecía anormal era la presencia de los señores Richard y Moncharmin en el palco nº 5. Los amigos de la Carlotta pensaron que, tal vez, los señores directores se habían enterado, por su lado, del escándalo proyectado y habían querido estar en la sala para detenerlo en cuanto estallara, pero ésta era, como sabéis, una hipótesis injustificada; los señores Richard y Moncharmin sólo pensaban en su fantasma.

¿Nada...? En vano interrogo, en ardiente vela,
a la Naturaleza y al Creador.
Ni una voz desliza en mis oídos
palabras de consuelo...

El célebre barítono Carolus Fonta acababa, apenas, de lanzar la primera llamada del doctor Fausto a las potencias infernales cuando el señor Firmin Richard, que estaba sentado en la misma silla del fantasma, la silla de la derecha, en primera fila, se inclinó, con el mejor humor del mundo, hacia su asociado, y le dijo:

—¿Y a ti, te ha deslizado ya, alguna voz, una palabra al oído?

—¡Esperemos!, no seamos demasiado impacientes —respondió en el mismo tono humorístico el señor Armand Moncharmin—. La representación no ha hecho más que comenzar y ya sabes que el fantasma suele llegar a la mitad del primer acto.

El primer acto transcurrió sin incidentes, lo cual no sorprendió a los amigos de la Carlotta, puesto que Marguerite, en este acto, no canta. Por lo que se refiere a ambos directores, cuando cayó el telón, se miraron sonriendo:

—¡Y va uno! —dijo Moncharmin.

—Sí, el fantasma se retrasa —declaró Firmin Richard.

Moncharmin, siguiendo con la broma, continuó:

—Ciertamente, la sala no tiene esta noche mal aspecto para ser *una sala maldita*.

Richard se dignó sonreír. Señaló a su colaborador una buena mujer, gorda y bastante vulgar, vestida de negro, que estaba sentada en una butaca del centro de la sala y a la que flanqueaban dos hombres, de aspecto raído y con levitas de paño grueso.

—¿Quiénes son aquella "gente"? —preguntó Moncharmin.

—Aquella gente, amigo mío, son mi portera, su hermano y su marido.

—¿Les has dado tú entradas?

—A fe que sí... Mi portera jamás había estado en la Ópera... Es la primera vez... Y como, ahora, debe venir cada noche, he querido que estuviera bien ubicada antes de ocuparse colocando a los demás.

Moncharmin pidió explicaciones y Richard le comunicó que había decidido, por algún tiempo, que su portera, en quien tenía la mayor confianza, tomara el puesto de la señora Giry.

—A propósito de mamá Giry —dijo Moncharmin—, ¿sabes que va a presentar una denuncia contra ti?

—¿Ante quién? ¿Ante el fantasma?

¡El fantasma! Moncharmin casi lo había olvidado.

Por lo demás, el misterioso personaje no hacía nada por permanecer en el recuerdo de los señores directores.

De pronto, la puerta de su palco se abrió con brusquedad ante el asustado regidor.

—¿Qué sucede? —preguntaron ambos, asombrados de ver a aquel hombre en semejante lugar y en aquellos momentos.

—Sucede —dijo el regidor— que los amigos de Christine Daaé han montado una conspiración contra la Carlotta. Y ésta está furiosa.

—¿Qué nueva historia es ésa? —dijo Richard, frunciendo el ceño.

Pero el telón se levantaba ya sobre la kermese y el director indicó por señas al regidor que se retirara.

Cuando el regidor abandonó el lugar, Moncharmin se inclinó al oído de Richard:

—¿De modo que Daaé tiene amigos? —preguntó.

—Sí —dijo Richard—, los tiene.

—¿Quién?

Richard señaló con la mirada un palco delantero en el que sólo había dos hombres.

—¿El conde de Chagny?

—Sí, él me la recomendó... tan calurosamente, que si yo no supiera que es el amigo de la Sorelli...

—¡Caramba, caramba...! —murmuró Moncharmin—. ¿Y quién es el joven pálido que se sienta a su lado?

—Es su hermano, el vizconde.

—Mejor haría yendo a acostarse. Parece enfermo.

El escenario resonaba bajo alegres cánticos. La embriaguez hecha música. El triunfo de la bebida.

De vino o de cerveza.
De cerveza o de vino.
¡Que mi vaso
esté lleno!

Estudiantes, burgueses, soldados, muchachas y matronas, con el corazón alegre, se arremolinaron ante la taberna que lucía el emblema del dios Baco. Siebel hizo su entrada.

Christine Daaé, disfrazada, estaba encantadora. Su fresca juventud, su gracia melancólica seducían al primer golpe de vista. De inmediato, los partidarios de la Carlotta imaginaron que su entrada iba a ser saludada por una gran ovación que les aclararía las intenciones de sus amigos. Aquella indiscreta ovación hubiera sido, además, de una gran torpeza. No se produjo.

Al contrario, cuando Marguerite cruzó la escena y hubo cantado los dos únicos versos de su papel en aquel acto segundo:

No, caballeros, no soy doncella ni hermosa.
Y no necesito que nadie me dé la mano.

resonantes bravos acogieron a la Carlotta. Fue tan imprevisto e inútil que quienes no estaban al corriente de nada se miraron preguntándose qué ocurría, y el acto terminó también sin incidente alguno. Todo el mundo se dijo entonces: "Evidentemente, será en el próximo acto". Algunos, que estaban, al parecer, mejor informados que los demás, afirmaron que el "alboroto" iba a comenzar en la "Copa del rey de Thule", y se precipitaron hacia la entrada de abonados para ir a avisar a la Carlotta.

Los directores dejaron el palco durante este entreacto para informarse acerca de aquella historia de conspiración que les había contado el regidor, pero pronto regresaron a su lugar encogiéndose de hombros y calificando de tontería todo aquel asunto. La primera cosa que vieron al entrar fue, en el antepecho de la barandilla, una caja de bombones ingleses. ¿Quién la había llevado hasta allí? Preguntaron a las acomodadoras. Pero nadie pudo informarles. Volviéndose entonces, de nuevo, hacia el antepecho, distinguieron, esta vez, junto a la caja de bombones ingleses, unos anteojos. Se miraron. No sentían deseos de reír. Todo cuanto la señora Giry les había dicho volvía a su memoria… y además… les parecía sentir a su alrededor una extraña corriente de aire… Se sentaron en silencio, realmente impresionados.

La escena representaba el jardín de Marguerite.

Llevadle mi consentimiento,
transmitid mis deseos…

Mientras cantaba esos dos primeros versos, con su ramillete de rosas y lilas en la mano, Christine, al levantar la cabeza, vio en su palco al vizconde de Chagny y, desde entonces, todos tuvieron la impresión de que su voz era menos segura, menos pura, menos cristalina que de ordinario. Algo ignorado ensombrecía, entorpecía su canto… Había en él, temblor y miedo.

—Extraña muchacha… —apuntó casi en voz alta, un amigo de la Carlotta colocado en la platea—. La otra noche estuvo divina y hoy, duda. No tiene experiencia ni método.

En vos he puesto mi fe.
Hablad por mí.

El vizconde escondió la cabeza entre las manos. Lloraba. El conde, tras él, mordisqueaba violentamente la punta de su bigote, se encogía de hombros y fruncía las cejas. Para revelar con tantos signos exteriores sus sentimientos íntimos, el conde, de ordinario tan correcto y frío, debía estar furioso. Lo estaba. Había visto cómo su hermano regresaba de un rápido y misterioso viaje en un alarmante estado de salud. Las explicaciones que siguieron no habían, sin duda, tenido en absoluto la virtud de tranquilizar al conde que, deseoso de saber a qué atenerse, había solicitado una cita a Christine Daaé. Ésta había tenido la audacia de responderle que no podía recibirlo, ni a él ni a su hermano. Él creyó en una abominable estratagema; no perdonaba a Christine que hiciera sufrir a Raoul, pero sobre todo no le perdonaba a Raoul que sufriera por Christine. ¡Ah!, cuán equivocado estaba al haberse interesado, por un instante, en aquella pequeña cuyo triunfo de una noche seguía siendo incomprensible.

Que la flor en su boca
sepa, al menos, depositar
un dulce beso.

—¡Pequeña desvergonzada! —gruñó el conde.

Y se preguntó qué quería…, qué podía esperar… Era pura, se decía que no tenía amigo, que no tenía protector de ningún tipo…, aquel ángel del norte debía ser astuto.

Raoul, por su parte, tras sus manos, cortina que ocultaba sus lágrimas de niño, sólo pensaba en la carta que había recibido, al regresar a París, adonde Christine había llegado antes que él, tras haber huido de Perros como una ladrona: "Mi querido antiguo amiguito, debe tener el valor de no volver a verme nunca, de no volver a hablarme…, si me ama un poco, hágalo por mí, por mí que no lo olvidaré nunca…, mi querido Raoul.

Sobre todo, no vuelva a entrar en mi camerino. De ello depende mi vida y la suya. Su pequeña Christine".

Una explosión de aplausos... Es Carlotta que hace su entrada.

El acto del jardín se desarrollaba con las peripecias habituales.

Cuando Marguerite hubo terminado de cantar el aria del rey de Thule, fue aclamada: más lo fue todavía cuando hubo terminado el aria de las joyas:

> ¡Ah!, rio al verme
> tan hermosa en este espejo...

En adelante, segura de sí misma, segura de sus amigos de la sala, segura de su voz y de su éxito, sin temer ya nada, Carlotta se entregó por entero, con ardor, con entusiasmo, con embriaguez. Su actuación fue ya libre e impúdica... Aquello no era ya Marguerite, era Carmen. Cada vez se le aplaudía más y su dúo con Fausto parecía augurarle un nuevo éxito, cuando de pronto sucedió... algo espantoso.

Fausto se había arrodillado:

> Déjame, déjame contemplar tu rostro
> bajo la pálida claridad
> con que el astro de la noche, como en una nube
> acaricia tu belleza.

Y Marguerite respondía:

> ¡Oh, silencio! ¡Oh, felicidad!, infeliz misterio,
> embriagadora languidez.

Escucho... y comprendo esta voz solitaria
que canta en mi corazón.

En ese momento..., en ese preciso momento... se produjo
algo que he calificado de espantoso...

...La sala, como un solo hombre, se levanta... En su palco,
los dos directores no pueden contener una exclamación de horror... Espectadores y espectadoras se miran como pidiéndose
unos a otros la explicación de tan inesperado fenómeno... El
rostro de la Carlotta expresa el más atroz dolor, sus ojos parecen poseídos por la locura. La pobre mujer se ha erguido, con la
boca todavía entreabierta, tras haber dejado pasar "aquella voz
solitaria que cantaba en su corazón...". Pero la boca ya no cantaba..., *no arriesgaba ya una sola palabra, un solo sonido...*

Pues aquella boca creada para la armonía, aquel instrumento ágil que jamás había fallado, órgano magnífico, generador de
las más hermosas sonoridades, de los más difíciles acordes,
de las más suaves modulaciones, de los ritmos más ardientes,
sublime mecanismo humano al que sólo faltaba, para ser divino,
el fuego del cielo que es el único en dar la verdadera emoción y
levantar las almas.... aquella boca había dejado pasar...

De aquella boca se había escapado...

...*¡Un gallo!*

¡Ay, el horrible, espantoso, plumífero, picoteado, horrible,
cacareador gallo...!

¿Por dónde había entrado? ¿Cómo se había acurrucado en la
lengua? Con las patas dispuestas a saltar alto y lejos, marrulle-
ramente, había salido de la laringe y... ¡quiquiriquí!

¡Quiquiriquí! Quiquiriquí... ¡Ah, terrible quiquiriquí!

Pues ya imaginarán que sólo hablo de gallo en sentido figu-
rado. No se le veía, pero ¡por mil diablos!, se le oía: ¡Quiquiriquí!

La sala pareció anonadada. Jamás ave de corral alguna, huésped de rumorosos gallineros, había desgarrado la alborada con un quiquiriquí más horrendo.

Y, ciertamente, nadie lo esperaba. La Carlotta no creía todavía ni a su garganta ni a sus oídos. Un rayo que cayera a sus pies la hubiera asombrado menos que aquel gallo cacareador que acababa de salir de su boca...

Y al menos no la hubiera deshonrado. Mientras que, naturalmente, un gallo acurrucado en la lengua deshonra siempre a una cantante. Las hay que han muerto de ello.

¡Dios mío! ¿Quién lo hubiera creído...? Estaba cantando tranquilamente: "Y comprendo esta voz solitaria que canta en mi corazón". Cantaba sin esfuerzo, como siempre, con la misma facilidad con que ustedes dicen: "Buenos días, señora, ¿cómo está usted?".

No puede negarse que existen cantantes presuntuosas que cometen el gran error de no medir sus fuerzas y que, en su orgullo, quieren alcanzar, con la débil voz que el Cielo les dio, efectos excepcionales y lanzar notas que les han sido negadas al llegar al mundo. Entonces el cielo, para castigarlas, les mete en la boca, sin que se den cuenta, un gallo, un gallo que hace quiquiriquí. Todo el mundo lo sabe. Pero nadie podía admitir que una Carlotta, que tenía por lo menos dos octavas en la voz, tuviera también un gallo.

Nadie podía haber olvidado sus estridentes *contra fa*, sus *staccati* inauditos en *La flauta mágica*. Recordaban *Don Juan*, donde ella era Elvira y con el que obtuvo el más resonante triunfo, cierta noche, dando ella misma el si bemol que no podía dar su compañera doña Anna. Y en ese caso, ¿qué significaba aquel quiquiriquí al final de aquella tranquila, apacible, pequeña "voz solitaria que cantaba en su corazón"?

Aquello no era natural. Había allí algún sortilegio. Aquel gallo olía a cuerno quemado. ¡Pobre, miserable, desesperada, aniquilada Carlotta...!

En la sala el rumor crecía. Si semejante aventura hubiera acontecido a otra que no fuese la Carlotta, la habrían abucheado. Pero con ella, cuyo perfecto instrumento conocían, no demostraban cólera sino consternación y espanto. Del mismo modo los hombres debieron sufrir esta especie de terror si alguno pudo asistir a la catástrofe que rompió los brazos de la Venus de Milo... Pero, en ese caso, pudieron ver la llegada del golpe... y comprender...

Sin embargo, entonces el gallo era incomprensible...

De modo que tras algunos segundos preguntándose si realmente había oído, por sí misma, salir de su propia boca aquella nota, ¿era una nota aquel sonido? Aquel ruido infernal, Carlotta quiso persuadirse de que no era nada; de que aquello había sido, por un instante, una ilusión de sus oídos y no la criminal traición de su órgano vocal...

Echó, fuera de sí, una mirada a su alrededor como buscando un refugio, una protección o, mejor, la espontánea seguridad de la inocencia de su voz. Sus crispados dedos habían llegado a su garganta en un gesto de defensa y protesta. ¡No, no, aquel quiquiriquí no era suyo! Y parecía, efectivamente, que propio Carolus Fonta compartiera esa opinión, pues la miraba con una inenarrable expresión de infantil y gigantesco asombro. Porque él estaba a su lado, no la había dejado. Tal vez él pudiera decir cómo había podido suceder algo semejante. ¡No, no podía hacerlo! Sus ojos estaban estúpidamente fijos en la boca de la Carlotta con la mirada con que los más pequeños miran la inagotable chistera del prestidigitador. ¿Cómo una boca tan pequeña había podido contener gallo tan grande?

Todo aquello, gallo, quiquiriquí, emoción, terror, rumor de la sala, confusión del escenario, de los corredores (algunos comparsas mostraban rostros asustados), eso que describo con tanto detalle, duró sólo unos segundos.

Unos horribles segundos que parecieron interminables, sobre todo para los directores, arriba, en el palco n° 5. Moncharmin y Richard estaban muy pálidos. Aquel episodio inaudito e inexplicable los llenaba de una angustia tanto más misteriosa cuanto que, desde hacía un instante, se hallaban bajo la directa influencia del fantasma.

Habían notado su aliento. Algunos cabellos de Moncharmin se habían levantado por la acción de ese aliento... Y Richard había pasado su pañuelo por la sudorosa frente... Sí, estaba allí... a su alrededor... tras ellos, a su lado, lo sentían sin verlo... Oían su respiración... ¡tan, tan cerca de ellos...! *Cuando alguien está presente, se sabe...* Pues bien, ¡ahora lo sabían...! *Estaban seguros de ser tres en el palco...* Temblaban... Querían huir... No se atrevían... Ni siquiera se atrevían a hacer un movimiento, a cruzar unas palabras que pudieran revelar al fantasma que ellos sabían que estaba allí... ¿Qué iba a suceder? ¿Qué iba a producirse?

¡Se produjo el quiquiriquí! Por encima de todos los ruidos de la sala, se oyó su doble exclamación de horror. *Se sentían bajo la influencia del fantasma.* Inclinados por encima de la barandilla del palco, miraban a la Carlotta como si no la reconocieran. Aquella mujer del infierno debía de haber dado, con su gallo, la señal para alguna catástrofe. ¡Ay, esperaban ahora la catástrofe! ¡El fantasma lo había prometido! ¡La sala estaba maldita! Su doble pecho jadeaba ya bajo el peso de la catástrofe. Se oyó la voz ahogada de Richard gritando a la Carlotta:

—¡Bueno, continúe!

¡No! La Carlotta no continuó... volvió a empezar valiente, heroicamente, el fatal verso a cuyo extremo había aparecido el gallo.

Un silencio aterrorizador sucedió a todos los ruidos. Sólo la voz de la Carlotta llenó de nuevo la sonora nave.

Escucho...

—también la sala escucha—

...y comprendo esta voz solitaria (¡quiquiriquí!)
¡Quiquiriquí...! Que canta en mí... ¡quiquiriquí!

También el gallo ha vuelto a empezar. La sala estalla en un prodigioso tumulto. Derrumbados en sus sillas, ambos directores ni siquiera osan volverse; no tienen fuerza. ¡El fantasma se ríe en sus narices! Y por fin oyen distintamente en su oído derecho la voz, la voz imposible, la voz sin boca, la voz que dice:

—*Esta noche canta como para hacer caer el candil.*

En un mismo movimiento, ambos levantaron la cabeza hacia el techo y lanzaron un grito terrible. El candil, la inmensa masa del candil se deslizaba, venía hacia ellos a la llamada de aquella voz satánica. Desprendida, el candil caía de las alturas de la sala y se estrellaba en medio de la platea, entre mil clamores. Aquello produjo el espanto, el sálvese-quien-pueda general. No es mi intención hacer revivir aquí una hora histórica. Los curiosos sólo tienen que hojear los periódicos de la época. Hubo numerosos heridos y una muerta.

El candil se había estrellado en la cabeza de la desgraciada que aquella noche había ido, por primera vez en su vida, a la Ópera: sobre aquella que el señor Richard había elegido para reemplazar en sus funciones de acomodadora a la señora Giry, la acomodadora del fantasma. Había muerto en el acto y, al día siguiente, un diario apareció con este titular: *¡Doscientos mil kilos sobre la cabeza de una portera!* Aquélla fue toda su oración fúnebre.

IX

Aquella velada trágica fue mala para todo el mundo. La Carlotta había caído enferma. Por lo que se refiere a Christine Daaé, había desaparecido después de la representación. Habían transcurrido quince días sin que hubiera vuelto a aparecer por el teatro y sin que se hubiera dejado ver fuera de él.

No hay que confundir esta primera desaparición, que no produjo escándalo, con el famoso rapto que, algún tiempo después, debía producirse en condiciones tan inexplicables y trágicas.

Raoul fue, naturalmente, el primero que no comprendió nada de la ausencia de la diva. Le había escrito a la dirección de la señora Valérius y no había recibido respuesta. Al principio eso no le había sorprendido, conociendo su estado de ánimo y la resolución que había tomado de romper con él cualquier relación sin que, por lo demás, pudiera todavía adivinar la razón.

Aquello no había hecho sino acrecentar su dolor, y terminó inquietándose al no ver a la cantante en ningún programa. *Fausto* se representó sin ella. Una tarde, hacia las cinco, fue a preguntar a la dirección las razones de la desaparición de Christine Daaé. Halló a los directores muy preocupados. Sus propios amigos ya no los reconocían: habían perdido toda alegría y todo entusiasmo. Se les veía cruzar el teatro, con la cabeza baja, el ceño fruncido y las mejillas pálidas como si los persiguiera algún abominable pensamiento o fueran víctimas de una de esas jugarretas del destino que caen sobre el hombre y no lo vuelven a soltar.

La caída del candil había producido muchas responsabilidades, pero era difícil lograr que los señores directores se explicaran sobre este tema.

La investigación había concluido que se trataba de un accidente, producido a causa del desgaste de los medios de suspensión, pero el deber de los antiguos directores así como el de los nuevos, era comprobar ese desgaste y solucionarlo antes de que se produjera la catástrofe.

Y forzoso me es decir que los señores Richard y Moncharmin se mostraron, en aquella época, tan cambiados, tan lejanos... tan misteriosos... tan incomprensibles, que muchos abonados imaginaron que algún acontecimiento, más horrendo todavía que la caída del candil, había modificado el estado de ánimo de los señores directores.

En sus relaciones cotidianas, se mostraban muy impacientes, excepto con la señora Giry, que había sido reintegrada a sus funciones. Ya imaginarán el modo en que recibieron al vizconde de Chagny cuando éste fue a solicitarles noticias de Christine. Se limitaron a contestarle que estaba de vacaciones. Él preguntó cuánto iban a durar tales vacaciones; le respondieron, con bastante sequedad, que eran ilimitadas, pues Christine Daaé las había solicitado por motivos de salud.

—¡Está enferma! —gritó—, ¿qué tiene?

—Lo ignoramos.

—¿No le han enviado el médico del teatro?

—¡No!, no lo ha reclamado y, como confiamos en ella, hemos creído en su palabra.

La cosa no le pareció natural a Raoul, que dejó la Ópera presa de los más sombríos pensamientos. Decidió, ocurriera lo que ocurriera, ir a buscar noticias a casa de mamá Valérius. Recordaba, desde luego, los enérgicos términos de la carta de

Christine que le prohibía todo intento de verla. Pero lo que había visto en Perros, lo que había oído tras la puerta del camerino, la conversación mantenida con Christine a orillas de la landa, le hacían presentir alguna maquinación que, por más que fuera algo diabólica, no por ello dejaba de ser humana. La imaginación exaltada de la joven, su alma tierna y crédula, la primitiva educación que rodeara sus jóvenes años con un círculo de leyendas, el continuo pensamiento de su padre muerto y, sobre todo, el estado de sublime éxtasis que le producía la música cuando tal arte se le manifestaba en condiciones excepcionales (¿acaso no había podido juzgarlo por sí mismo durante la escena del cementerio?), todo le parecía constituir un terreno moral propicio para las empresas perjudiciales de algún personaje misterioso y sin escrúpulos. ¿De quién era víctima Christine Daaé? Ésa era la sensata pregunta que se hacía Raoul mientras se dirigía a toda prisa a casa de mamá Valérius.

El vizconde poseía un espíritu de los más sanos. Sin duda era poeta y le gustaba la música en lo que ésta tiene de más alado, y era un gran aficionado a los antiguos cuentos bretones en los que danzan los *korrigans*, y por encima de todo estaba enamorado de aquella pequeña hada del norte que era Christine Daaé, pero eso no le impedía creer en lo sobrenatural sólo en materia de religión, y la historia más fantástica del mundo no era capaz de hacerle olvidar que dos y dos son cuatro.

¿Qué iban a decirle en casa de mamá Valérius? Temblaba al llamar a la puerta de un pequeño apartamento de la rue Notre-Dame-des-Victoires.

La camarera que, una noche, salió ante él del camerino de Christine, fue a abrirle. Preguntó si la señora Valérius estaba visible. Le respondieron que estaba enferma, en la cama, y que no podía "recibir".

—Dele mi tarjeta —dijo.

No tuvo que esperar mucho tiempo. La camarera regresó y lo hizo pasar a un saloncito bastante oscuro y escasamente amueblado, donde los retratos del profesor Valérius y de papá Daaé estaban puestos frente a frente.

—La señora presenta sus excusas al señor vizconde —dijo la criada—. Sólo podrá recibirle en su habitación, pues sus pobres piernas no pueden sostenerla ya.

Cinco minutos más tarde, Raoul era introducido en una habitación casi oscura en la que distinguió, enseguida, en la penumbra de una alcoba, el buen rostro de la bienhechora de Christine. Ahora, los cabellos de mamá Valérius eran completamente blancos, pero sus ojos no habían envejecido: jamás, por el contrario, su mirada había sido tan clara, tan pura, ni tan infantil.

—¡Señor de Chagny...! —dijo alegremente tendiendo ambos brazos al visitante—. ¡Ah, el cielo le envía...! Podremos hablar de *ella*.

Esta última frase sonó muy lúgubremente en los oídos del joven. Preguntó enseguida:

—Señora... ¿dónde está Christine?

Y la anciana dama le respondió tranquilamente:

—Está con su "buen genio".

—¿Qué buen genio? —gritó el pobre Raoul.

—El ángel de la música, claro.

El vizconde de Chagny, consternado, se derrumbó en una silla. ¡De modo que Christine estaba con el ángel de la música! Y mamá Valérius, en su lecho, le sonreía poniéndose un dedo sobre los labios para recomendarle silencio. Añadió:

—No hay que decírselo a nadie.

—Cuente conmigo... —replicó Raoul sin saber bien lo que decía, pues sus ideas acerca de Christine, ya bastante confusas, se enturbiaban cada vez más y le parecía que todo comenzaba a dar vueltas a su alrededor, alrededor de la habitación, alrededor de aquella extraordinaria dama de blancos cabellos, ojos de un pálido azul cielo, ojos de cielo vacío—. Cuente conmigo.

—¡Claro, claro! —dijo la mujer con una risa feliz—. Pero acérquese a mí, como cuando era muy pequeño. Deme sus manos como cuando me explicaba la historia de la pequeña Lotte que había contado papá Daaé. Lo aprecio, y usted lo sabe, señor Raoul. ¡Y también Christine lo aprecia!

"...Me aprecia...", suspiró el joven que reunía, con dificultad, su pensamiento en torno al *genio* de mamá Valérius, al ángel del que tan extrañamente le había hablado Christine, a la *calavera* que había entrevisto, en una especie de pesadilla, en las gradas del altar mayor de Perros y, también, al *fantasma de la Ópera*, cuya historia había llegado a sus oídos cierta noche en la que, retrasado, había permanecido en el escenario, a dos pasos del grupo de tramoyistas que recordaban la cadavérica descripción hecha, antes de su misteriosa muerte, por el ahorcado Joseph Buquet...

Preguntó en voz baja:

—¿Qué le hace pensar, señora, que Christine me aprecia?

—Me hablaba de usted todos los días.

—¿De verdad?... ¿Y qué le decía?

—Me dijo que usted se le había declarado...

Y la buena anciana rompió a reír a carcajadas, mostrando todos sus dientes, que había conservado celosamente. Raoul se levantó, con la frente enrojecida, sufriendo atrozmente.

—Bueno, ¿adónde va...? ¿Quiere usted sentarse...? ¿Cree que va a dejarme así...? Está enojado porque me he reído, le pido perdón... Al fin y al cabo, lo que ha ocurrido no es culpa suya... Usted ignoraba... Es joven... y creía que Christine era libre...

—¿Christine está comprometida? —preguntó con voz ahogada el infeliz Raoul.

—¡De ningún modo, de ningún modo…! Sabe perfectamente que, aunque quisiera, Christine no podría casarse…

—¡Cómo! ¡No sé nada…! ¿Por qué no puede casarse Christine?

—A causa del *genio de la música*, claro…

—Otra vez…

—Sí, ¡él se lo ha prohibido…! El genio de la música le ha prohibido casarse…

Raoul se inclinó hacia mamá Valérius, adelantando las mandíbulas como si quisiera morder. Aunque hubiera deseado devorarla no la habría mirado con ojos más feroces. Hay momentos en los que la excesiva inocencia de espíritu parece tan monstruosa, que se hace aborrecible. A Raoul, la señora Valérius le pareció demasiado inocente.

Ella no sospechó la horrenda mirada que se le dirigía. Continuó con el aire más natural del mundo:

—Bueno, se lo ha prohibido… sin prohibírselo… Le dice, sencillamente, que si se casara no volvería a escucharlo… Entonces, compréndalo, ella no desea que el *genio de la música* se marche. Es muy natural.

—Sí, sí —cortó Raoul en un suspiro—, es muy natural.

—Además, creía que Christine se lo había contado todo, cuando se encontró con usted en Perros, adonde había ido en compañía de su "buen genio".

—¡Ah, ah!, ¿fue a Perros con el "buen genio?"

—Bueno, lo cierto es que la había citado en el cementerio de Perros, sobre la tumba de Daaé; le había prometido tocar la *Resurrección de Lázaro* en el violín de su padre.

Raoul de Chagny se levantó y pronunció, con gran autoridad, las palabras decisivas:

—Señora, va a decirme usted dónde vive ese genio.

La anciana dama no pareció sorprenderse por tan indiscreta pregunta. Levantó los ojos y dijo:

—¡En el cielo!

Tanto candor lo desarmó. Tan sencilla y perfecta fe en un genio que, todas las noches, bajaba del cielo para frecuentar los camerinos de los artistas de la Ópera, lo dejó atónito.

Advertía ahora el estado de ánimo en que podía encontrarse una joven educada entre un supersticioso médico pueblerino y una buena dama "iluminada", y se estremeció pensando en las posibles consecuencias de todo ello.

—¿Sigue siendo Christine una muchacha honesta? —preguntó de pronto sin poder evitarlo.

—¡Lo juro por mi porción de paraíso…! —exclamó la anciana que, esta vez, pareció ofendida— y si lo duda, caballero, no sé qué ha venido a hacer aquí.

Raoul tomó el toro por los cuernos.

—¿Cuánto tiempo hace que Christine conoció a ese "genio"?

—Aproximadamente tres meses… Sí, hace tres meses que comenzó a darle lecciones.

El vizconde extendió los brazos en un gesto inmenso y desesperado y los dejó caer anonadado.

—¡El genio le da lecciones…! ¿Dónde?

—Ahora que se ha marchado con él, no podría decírselo, pero hace quince días lo hacía en el camerino de Christine. Aquí, en este pequeño apartamento, hubiera sido imposible. Toda la casa los hubiera oído. Mientras que en la Ópera, a las ocho de la mañana, no hay nadie. No los molestan… ¿Comprende…?

—¡Comprendo, comprendo! —gritó el vizconde y se despidió precipitadamente de la anciana señora que se preguntó, en un aparte, si el vizconde no estaría algo tocado.

Al cruzar el salón, Raoul se encontró frente a la camarera y, por un instante, sintió deseos de interrogarla, pero creyó ver en sus labios una ligera sonrisa. Pensó que se estaba riendo de él. Y huyó. ¿Acaso no sabía bastante...? Había querido saber, ¿qué más podía desear...? Regresó, a pie, al domicilio de su hermano en un estado que daba pena...

Hubiera querido castigarse, golpear su cabeza contra las paredes. ¡Haber creído en tanta inocencia, en tanta pureza! ¡Haber intentado, por unos instantes, explicarlo todo con la ingenuidad, la sencillez de espíritu, el candor inmaculado! ¡El genio de la música! ¡Ahora lo conocía! ¡Lo veía! ¡Era, sin duda, algún horrendo tenor, buen mozo, que cantaba con la boca en forma de corazón! Se encontraba terriblemente ridículo y desgraciado. ¡Ah, qué miserable, pequeño, insignificante e ingenuo muchacho era el señor vizconde de Chagny!, pensó con rabia Raoul. Y ella, ¡qué audaz y satánicamente taimada criatura!

Sin embargo, aquella caminata por las calles le había hecho bien, había refrescado un poco el fuego de su cerebro. Cuando entró en su habitación ya sólo pensó en arrojarse sobre el lecho para ahogar sus sollozos. Pero su hermano estaba allí y Raoul se dejó caer en sus brazos como un bebé. El conde, paternalmente, lo consoló sin pedirle explicaciones; por lo demás, Raoul hubiera dudado en contarle la historia del *genio de la música*. Si hay cosas de las que uno no se vanagloria, hay otras por las que sería excesivamente humillante ser compadecido.

El conde llevó a su hermano a cenar a un restaurante. Con tan reciente desesperación, es probable que Raoul hubiera declinado, aquella noche, toda invitación si, para decidirle, el conde no le hubiera dicho que, la víspera por la noche, en una avenida del Bois, la dama de sus pensamientos había sido sorprendida en galante compañía. Al principio, el vizconde no quiso creerlo pero, luego, recibió detalles tan precisos que no protestó más. En fin, ¿no era la más banal aventura? La habían visto en una berlina con el cristal bajado. Ella parecía aspirar profundamente el aire helado de noche. El claro de luna era soberbio. La habían reconocido perfectamente. Por lo que se refiere a su acompañante, sólo habían distinguido una difusa silueta en la sombra. El coche iba "al paso", por una avenida desierta, detrás de las tribunas de Longchamp.

Raoul se vistió con frenesí, listo ya, para olvidar su aflicción, a arrojarse, como se dice, al "torbellino del placer". ¡Ay!, fue un triste comensal y, tras haber dejado pronto al conde, se encontró, hacia las diez de la noche, en un coche de alquiler, tras las tribunas de Longchamp.

Hacía un frío de perros. La calzada estaba desierta y muy iluminada por la luna. Ordenó al cochero que lo aguardara pacientemente en la esquina de una pequeña avenida adyacente y, disimulando tanto como le fue posible, comenzó a golpear el suelo con los pies.

No hacía media hora que se entregaba a tan higiénico ejercicio cuando un coche, procedente de París, volvió la esquina y, tranquilamente, al paso de su caballo, se dirigió hacia él.

Pensó enseguida: ¡es ella! Y su corazón comenzó a golpear con grandes latidos sordos, como los que ya había sentido en el pecho cuando oyó la voz de hombre tras la puerta del camerino... ¡Dios mío, cuánto la amaba!

El coche seguía avanzando. Él, por su parte, no se había movido. Aguardaba... Si era ella, estaba dispuesto a saltar a la cabeza de los caballos... Costara lo que costara, quería tener una conversación con el ángel de la música...

Unos pasos más y la berlina estaría a su altura. No dudaba de que era ella... En efecto, una mujer asomaba la cabeza por la ventanilla.

Y, de pronto, la luna la iluminó con pálida aureola.

—¡Christine!

El sagrado nombre de su amor le brotó de los labios y el corazón. ¡No pudo contenerse...! Saltó para alcanzarla, pues el nombre arrojado al rostro de la noche había sido como la esperada señal para la furiosa galopada del vehículo, que pasó ante él sin darle tiempo a poner su proyecto en ejecución. El cristal de la ventana había vuelto a subir. El rostro de la muchacha había desaparecido. Y la berlina tras la cual corría no era ya más que un punto negro en la calzada blanca.

Llamó de nuevo: ¡Christine...! Nada le respondió. Se detuvo en medio del silencio. Dirigió una mirada al cielo, a las estrellas; golpeó con el puño su pecho incendiado: ¡Amaba y no era amado!

Con ojos apagados miró aquella calzada desolada y fría, la noche pálida y muerta. Nada más frío, nada más muerto que su corazón: había amado a un ángel y despreciaba a una mujer.

Raoul, ¡cómo se ha burlado de ti la pequeña hada del norte! ¡No es cierto, no es cierto que es inútil tener tan frescas mejillas, una frente tan tímida y siempre dispuesta a cubrirse con el rosado velo del pudor, si se pasa la noche solitaria, en el interior de una berlina de lujo, acompañada por un misterioso amante? ¿No es cierto que deberían existir límites sagrados para la hipocresía y la mentira...? Y que no debieran tenerse los claros ojos de la infancia cuando se tiene el alma de las cortesanas?

...Ella había pasado sin responder a su llamada...

¿Por qué había ido él a cruzarse en su camino?

¿Con qué derecho había levantado, de pronto, ante ella, que sólo le pide olvido, el reproche de su presencia...?

—¡Vete.... desaparece...! ¡Tú no cuentas!

Pensaba en morir y sólo tenía veinte años... Su criado lo encontró, por la mañana, sentado en su lecho. No se había desnudado y el sirviente temió alguna desgracia al verlo, tanto se leía en su rostro el desastre. Raoul le arrancó de las manos el correo que le traía. Había reconocido una carta, un papel, una escritura. Christine le decía:

Amigo mío, vaya, pasado mañana, al baile de máscaras de la Ópera; esté, a medianoche, en el saloncito que se halla tras la chimenea del gran vestíbulo: permanezca de pie junto a la puerta que conduce a la Rotonda. No hable de esta cita absolutamente a nadie. Póngase un dominó blanco, y vaya bien enmascarado. Por mi vida, que no le reconozca nadie. Christine.

X

El sobre, manchado de barro, no llevaba sello. "Para entregar al señor vizconde, Raoul de Chagny" y la dirección escrita a lápiz. Con toda seguridad había sido arrojado con la esperanza de que un transeúnte recogiera la nota y la llevara al domicilio, cosa que había ocurrido. La nota había sido hallada en una acera de la plaza de la Ópera. Raoul la leyó enfebrecido.

Era todo lo que necesitaba para recuperar la esperanza. La sombría imagen de una Christine olvidando sus deberes para consigo misma, que se había forjado momentos antes, dejó lugar a la primera imaginación de una desgraciada niña inocente, víctima de una imprudencia y de su excesiva sensibilidad. ¿Hasta qué punto, ahora, era verdaderamente una víctima? ¿De quién era prisionera? ¿A qué abismo la habían arrastrado? Se lo preguntaba con cruelísima angustia; pero este dolor le parecía incluso soportable al lado del delirio al que le arrojaba la idea de una Christine hipócrita y mentirosa. ¿Qué habría pasado? ¿Qué influencia había sufrido? ¿Qué monstruo la había raptado, y con qué armas?

...¿Con qué armas a no ser de las de la música? Sí, sí, cuanto más pensaba en ello más se persuadía de que por ese lado descubriría la verdad. Había olvidado acaso el tono con que, en Perros, ella le había comunicado que había recibido la visita del enviado celestial? ¿Y la propia historia de Christine en esos últimos tiempos, no iba a ayudarle a iluminar las tinieblas en que se debatía? ¿Ignoraba la desesperación que se había apoderado de ella tras la muerte de su padre y cómo le disgustaron, desde entonces, las cosas de la vida, incluso las de su arte? Había pasado por el Conservatorio como una pobre máquina cantora, desprovista de alma. Y, de pronto, había despertado, como recibiendo el soplo de una intervención divina. ¡El ángel de la música había acudido! ¡Canta la Marguerite del *Fausto* y triunfa…! ¡El ángel de la música…! Pero ¿quién, quién se hace pasar a sus ojos por ese genio maravilloso…? ¿Quién, informado de la leyenda tan querida para el viejo Daaé, la utiliza hasta tal punto de que la muchacha no es ya, entre sus manos, más que un instrumento sin defensa al que hace vibrar a voluntad?

Y Raoul pensaba que tal aventura no era, en absoluto, excepcional. Recordaba lo que le había ocurrido a la princesa Belmonte, que acababa de perder a su marido y cuya desesperación se había convertido en estupor… Desde hacía un mes la princesa no podía hablar ni llorar. Tal inercia física y moral iba agravándose cada día y el debilitamiento de la razón acarreaba, poco a poco, el aniquilamiento de la vida. Todas las tardes se llevaba a la enferma a sus jardines; pero ella ni siquiera parecía comprender dónde se encontraba. Raff, el mayor cantante de Alemania, de paso por Nápoles, quiso visitar aquellos jardines famosos por su belleza. Una de las damas de compañía de la princesa rogó al gran artista que cantara, sin que lo vieran, cerca del bosquecillo donde ella se hallaba tendida. Raff consintió en ello y cantó una sencilla melodía que había escuchado de labios de su marido en los primeros días de su himeneo. Era una melodía expresiva y conmovedora. La melodía, la letra, la admirable voz del artista, todo contribuyó a conmover profundamente el alma de la princesa. Las lágrimas acudieron a sus ojos… lloró, estaba salvada y quedó convencida de que su esposo, aquella tarde, había bajado del cielo para cantarle la melodía de antaño.

"Sí... ¡aquella tarde...! Una tarde —pensaba ahora Raoul—, una única tarde... Pero esa hermosa imaginación no hubiera resistido ante una experiencia repetida..."

Habría terminado descubriendo a Raff, detrás del bosquecillo, aquella ideal y doliente princesa de Belmonte, si hubiese regresado allí cada tarde, durante tres meses...

El ángel de la música, durante tres meses, había dado lecciones a Christine... ¡Ah, era un profesor puntual...! ¡Y ahora la paseaba por el Bois...!

Con sus crispados dedos, apoyados en el pecho donde latía su celoso corazón, Raoul se desgarraba las carnes. Inexperto, se preguntaba ahora con terror a qué juego lo invitaba la damisela en la próxima mascarada. Y hasta qué punto una mujer de ópera puede burlarse de un buen muchacho virgen en el amor. ¡Qué miseria...!

De este modo, el pensamiento de Raoul iba de un extremo a otro. No sabía ya si debía compadecer a Christine o maldecirla y, alternativamente, la compadecía y la maldecía. Por lo que pudiera pasar, sin embargo, se proveyó de un dominó blanco.

Por fin, llegó la hora de la cita. Con el rostro cubierto por un antifaz guarnecido de un largo y espeso encaje, disfrazado de blanco, el vizconde se sintió muy ridículo por haberse puesto aquel traje de las mascaradas romanas. Un hombre de mundo no se disfraza para ir al baile de la Ópera. Daría risa. Un pensamiento consolaba al vizconde: ¡ciertamente no iban a reconocerlo! Y además, el traje y el antifaz tenían otra ventaja: Raoul podría pasearse "como por su casa", solo, con la aflicción de su alma y la tristeza de su corazón. No necesitaría fingir; sería superfluo componer una máscara para su rostro: ¡ya la llevaba!

Aquel baile era una fiesta excepcional, dada antes de los carnavales, para honrar el aniversario de nacimiento de un ilustre dibujante jocoso de antaño, de un émulo de Gavarni,[7] cuyo lápiz había inmortalizado a los "petimetres" y el descenso de la Courtille. De modo que debía ser mucho más alegre, más ruidoso, más bohemio que los bailes de máscaras ordinarios. Numerosos artistas se habían dado cita en él seguidos por todo un séquito de modelos y "pintamonas" que, hacia medianoche, comenzaron a provocar un gran bullicio.

Raoul subió la gran escalinata a las doce menos cinco de la noche, no se entretuvo en modo alguno mirando, a su alrededor, el espectáculo de los trajes multicolores que se extendía lo largo de las gradas de mármol, en uno de los más suntuosos decorados del mundo; no se dejó atrapar por ninguna máscara bromista; no respondió a ninguna broma y se sacudió la familiaridad acaparadora de varias parejas ya demasiado alegres. Tras haber cruzado el gran vestíbulo y escapado a una farándula que, por unos momentos, lo había aprisionado, penetró por fin en el salón indicado en la nota de Christine. Allí, en aquel pequeño espacio, había una multitud, pues era la encrucijada donde se encontraban todos los que iban a cenar a la Rotonda o regresaban de tomar una copa de champagne. El tumulto era ardiente y gozoso. Raoul pensó que Christine había preferido, para su misteriosa cita, ese estruendo a cualquier otro rincón aislado: bajo la máscara se pasaba, allí, más desapercibido.

Se acercó a la puerta y esperó. No por mucho tiempo. Pasó un dominó negro que le estrechó rápidamente la punta de los dedos. Comprendió que era ella.

7. Seudónimo de Sulpice Guillaume Chevalier, dibujante, litógrafo, acuarelista y pintor francés conocido por sus humorísticas caricaturas, acompañadas de leyendas, en las que hacía una aguda descripción de la sociedad de su tiempo. *(N. del T.)*

La siguió.

—¿Es usted, Christine? —preguntó entre dientes.

El dominó se volvió vivamente y levantó el dedo a la altura de los labios para recomendarle, sin duda, que no volviera a repetir su nombre.

Raoul continuó siguiéndola en silencio. Temía perderla tras haberla encontrado de un modo tan extraño. Ya no sentía odio contra ella. Incluso no dudaba ya de que ella "no tuviese nada que reprocharse", por extraña e inexplicable que pareciera su conducta. Estaba dispuesto a todas las mansedumbres, a todos los perdones, a todas las cobardías. Amaba. Y, ciertamente, iban, dentro de poco, a explicarle muy naturalmente la razón de tan singular ausencia... El dominó negro, de vez en cuando, se volvía para comprobar si el dominó blanco lo seguía.

Cuando Raoul volvió a cruzar así, detrás de su guía, el gran vestíbulo, no pudo dejar de distinguir de entre todas las multitudes, un grupo... de entre todos los grupos que se entregaban a las más locas extravagancias, un grupo que se arremolinaba en torno a un personaje cuyo disfraz, de original apariencia y aspecto macabro, causaban sensación...

Aquel personaje iba vestido de escarlata con un inmenso sombrero de plumas tocando una calavera. ¡Ah, qué buena imitación de calavera era aquélla! Los pintamonas, a su alrededor, le comunicaban su éxito, lo felicitaban... le preguntaban qué modisto, qué taller frecuentado por Plutón, había hecho, diseñado, maquillado tan hermosa calavera. La propia "Huesuda" tenía que haber posado para ello.

El hombre de la calavera, el sombrero de plumas y el traje escarlata arrastraba tras de sí un inmenso manto de terciopelo rojo cuya llama se extendía, realmente, por el suelo; y, en ese manto, habían bordado en letras de oro una frase que todo el mundo leía y repetía en voz alta: "¡No me toquéis! ¡Soy la Muerte roja que pasa…!".

Y alguien quiso tocarlo… Pero una mano esquelética, brotando de una manga púrpura, asió con brutalidad la muñeca del imprudente y éste, tras haber notado el crujido de la osamenta, el frenético apretón de la Muerte que parecía no querer soltarlo jamás, lanzó un grito de dolor y espanto. Cuando la Muerte roja le devolvió por fin la libertad, huyó, enloquecido, en medio de las burlas. En aquel momento Raoul se cruzó con el fúnebre personaje que, precisamente, acababa de volverse hacia donde él estaba. Y estuvo a punto de dejar escapar un grito: "¡La calavera de Perros-Guirec!". ¡La había reconocido…! Quiso precipitarse olvidando a Christine; pero el dominó negro, que parecía también presa de una extraña emoción, lo había tomado del brazo y lo arrastraba… lo arrastraba lejos del vestíbulo, fuera de aquella muchedumbre demoniaca por entre la que pasaba la Muerte roja…

A cada instante el dominó negro se volvía y pareció, sin duda, por dos veces, distinguir algo que le asustaba, pues apresuró su marcha y la de Raoul como si los persiguieran.

Subieron, así, dos pisos. Allí, las escaleras y los corredores estaban casi desiertos. El dominó negro empujó la puerta de un palco e hizo señas al dominó blanco para que entrara tras él. Christine (pues efectivamente era ella, la reconoció por la voz), Christine cerró enseguida la puerta del palco recomendándole en voz baja que permaneciera en la parte trasera y no se dejara ver. Raoul retiró su máscara. Christine conservó la suya. Y, cuando el joven iba a pedir a la cantante que se la quitara, se sintió muy asombrado al verla inclinándose hacia el muro y escuchar con atención lo que ocurría al otro lado. Luego abrió la puerta y miró al corredor diciendo en voz baja: "Debe de haber subido más arriba, al palco de los ciegos"... De pronto gritó: "¡Vuelve a bajar!".

Quiso cerrar de nuevo la puerta pero Raoul se opuso pues había visto, en el peldaño más alto de la escalera que llevaba al piso superior, posarse un *pie rojo*, y luego otro... y lenta, majestuosamente, descendió la vestidura escarlata de la Muerte roja. Y volvió a ver la calavera de Perros-Guirec.

—¡Es él...! —exclamó el muchacho—. ¡Esta vez no escapará!

Pero Christine había cerrado la puerta en el momento en que Raoul se lanzaba hacia ella. Quiso apartarla de su camino...

—¿Quién es ese *él*...? —preguntó con voz cambiada—. ¿Quién no va a escapar...?

Brutalmente Raoul intentó vencer la resistencia de la muchacha, pero ésta lo rechazaba con una fuerza inesperada... Comprendió o creyó comprender y se enfureció enseguida.

—¿Quién...? —dijo con rabia—. ¡Él!, ¡el hombre que se oculta tras esa horrenda imagen mortuoria...! ¡El mal genio del cementerio de Perros...! ¡La Muerte roja...! En fin, su amigo, señora... *Su ángel de la música.* Pero yo arrancaré la máscara de su rostro, como he arrancado la mía, y nos miraremos, cara a cara esta vez, sin velos y sin mentiras, y así sabré a quién ama usted y quién es el que la ama.

Y rompió a reír con insensata carcajada mientras Christine, tras su antifaz, dejaba escapar un doloroso gemido.

La muchacha extendió, con gesto trágico, los dos brazos, formando ante la puerta una barrera de carne blanca.

—¡En nombre de nuestro amor, Raoul, no pasará...!

Él se detuvo. ¿Qué había dicho...? ¿En nombre de su amor...? Pero si nunca, nunca le había dicho, todavía, que ella lo amaba. Y, sin embargo, no le habían faltado ocasiones... Lo había visto muy desgraciado, derramando lágrimas ante ella, implorando una amable palabra de esperanza que no había llegado... Lo había visto enfermo, casi muerto de terror y frío tras la noche en el cementerio de Perros. ¿Se había quedado ella a su lado cuando más necesitaba sus cuidados? ¡No! ¡Había huido...! ¡Y ahora decía que lo amaba! Hablaba "en nombre de su amor". ¡Vamos! No tenía más objetivo que retrasarlo algunos segundos... Tenía que ganar tiempo para que la Muerte roja escapara... ¿Su amor? ¡Mentía...!

Y se lo dijo, con acento de odio infantil:

—¡Miente usted, señora! ¡No me ama ni me ha amado nunca! Hay que ser un pobre e infeliz muchachito como yo para dejarse engañar, para dejarse engatusar como yo. ¿Por qué me permitió, con su actitud, la alegría de su mirada, su propio silencio durante nuestra primera entrevista en Perros, forjarme todas las esperanzas? Todas las honestas esperanzas, señora, pues soy un hombre honesto y la creía una mujer honesta, cuando sólo tenía usted la intención de burlarse de mí. ¡Ay, se ha burlado usted de todo el mundo! Ha estado abusando vergonzosamente del cándido corazón de su propia bienhechora que sigue, sin embargo, creyendo en su sinceridad mientras usted se pasea en el baile de la Ópera con la Muerte roja... ¡La desprecio...!

Y lloró. Ella dejó que la injuriara. Sólo pensaba en una cosa: retenerlo.

—Un día me pedirá perdón por tan horrendas palabras, Raoul, ¡y yo lo perdonaré...!

Él sacudió la cabeza.

—¡No, no! ¡Me ha vuelto usted loco...! Cuando pienso que sólo tenía un objetivo en la vida, dar mi nombre a una muchacha de ópera...

—¡Raoul...! ¡Infeliz...!

—¡Quisiera morirme de vergüenza!

—Viva, amigo mío —dijo la voz grave y alterada de Christine—. ¡Y adiós!

—¡Adiós, Christine…!

—¡Adiós, Raoul…!

El joven avanzó con paso titubeante. Arriesgó un nuevo sarcasmo:

—¡Oh!, ¿me permitirá usted venir todavía, de vez en cuando, a aplaudirla?

—¡No cantaré más, Raoul…!

—¿De verdad…? —añadió él con mayor ironía—. Ya le permiten estar ociosa: ¡mis felicitaciones…! ¡Pero nos veremos en el Bois una de estas noches!

—Ni en el Bois ni en ninguna otra parte, Raoul, no volverá usted a verme…

—¿Puede saberse, al menos, a qué tinieblas regresa usted…? ¿A qué infierno se dirige, misteriosa dama…? ¿O hacia qué paraíso…?

—Había venido a decírselo… amigo mío…, pero ya no puedo decirle nada… ¡no me creería! Ha perdido la fe en mí, Raoul, ¡todo ha terminado…!

Dijo aquel "Todo ha terminado" en un tono tan desesperado que el joven se sobresaltó y el remordimiento por su crueldad comenzó a turbarle el alma…

—¡Pero bueno… —exclamó—, dígame qué significa todo eso…! Es usted libre, sin ataduras… Se pasea por la ciudad… se viste con un dominó para correr al baile… ¿Por qué no vuelve a casa…? ¿Qué ha hecho usted durante los últimos quince días…? ¿Qué significa esta historia del ángel de la música que ha explicado a mamá Valérius? Alguien ha podido engañarla, abusar de su credulidad… Yo mismo he sido testigo en

Perros… Pero, ahora, sabe a qué atenerse… Me parecía usted muy sensata, Christine… Sabe lo que está haciendo… Y, mientras, mamá Valérius sigue esperándola e invocando su "buen genio"… Explíquese, Christine, se lo ruego… ¡Otros se habrían engañado también…! ¿Qué significa esta comedia?

Christine, sencillamente, se quitó la máscara y dijo:

—Es una tragedia, amigo mío….

Raoul vio entonces su rostro y no pudo contener una exclamación de sorpresa y espanto. Los frescos colores de antaño habían desaparecido. Una palidez mortal se extendía por aquellos rasgos que él había conocido tan encantadores y dulces, reflejando la apacible gracia de la conciencia sin combate. ¡Qué atormentados estaban entonces! El arado del dolor los había surcado despiadadamente y los hermosos ojos claros de Christine, antaño límpidos como los lagos que servían de ojos a la pequeña Lotte, mostraban esta noche una profundidad oscura, misteriosa e insondable, rodeados por una sombra espantosamente triste.

—¡Amiga mía, amiga mía! —gimió el muchacho extendiendo los brazos—, usted ha prometido perdonarme…

—¡Tal vez, tal vez algún día…! —dijo volviendo a ponerse la máscara y se fue, prohibiéndole seguirla con un gesto de rechazo…

Él quiso lanzarse tras sus pasos, pero ella se volvió repitiendo con tal autoridad soberana su gesto de despedida que el joven no se atrevió ya a dar un paso.

Él la miró alejarse… Y luego bajó a su vez hacia la muchedumbre, no sabiendo ya con precisión lo que hacía; latiéndole las sienes y con el corazón desgarrado preguntó, en la sala que cruzaba, si no habían visto pasar a la Muerte roja. Le decían: "¿Quién es esa Muerte roja?". Respondía: "Es un caballero disfrazado con una calavera y un gran manto rojo". Le dijeron, por todas partes, que acababa de pasar, la Muerte roja, arrastrando su real manto, pero no la encontró en ninguna parte y regresó, hacia las dos de la madrugada, al corredor que, detrás del escenario, llevaba al camerino de Christine Daaé.

Sus pasos lo habían llevado al lugar donde había comenzado a sufrir. Llamó a la puerta. No le respondieron. Entró como había entrado cuando buscaba por todas partes *la voz de hombre*. El camerino estaba desierto. Ardía una luz de gas. En un pequeño escritorio había papel y sobres. Pensó escribir a Christine, pero unos pasos se dejaron oír en el corredor... Sólo pudo ocultarse en el *boudoir* que estaba separado del camerino por una simple cortina. Una mano empujó la puerta. ¡Era Christine!

Contuvo la respiración... ¡Quería ver! ¡Quería saber...! Algo le decía que iba a asistir a una parte del misterio y que, tal vez, comenzara a comprender...

Christine entró, se quitó el antifaz con gesto fatigado y lo arrojó sobre la mesa. Suspiró y dejó caer su hermosa cabeza entre las manos... ¿En qué pensaba...? ¿En Raoul...? ¡No!, pues Raoul la escuchó murmurar: "¡Pobre Erik!".

En principio, él creyó haber oído mal. En principio, estaba persuadido de que si alguien podía ser compadecido, ése era él, Raoul. Nada hubiera sido más natural que, tras lo que acababa de ocurrir entre ellos, la muchacha dijera en un suspiro: "¡Pobre Raoul!". Pero repitió sacudiendo su cabeza: "¡Pobre Erik!".

¿Qué venía a hacer ese Erik en los suspiros de Christine y por qué la pequeña hada del norte compadecía a Erik cuando tan desgraciado era Raoul?

Christine se puso a escribir, calmada, tranquila, tan pacíficamente que Raoul, temblando todavía por el drama que los separaba, se sintió singular y enojosamente impresionado. "¡Qué sangre fría!", se dijo... Escribió así, llenando dos, tres, cuatro hojas. De pronto, irguió la cabeza y ocultó las hojas en su corpiño... Parecía escuchar... También Raoul escuchó... ¿De dónde procedía aquel extraño ruido, aquel ritmo lejano...? Un canto sordo que parecía brotar de los muros... Sí, hubiérase dicho que las paredes cantaban... El canto se hacía más claro... las palabras eran inteligibles... se distinguió una voz... una muy hermosa, dulce y cautivante voz.... sin embargo, pese a su dulzura, seguía siendo masculina por lo que podía saberse que aquella voz no pertenecía a una mujer... La voz seguía acercándose..., cruzó el muro..., llegó..., y la voz, ahora, *estaba en la habitación*, delante de Christine. Christine se levantó y le habló a la voz como si hablara con alguien que estuviera a su lado.

—Heme aquí, Erik —dijo—, estoy dispuesta. Usted es el que se ha retrasado, amigo mío.

Raoul, que miraba, prudentemente, detrás de su cortina, no podía dar crédito a sus ojos que no le mostraban nada.

La fisonomía de Christine se iluminó. Una hermosa sonrisa fue a posarse en sus labios exangües, una sonrisa como la de los convalecientes que comienzan a esperar que el mal que los aqueja no se los lleve.

La voz sin cuerpo cantó de nuevo y, ciertamente, Raoul no había oído todavía nada en el mundo, —una voz que unía, al mismo tiempo, con el mismo aliento, los extremos—, más amplio y heroicamente suave, más victoriosamente insidioso, más delicado en la fuerza, más fuerte en la delicadeza, más irresistiblemente triunfante, en fin. Había en ella acentos definitivos que cantaban como maestros y que ciertamente debían, por la única virtud de su audición, hacer nacer acentos elevados entre los mortales que sienten aman y traducen la música. Había en ella una fuente pura y tranquila de armonía en la que los fieles podían, con segura devoción, beber, convencidos como estaban de beber en ella la gracia musical. Y su arte, de pronto, tras haber tocado lo divino, se transfiguraba. Raoul escuchaba aquella voz enfebrecidamente y comenzaba a comprender cómo Christine Daaé había podido aparecer una noche ante el público estupefacto, con acentos de desconocida belleza, de sobrehumana exaltación, sin duda bajo la influencia, todavía, del misterioso e invisible maestro. Y comprendía más aquel considerable acontecimiento al escuchar la voz excepcional que, precisamente, no cantaba nada excepcional. Del limo había sacado azur. La banalidad del verso, la facilidad y, casi, la vulgaridad popular de la melodía aparecían todavía más transformadas en su belleza por un aliento que las levantaba y se las llevaba a pleno cielo en alas de la pasión. Pues aquella voz angélica glorificaba un himno pagano.

Aquella voz cantaba "La noche del himeneo" de *Romeo y Julieta*

Raoul vio a Christine tender los brazos hacia la voz, como había hecho en el cementerio de Perros hacia el invisible violín que tocaba la *Resurrección de Lázaro...*

Nada podía reproducir la pasión con que la voz dijo:

El destino te encadena, sin remedio, a mí...

Raoul sintió lacerarse su corazón y, luchando contra el encanto que parecía privarlo de cualquier voluntad y energía, casi de cualquier lucidez cuando más falta le hacía, llegó a descorrer la cortina que lo ocultaba y fue hacia Christine. Ésta, que se dirigía hacia el fondo del camerino, donde todo el muro estaba cubierto con un gran espejo que le devolvía su imagen, no podía verlo pues estaba justamente a su espalda y oculto por ella.

El destino te encadena, sin remedio, a mí...

Christine seguía caminando hacia su imagen y su imagen iba hacia ella. Ambas Christine, cuerpo e imagen, terminaron por tocarse, por confundirse, y Raoul tendió el brazo para asirlas a un tiempo a las dos.

Pero, por una especie de deslumbrador milagro que lo hizo titubear, Raoul fue lanzado de pronto hacia atrás, mientras un viento helado le azotaba el rostro; vio, ya no dos, sino cuatro, ocho, veinte Christine que giraban a su alrededor con tal ligereza, que se burlaban y que huían con tal rapidez, que su mano no pudo tocar ninguna. Por fin todo volvió a estar inmóvil y Raoul se vio, solo, en el espejo. Pero Christine había desaparecido.

Se precipitó hacia el espejo. Chocó con las paredes. ¡Nadie! Y, sin embargo, el camerino resonaba todavía con un ritmo lejano y apasionado:

El destino te encadena, sin remedio, a mí...

Sus manos oprimieron su frente sudorosa, palparon su carne despierta, tentaron la penumbra, devolvieron a la llama de la lámpara de gas toda su fuerza. Estaba seguro de que no soñaba. Se hallaba en el centro de un juego formidable, físico y moral, del que no tenía la clave y que, tal vez, iba a aplastarlo. Vagamente imaginaba ser un príncipe aventurero que ha franqueado el límite prohibido de un cuento de hadas y que no debe asombrarse ya de ser presa de los fenómenos mágicos que, irreflexivamente, ha desafiado y ha desencadenado por amor...

¿Por dónde? ¿Por dónde había salido Christine...?

¿Por dónde regresaría...?

Pero ¿regresaría...? ¡Ay!, acaso no le había dicho que todo había terminado...? ¿Y no repetían las paredes: *El destino te encadena, sin remedio, a mí...? ¿A mí?* ¿A quién?

Entonces, extenuado, vencido, con el cerebro divagando, se sentó en el mismo lugar donde, hacía unos instantes, había estado Christine. Como ella, dejó caer la cabeza entre las manos. Cuando la levantó, las lágrimas corrían abundantes por su joven rostro, auténticas y pesadas lágrimas, como las de los niños celosos, lágrimas que caían sobre una desgracia en absoluto fantástica, sino común a todos los amantes de la tierra y que él concretó en voz alta:

—¿Quién es ese Erik? —dijo.

XI

A la mañana siguiente del día en que Christine desapareció ante sus ojos, en una especie de deslumbramiento que todavía le hacía dudar de sus sentidos, el señor vizconde de Chagny fue a buscar noticias a casa de mamá Valérius. Contempló un cuadro encantador. A la cabecera de la anciana dama que, sentada en su lecho, tejía, Christine hacía encaje de bolillo. Jamás óvalo más encantador, jamás frente más pura, jamás mirada más dulce se inclinaron sobre una obra de virgen. Los colores habían regresado a las mejillas de la muchacha. Las ojeras azuladas que rodearon sus claras pupilas habían desaparecido. Raoul no reconoció ya el trágico rostro de la víspera. Si el velo de la melancolía extendido sobre esos rasgos adorables no le hubiera parecido al joven el último vestigio del inaudito drama en el que se debatía aquella misteriosa niña, hubiera podido pensar que Christine no era, en absoluto, su incomprensible heroína.

Ella se levantó a su llegada y, sin emoción aparente, le tendió la mano. Pero la estupefacción de Raoul era tal que permaneció allí, aniquilado, sin un gesto, sin una palabra.

—Bueno, señor de Chagny —exclamó mamá Valérius—. ¿Ya no conoce a nuestra Christine? ¡Su "buen genio" nos la ha devuelto!

—¡Mamá! —interrumpió la joven en un tono conminatorio, mientras un vivo rubor subía hasta sus ojos—, ¡mamá, creí que no volveríamos a hablar de ello...! ¡Bien sabe que no hay genio de la música!

—Hija mía, sin embargo, te ha estado dando lecciones durante tres meses.

—Mamá, le he prometido que se lo explicaría todo uno de estos días; así lo espero… pero, hasta entonces, me ha prometido guardar silencio y no volver a hacerme preguntas.

—¡Si tú prometías no volver a dejarme! ¿Me lo has prometido, Christine?

—Mamá, todo esto no le interesa al señor de Chagny…

—En eso está equivocada, señorita —interrumpió el joven con una voz que quiso hacer firme y valiente y que sólo era, todavía, temblorosa—; todo lo que le afecta me interesa hasta un punto que, tal vez, usted acabará comprendiendo. No le ocultaré que mi asombro iguala a mi alegría al verla de nuevo junto a su madre adoptiva, puesto que lo que ayer ocurrió entre nosotros, lo que pudo usted decirme, lo que yo pude adivinar, nada me hacía prever tan rápido regreso. Seré el primero en alegrarme si no se obstina en mantener sobre todo ello un secreto que puede resultar fatal…, y hace demasiado tiempo que soy su amigo para no inquietarme junto con la señora Valérius, por una funesta aventura que seguirá siendo peligrosa mientras no consigamos desenredar la trama, y de la que terminará siendo usted víctima, Christine.

Al oír estas palabras, mamá Valérius se agitó en su lecho.

—¿Qué significa esto? —exclamó—. ¿Está en peligro Christine?

—Sí, señora… —declaró valerosamente Raoul pese a las señales de Christine.

—¡Dios mío! —exclamó jadeante la buena e ingenua anciana—. ¡Tienes que contármelo todo, Christine! ¿Por qué me tranquilizas? ¿Y de qué peligro se trata, señor de Chagny?

—Un impostor está aprovechándose de su buena fe.

—¿El ángel de la música es un impostor?

—¡Ella misma le ha dicho que no hay tal ángel de la música!

—Pero, entonces, ¿qué hay, en nombre del cielo? —suplicó la impedida—. Esto es superior a mis fuerzas.

—Hay, señora, a nuestro alrededor, a su alrededor, alrededor de Christine, un misterio terrenal mucho más temible que todos los fantasmas y todos los genios.

Mamá Valérius volvió hacia Christine un rostro aterrorizado, pero ésta se había precipitado ya hacia su madre adoptiva y la estrechaba entre sus brazos.

—¡No le creas!, mamá… no le creas —repetía intentando, con sus caricias, consolarla, pues la anciana dama lanzaba suspiros que rompían el alma.

—Dime, entonces, que no volverás a dejarme —imploró la viuda del profesor. Christine se calló y Raoul intervino:

—Eso es lo que debe prometer, Christine… ¡es lo único que puede tranquilizarnos a su madre y a mí! Nos comprometemos a no hacerle una sola pregunta acerca del pasado si usted nos promete permanecer, en lo sucesivo, bajo nuestra protección…

—¡Éste es un compromiso que yo no le pido y una promesa que no estoy dispuesta a hacerle! —dijo la joven con orgullo—. Soy libre de hacer lo que quiera, señor de Chagny; no tiene usted derecho alguno a controlar mis actos y le ruego que, en lo sucesivo, no se tome ese trabajo. Por lo que se refiere a lo que he hecho durante los últimos quince días, sólo un hombre en el mundo tendría el derecho a exigirme que se lo contara: ¡mi marido! Pero no tengo marido, y no me casaré nunca.

Pronunciando, con fuerza, estas palabras, tendió la mano hacia Raoul, como para hacerlas más solemnes, y Raoul palideció, ya no sólo a causa de las propias palabras que acababa de escuchar sino porque acababa de distinguir, en el dedo de Christine, un anillo de oro.

—No tiene usted marido y, sin embargo, lleva una "alianza".

Y quiso tomar su mano pero, prestamente, Christine la había retirado.

—¡Es un regalo! —dijo ruborizándose aún más y esforzándose en vano en ocultar su turbación.

—¡Christine!, puesto que no tiene marido, este anillo sólo ha podido dárselo quien espere serlo algún día. ¿Por qué seguir engañándonos? ¿Por qué seguir torturándome? ¡Ese anillo es una promesa y esa promesa ha sido aceptada!

—¡Eso es lo que yo le he dicho! —dijo la anciana dama.

—¿Y qué le ha respondido, señora?

—Lo que he querido —gritó Christine exasperada—. ¿No le parece, caballero, que este interrogatorio ya ha durado demasiado...? En cuanto a mí...

Raoul, muy conmovido, temió dejarle pronunciar las palabras de una ruptura definitiva. La interrumpió:

—Perdone que le haya hablado así, señorita... Sabe usted muy bien qué honesto sentimiento me impulsa a mezclarme, ahora, en cosas que, sin duda, no me atañen. Pero déjeme decirle lo que he visto... y he visto más de lo que usted piensa, Christine... o lo que he creído ver pues, en verdad, en tal aventura lo cierto es que se duda del testimonio de los ojos...

—¿Qué es lo que ha visto o creído ver, caballero?

—Vi su éxtasis cuando *sonó la voz*, Christine, la voz que brotaba del muro, o de un palco, o de un camerino contiguo... ¡sí, *su éxtasis*...! Y es eso lo que, por usted, me asusta... Está usted bajo el más peligroso de los encantos... y parece, sin embargo, que ha descubierto la impostura puesto que hoy me dice que *no hay genio de la música*... Pero entonces, Christine, ¿por qué lo ha seguido usted también esta vez? ¿Por qué se levantó, con el rostro resplandeciente, como si realmente estuviera escuchando a los ángeles...? ¡Ah!, esa voz es muy peligrosa, Christine, puesto que yo mismo, mientras la escuchaba, me sentía tan arrebatado que desapareció usted de mi vista sin que pueda decir por dónde... ¡Christine, Christine!, en nombre del cielo, en nombre de su padre que está en el cielo y que tanto la quería, y que me quería, Christine, va usted a decirnos, a su bienhechora y a mí, de quién es esa voz. Y la salvaremos a su pesar... ¡Vamos! ¿Cómo se llama ese hombre, Christine...? ¡Ese hombre que ha tenido la audacia de poner en su dedo un anillo de oro!

—Señor de Chagny —dijo fríamente la muchacha—, ¡no lo sabrá jamás...!

Tras ello se oyó la voz chillona de mamá Valérius que, de pronto, tomaba partido por Christine, al ver la hostilidad con la que su pupila acababa de hablar al vizconde.

—Y si ella ama a ese hombre, señor vizconde, eso no es, todavía, cosa suya.

—¡Ay!, señora... —respondió humildemente Raoul sin poder contener sus lágrimas—. ¡Ay! Creo, en efecto, que Christine lo ama... Todo me lo prueba, pero no es sólo eso lo que me desespera, pues tampoco estoy seguro en absoluto, señora, de que el amado de Christine sea digno de tal amor.

—¡Sólo yo debo decidirlo, caballero —dijo Christine mirando de frente a Raoul y mostrándole un rostro presa de una irritación suprema.

—Cuando se adoptan —continuó Raoul que sentía cómo sus fuerzas le abandonaban— para seducir a una muchacha métodos tan románticos...

—Es preciso, ¿no es cierto?, que el hombre sea un miserable o la muchacha muy estúpida.

—¡Christine!

—¡Raoul! ¿Por qué condena usted así al hombre a quien jamás ha visto, a quien nadie conoce y de quien ni siquiera usted sabe nada...?

—Sí, Christine... Sí... Sé al menos el nombre que usted pretende ocultarme para siempre... ¡Su ángel de la música, señorita, se llama Erik...!

Christine se delató enseguida. Se puso, esta vez, blanca como la sábana de un altar. Balbuceó:

—¿Quién se lo ha dicho?

—¡Usted misma!

—¿Cómo?

—La otra noche, el día del baile de máscaras, compadeciéndolo. Al llegar a su camerino, dijo usted: "Pobre Erik!". Pues bien, Christine, por allí, en alguna parte, había un pobre Raoul que la oyó.

—¡Señor de Chagny, es ya la segunda vez que escucha usted detrás de las puertas!

—¡No estaba detrás de la puerta...! ¡Estaba en el camerino...! En su *boudoir*, señorita.

—¡Infeliz...! —gimió la joven mostrando los signos de un indecible espanto—. ¡Infeliz! ¿Acaso quiere que lo maten?

—¡Tal vez!

Raoul pronunció aquel "tal vez" con tanto amor y desesperación que Christine no pudo contener un sollozo.

Tomó entonces sus manos y lo miró con toda la pura ternura de que era capaz, y el muchacho, bajo aquella mirada, sintió que su pena se apaciguaba.

—Raoul —dijo la joven—. Tiene que olvidar la *voz de hombre* y no acordarse ni siquiera de su nombre... y no volver a intentar aclarar el misterio de la voz de hombre.

—¿Tan terrible es este misterio?

—No hay otro más horrendo en toda la tierra.

Un silencio separó a los dos jóvenes. Raoul estaba abrumado.

—Júreme que no hará usted nada para "saber" —insistió ella—. Júreme que no volverá a entrar en mi camerino si yo no lo llamo.

—¿Me promete llamarme alguna vez, Christine?

—Se lo prometo.

—¿Cuándo?

—Mañana.

—Entonces, ¡se lo juro!

Fueron sus últimas palabras de aquel día. Él le besó las manos y se fue maldiciendo a Erik mientras se prometía ser paciente.

XII

Al día siguiente, volvió a verla en la Ópera. Seguía llevando en el dedo el anillo de oro. Fue dulce y amable; le habló de los proyectos que tenía, de su porvenir, de su carrera.

Le dijo que la partida de la expedición polar había sido adelantada y que, tres semanas después, un mes como máximo, dejaría Francia.

Ella lo alentó, casi alegremente, a considerar aquel viaje con gozo, como una etapa de su futura gloria. Y, cuando él le respondió que la gloria sin amor no tenía, para él, encanto alguno, ella lo trató como a un niño cuyas pesadumbres son pasajeras.

Él le dijo:

—¿Cómo puede usted, Christine, hablar tan a la ligera de cosas tan graves? ¡Tal vez no volvamos a vernos nunca...! ¡Puedo morir durante esta expedición...!

—También yo —respondió sencillamente la muchacha...

Ya no sonreía, ya no bromeaba. Parecía pensar en algo nuevo que, por primera vez, había entrado en su espíritu. Su mirada se había iluminado.

—¿En qué piensa, Christine?

—Pienso en que no volveremos a vernos.

—¿Y eso la hace estar tan radiante?

—Y en que, dentro de un mes, tendremos que despedirnos... ¡para siempre...!

—A menos, Christine, que nos demos mutua palabra de esperarnos para siempre.

Ella le puso la mano en la boca:

—¡Cállese, Raoul…! Eso es imposible, bien lo sabe usted… ¡y no nos casaremos nunca! ¡Está claro!

Ella parecía contener, de pronto, con dificultad, una desbordante alegría. Palmoteó con infantil júbilo… Raoul la miraba, inquieto, sin comprender.

—Pero… pero… —siguió diciendo la muchacha, tendiendo ambas manos hacia el joven o, mejor dicho, entregándoselas como si, de pronto, hubiera decidido regalárselas—. Pero si no podemos casarnos, podemos… podemos comprometernos… ¡Nadie más que nosotros lo sabrá, Raoul…! ¡Hay matrimonios secretos…! ¡Bien pueden existir compromisos secretos…! ¡Estamos comprometidos, amigo mío, por un mes…! Dentro de un mes usted se marchará y yo podré ser feliz, con el recuerdo de este mes, toda mi vida.

Estaba encantada con su idea… y se puso de nuevo grave.

—Esto —dijo— es un gozo *que no hará daño a nadie.*

Raoul comprendió. Se lanzó sobre tal inspiración, quiso convertirla enseguida en realidad.

Se inclinó ante Christine con una humildad sin igual y dijo:

—¡Señorita, tengo el honor de pedir su mano!

—Pero si ya las tiene usted las dos, ¡mi querido prometido…! ¡Oh, Raoul, qué felices seremos…! ¡Jugaremos a ser el futuro marido y la futura mujer…!

Raoul se dijo: "¡Imprudente, en un mes tendré tiempo de hacerle olvidar o de descubrir y destruir 'el misterio de la voz de hombre', y dentro de un mes Christine aceptará ser mi mujer. Entretanto, ¡juguemos!".

Fue el más hermoso juego del mundo y gozaron de él como los niños puros que eran. ¡Ah, cuántas cosas maravillosas se dijeron! ¡Cuántos juramentos eternos cambiaron! La idea de que nadie cumpliría esos juramentos, cuando hubiera transcurrido el mes, los arrojaba a una turbación que gozaban con horrendas delicias, entre risas y lágrimas. Jugaban "al corazón" como otros juegan "a la pelota"; pero, como eran realmente sus dos corazones lo que realmente se arrojaban, les era preciso ser muy, muy diestros, para tomarlos sin dañarlos. Cierto día, era el octavo del juego, el corazón de Raoul sufrió mucho y el joven detuvo la partida con estas extravagantes palabras:

—Ya no voy al Polo Norte.

Christine que, en su inocencia, no había pensado en tal posibilidad, descubrió de pronto el peligro del juego y se lo reprochó con amargura. No respondió a Raoul ni una sola palabra y regresó a su casa.

Eso ocurría por la tarde, en el camerino de la cantante, donde tenían lugar todas sus citas y donde se divertían con verdaderos banquetes de tres galletas, dos vasos de oporto y un ramo de violetas.

Aquella noche, ella no cantaba. Y él no recibió la acostumbrada carta, aunque se hubieran dado mutuamente permiso para escribirse, durante ese mes, cada día. A la mañana siguiente, él corrió a casa de mamá Valérius que le informó de que Christine iba a estar ausente dos días. Se había marchado la víspera por la tarde, a las cinco, diciendo que no regresaría hasta entonces. Raoul estaba trastornado. Detestó a mamá Valérius, que le comunicaba semejante noticia con asombrosa tranquilidad. Intentó sonsacarle algo, pero, evidentemente, la buena dama no sabía nada. Respondió simplemente, a las enloquecidas preguntas del muchacho con un:

—¡Es el secreto de Christine!

Y, al decirlo, levantaba el dedo con una conmovedora unción que recomendaba discreción y que, al mismo tiempo, pretendía tranquilizar.

—¡Caramba! —exclamó malignamente Raoul bajando, como un loco, las escaleras—, ¡caramba!, pues sí que están bien guardadas las muchachas con mamá Valérius...

¿Dónde podía estar Christine...? Dos días... ¡dos días menos en su corta felicidad! ¡Y todo por su culpa...! ¿No habían acordado que él tenía que marcharse...? ¿Y por qué, si tenía la firme intención de no marcharse, había hablado tan pronto? Se acusaba de torpeza y fue, durante cuarenta y ocho horas, el más desgraciado de los hombres. Luego, Christine reapareció.

Y reapareció con un triunfo. Volvió a obtener, por fin, el inaudito éxito de la velada de gala. Tras la aventura del "gallo", la Carlotta no había podido actuar en el escenario. El terror de un nuevo "quiquiriquí" se había apoderado de su corazón y la privaba de todas sus facultades; y aquellos lugares, testigos de su incomprensible derrota, le eran odiosos. Halló el modo de romper su contrato. Daaé, por el momento, fue encargada de ocupar el puesto vacante. En *La Juive* fue recibida con auténtico delirio.

El vizconde, presente en aquella representación, fue, naturalmente, el único que sufrió al escuchar los mil ecos de aquel nuevo triunfo, pues vio que Christine seguía llevando su anillo de oro. Una voz lejana murmuraba al oído del joven: "También esta noche lleva el anillo de oro, y tú no se lo has dado. También esta noche ha dado su alma, y no ha sido a ti".

Y la voz seguía persiguiéndole: "Si no quiere decirte lo que ha hecho en estos días..., si te oculta el lugar de su retiro, tienes que preguntárselo a Erik".

Corrió por el escenario, se interpuso en su camino. Ella lo vio, pues sus ojos lo buscaban. Le dijo: "¡Rápido, rápido, venga!".

Y lo arrastró a su camerino, sin preocuparse más por los admiradores de su joven gloria que murmuraban, ante su puerta cerrada: "¡Es un escándalo!".

Raoul cayó, enseguida, a sus pies. Le juró que se marcharía y le suplicó que no volviera a quitar una sola hora de la felicidad ideal que le había prometido. Ella dio rienda suelta a su llanto. Se besaron como una hermana y un hermano desesperados, abatidos por un duelo común, que se encuentran para llorar a un muerto.

Repentinamente, ella se deshizo del dulce y tímido abrazo del joven, pareció escuchar algo ignorado... y, con un gesto breve, señaló la puerta a Raoul. Cuando él estuvo en el umbral, ella le dijo, en voz tan baja que el vizconde adivinó, más que oyó, sus palabras:

—¡Hasta mañana, querido prometido! Y sea feliz, Raoul..., ¡esta noche he cantado para usted...!

Regresó pues, al día siguiente.

Pero, ¡ay!, aquellos dos días de ausencia había roto el encanto de su amable mentira. Se miraban, en el camerino, sin decirse ya nada, con sus tristes ojos. Raoul se contenía para no gritar: "¡Estoy celoso, estoy celoso, estoy celoso!". Sin embargo, ella lo oyó.

Entonces dijo:

—Vamos a pasear, amigo mío, el aire nos hará bien.

Raoul creyó que iba a proponerle una salida al campo, lejos de aquel monumento que detestaba como una cárcel y cuyo carcelero sentía, rabiosamente, pasearse por sus muros... el carcelero Erik... Pero ella lo llevó al escenario y lo obligó a sentarse en el brocal de madera de una fuente, en la dudosa paz y la frescura de un decorado dispuesto para el próximo espectáculo; otro día, deambuló con él, llevándolo de la mano por las abandonadas avenidas de un jardín cuyas plantas trepadoras habían sido cortadas por las hábiles manos de un decorador, como si los verdaderos cielos, las verdaderas flores, la verdadera tierra le estuvieran por siempre prohibidos y estuviera condenada a no respirar ya otra atmósfera que la del teatro. El joven dudaba en hacerle la menor pregunta pues, como advertía en cuanto ella no podía responder, temía hacerla sufrir inútilmente. De vez en cuando pasaba un bombero que velaba, a lo lejos, por su melancólico idilio. A veces, ella intentaba valerosamente engañarse y engañarle acerca de la mentirosa belleza de aquel marco inventado por la ilusión de los hombres. Su imaginación, siempre viva, lo adornaba con los más brillantes colores, de una belleza tal, decía, que la naturaleza no podía crear otros comparables. Se exaltaba mientras Raoul, lentamente, estrechaba su enfebrecida mano. Decía: "Vea, Raoul, esas murallas, esos bosques, esas bóvedas, esas imágenes de tela pintada, todo ello ha visto los más sublimes amores, pues ha sido inventado por poetas que sobrepasaban en mucho la talla de los hombres. Dígame pues que nuestro amor está bien aquí, Raoul mío, puesto que también él ha sido inventado y tampoco él es, ¡ay!, más que una ilusión.

Desolado, él no respondió. Entonces:

—Nuestro amor es demasiado triste en la tierra, paseémoslo por el cielo... ¡Vea qué fácil es aquí!

Y lo arrastraba hasta más arriba de las nubes, en el magnífico desorden del telar, y se divertía dándole vértigo al correr ante él por los frágiles puentes que lo atravesaban, entre los miles de cuerdas fijas a las poleas, a las cabrias, a los tambores, en medio de una verdadera selva de vergas y mástiles. Si dudaba, ella le decía con adorable mueca:

—¡Usted!, ¿un marino?

Y luego, regresaban a tierra firme, es decir a algún corredor sólido que los llevaba a risas, a danzas, a juventud regañada por una voz severa: "Más flexibilidad, ¡señoritas...! ¡Vigilen esas puntas...!". A la clase de las chiquillas, de las que acaban de dejar atrás los seis años o que van a cumplir nueve o diez... y ya lucen el corpiño escotado, el tutú ligero, los pantaloncitos blancos y las medias rosas, y trabajan, trabajan con sus piececitos doloridos con la esperanza de llegar a ser alumnas de cuadrillas, coristas, pequeñas solistas, primeras bailarinas con muchos diamantes a su alrededor... Mientras, Christine les daba bombones.

Otro día, lo hacía entrar en una vasta sala de su palacio, llena de oropeles, de disfraces de caballeros, de lanzas, escudos y penachos, y pasaba revista a todos los fantasmas de guerreros inmóviles y cubiertos de polvo. Les dirigía hermosos discursos, prometiéndoles que volverían a ver veladas brillantes de luz y desfiles con música por las resonantes tablas.

Lo paseó así por todo su imperio, que era ficticio pero inmenso, extendiéndose por diecisiete pisos desde la planta baja al fastigio, y habitado por un ejército de súbditos. Pasaba entre ellos como una reina popular, alentando los trabajos, sentándose en los almacenes, dando sabios consejos a las obreras cuyas manos dudaban en cortar los ricos paños que debían vestir a los héroes. Los habitantes de este país hacían todos los oficios. Había zapateros y orfebres. Y todos habían aprendido a amarla pues se preocupaba por las penas y las pequeñas manías de cada uno de ellos. Conocía rincones perdidos que habitaban en secreto viejas parejas.

Llamaba a su puerta y los presentaba a Raoul como a un príncipe encantado que había pedido su mano y ambos, sentados sobre algún accesorio apolillado, escuchaban las leyendas de la Ópera como antaño, en su infancia, habían escuchado viejas leyendas bretonas. Aquellos ancianos no recordaban nada distinto a la Ópera. Vivían allí desde hacía innumerables años. Las administraciones desaparecidas los habían olvidado, las revoluciones de palacio no habían reparado en ellos; en el exterior, la historia de Francia se había desarrollado sin que ellos lo advirtieran, y nadie los recordaba.

Así transcurrían las preciosas jornadas y Raoul y Christine, a través del excesivo interés que parecían sentir por las cosas exteriores, se esforzaban torpemente en ocultarse, uno al otro, el único pensamiento de su corazón. Pero lo cierto era que Christine, que hasta entonces había parecido la más fuerte, se puso de pronto nerviosa hasta lo indecible. En sus expediciones echaba a correr sin razón alguna o se detenía bruscamente, y su mano, helándose en un instante, retenía la del muchacho. Sus ojos, a veces, parecían perseguir sombras imaginarias. Gritaba: Por "aquí", y luego "por aquí", y luego "por aquí", riendo con jadeantes carcajadas que a menudo desembocaban en las lágrimas. Raoul quería hablar entonces, preguntar pese a su promesa y sus compromisos. Pero, antes incluso de que hubiera formulado la pregunta, ella respondía febrilmente: "¡Nada...! Le juro que no pasa nada".

Cierta vez, cuando, en el escenario, pasaban ante un escotillón entreabierto, Raoul se inclinó hacia el oscuro abismo y dijo: "Me ha hecho usted visitar la superficie de su imperio, Christine... Pero se cuentan extrañas historias acerca de sus profundidades... ¿Por qué no bajamos?". Al oírlo, ella lo tomó entre sus brazos, como si temiera verlo desaparecer por el negro agujero, y le dijo, temblorosa, en voz baja: "¡Jamás...! ¡Le prohíbo que vaya allí...! Y, además, no me pertenece... *¡Todo cuanto está bajo tierra le pertenece a él!*".

Raoul hundió sus ojos en los de la muchacha y le dijo con voz áspera:

—¿De modo que él vive ahí abajo?

—¡Yo no he dicho eso...! ¿Quién le ha dicho una cosa semejante? ¡Vamos, venga! Raoul, hay momentos en los que me pregunto si está usted loco... Siempre está usted oyendo cosas imposibles... ¡Venga, venga!

Y, literalmente, lo arrastraba, pues él pretendía con obstinación permanecer junto al escotillón, atraído por aquel negro agujero.

El escotillón se cerró de pronto y, tan súbitamente, sin que ni siquiera vieran la mano que lo había hecho, que quedaron desconcertados.

—¿Acaso estaba él ahí? —terminó diciendo.

Ella se encogió de hombros, pero no parecía tranquila en absoluto.

—¡No, no!, son los "cerradores de escotillones". Algo tienen que hacer esos "cerradores"... Abren y cierran sin motivo alguno los escotillones... Son como los "cerradores de puertas"; en algo tienen que "perder el tiempo".

—¡Christine, ¿Y si fuera él?

—¡No, no! *Él* se ha encerrado, él trabaja.

—¡Ah, caramba!, ¿trabaja?

—Sí, no puede estar abriendo y cerrando escotillones y trabajar al mismo tiempo. Podemos estar tranquilos.

Y al decirlo, temblaba.

—¿Y en qué trabaja?

—¡Oh, en algo horrible...! De modo que podemos estar tranquilos... Cuando trabaja en eso, no ve nada; ni come, ni bebe, ni respira... durante días y noches enteras... Es un muerto viviente y no pierde el tiempo divirtiéndose con los escotillones.

Tembló de nuevo y se inclinó, escuchando, hacia el escotillón... Raoul la dejaba hacer y decir. Calló. Temía entonces que el sonido de su voz le hiciera, de pronto, pensar y detuviera el curso de sus confidencias.

Ella no lo había soltado.... seguía manteniéndolo entre sus brazos.... y suspiró a su vez.

—¡Si fuera él!

Raoul, tímido, preguntó:

—¿Tiene miedo de él?

Ella respondió:

—¡No, no!

El joven compuso, involuntariamente, la actitud compasiva que se adopta con un ser impresionable que sufre todavía los efectos de un sueño reciente. Parecía decir: "Usted sabe que estoy aquí". Y su gesto fue, casi involuntariamente, amenazador; entonces, Christine lo miró con asombro, como si fuera un fenómeno de valor y virtud, y pareció medir, con el pensamiento, en su justo valor, tan inútil y audaz caballerosidad. Besó al pobre Raoul como una hermana que lo recompensara, en un acceso de ternura, por haber cerrado su pequeño puño fraterno para defenderla de los siempre posibles peligros de la vida.

Raoul comprendió y se ruborizó avergonzado. Se sabía tan débil como ella. Se dijo: "Finge que no tiene miedo, pero nos aleja del escotillón, temblando". Era verdad. A la mañana siguiente, y los días posteriores, fueron a albergar sus castos y curiosos amores casi en las bóvedas, muy lejos de los escotillones. La agitación de Christine no hacía más que aumentar a medida que transcurrían las horas. Por fin, cierta tarde, llegó con mucho retraso, tenía el rostro tan pálido y los ojos tan enrojecidos por una indudable desesperación, que Raoul se decidió a llegar a cualquier extremo, por ejemplo, comunicarle de sopetón que *"no partiría hacia el Polo Norte más que si ella le confiaba el secreto de la voz de hombre"*.

—¡Cállese! En nombre del cielo, cállese. ¡Infeliz Raoul, si él lo oyera!

Y los huraños ojos de la muchacha recorrieron las cosas que la rodeaban.

—La libraré de *su* poder, Christine, ¡se lo juro! Y no volverá a pensar en él, es imprescindible.

—¿Es posible?

Ella se permitió una duda que era un estímulo, arrastrando al joven hasta el último piso del teatro, "a las alturas", lejos, muy lejos de los escotillones.

—La ocultaré en un desconocido rincón del mundo, donde él jamás vendrá a buscarla. Estará a salvo y, entonces, partiré, puesto que ha jurado usted no casarse nunca.

Christine se arrojó sobre las manos de Raoul y las oprimió con indecible arrebato. Pero, de nuevo inquieta, volvió la cabeza.

—¡Más arriba! —dijo tan sólo—. ¡Más arriba todavía…!

Y lo llevó hacia la cúspide.

Él apenas si podía seguirla. Pronto estuvieron debajo de los tejados, en el laberinto de los armazones. Se deslizaban por entre los arbotantes, las vigas, los contrafuertes, los testeros, las vertientes y las rampas; corrían de viga en viga como en una selva, habrían corrido de árbol en árbol, entre troncos formidables… Y, pese a la precaución que, a cada instante, ella tenía de mirar tras de sí, no vio una sombra que la seguía como la suya propia, que se detenía con ella, que se ponía en marcha cuando ella lo hacía sin más ruido del que debe hacer una sombra. Raoul, por su parte, tampoco advirtió nada pues, cuando tenía a Christine ante sí, nada le importaba lo que ocurría detrás.

XIII

Así llegaron a los tejados. Ella se deslizaba por ellos, ligera y con familiaridad, como una golondrina. Su mirada, entre las tres cúpulas y el frontón triangular, recorrió el espacio desierto. Respiró con fuerza, por encima de un París cuyo valle laborioso descubría. Miró a Raoul con confianza. Lo llamó junto a sí y, uno al lado del otro, caminaron, muy arriba, por las calles de zinc, por las avenidas metálicas; dejaron que su forma gemela se mirara en los grandes depósitos llenos de un agua inmóvil donde, cuando hace buen tiempo, los chiquillos de la danza, una veintena de rapazuelos, se zambullen y aprenden a nadar.

La sombra, tras ellos, siempre fiel a sus pasos, había brotado aplastándose contra los tejados, alargándose con movimientos de alas negras en las esquinas de las callejas de hierro, dando vueltas alrededor de las albercas, rodeando, silenciosa, las cúpulas; y los infelices muchachos no sospecharon su presencia al sentarse, por fin, confiados, bajo la alta protección de Apolo, que levantaba con su gesto de bronce, su prodigiosa lira, en el corazón de un cielo encendido.

Un inflamado atardecer de primavera los rodeaba. Unas nubes, que acababan de recibir del sol poniente su ligero vestido de oro y púrpura, pasaban lentamente dejándolo deslizar por encima de los jóvenes; y Christine dijo a Raoul:

—Pronto nos iremos, más lejos y más rápidamente que las nubes, al fin del mundo, y luego usted me abandonará, Raoul. Pero si, cuando llegue el momento de que usted me rapte, yo no consiento en seguirle, entonces, Raoul, lléveme por la fuerza.

Y lo decía con una energía que parecía dirigida contra sí misma, mientras se apretaba nerviosamente contra el joven. El muchacho se sintió impresionado.

—¿Teme, pues, cambiar de opinión, Christine?

—No lo sé —dijo sacudiendo extrañamente la cabeza—. ¡Es un demonio!

Y se estremeció; se acurrucó, con un gemido, entre sus brazos.

—Ahora tengo miedo de volver a vivir con él: ¡bajo tierra!

—¿Y qué le fuerza a hacerlo, Christine?

—Si no vuelvo a su lado, pueden suceder grandes desgracias... ¡pero no puedo más...! Ya sé que debo sentir piedad de la gente que vive "bajo tierra..." ¡pero éste es demasiado horrible! Y, sin embargo, se acerca el instante; sólo me queda un día y, si no voy, él vendrá, con su voz, a buscarme. Me arrastrará consigo, a su morada, bajo tierra, y se arrodillará ante mí con su calavera. ¡Y me dirá que me ama! ¡Y llorará! ¡Ah, esas lágrimas, Raoul!, esas lágrimas en los dos agujeros negros de la calavera. ¡No puedo ver correr esas lágrimas!

Se retorció terriblemente las manos, mientras Raoul, víctima también de aquella contagiosa desesperación, la estrechaba sobre su corazón:

—¡No, no! No volverá a oírlo decir que la ama. No volverá a ver correr sus lágrimas. ¡Huyamos...! Enseguida, Christine, huyamos —y quiso ya arrastrarla.

Pero ella lo detuvo:

—No, no —dijo inclinando dolorosamente la cabeza—, ¡ahora no...! Sería demasiado cruel... Déjelo que me oiga cantar mañana por la noche, una última vez... y luego nos marcharemos.

Venga, a medianoche, a buscarme a mi camerino; exactamente a medianoche. Entonces él estará esperándome en el comedor del lago… Seremos libres y usted me llevará… aunque yo me niegue. Tiene que jurármelo Raoul… pues presiento que, esta vez, si regreso *allí*, tal vez no vuelva nunca…

Añadió:

—Usted no puede comprenderme…

Y lanzó un suspiro al que le pareció que, tras ella, respondía otro suspiro.

—¿Ha oído usted?

Sus dientes castañeteaban.

—No —aseguró Raoul—, no he oído nada…

—Es demasiado horrendo —confesó ella— temblar siempre así… y, sin embargo, aquí no corremos peligro alguno; estamos en nuestra casa, en mi casa, en pleno cielo, al aire libre, a la luz del día. El sol llamea y los pájaros nocturnos no gustan de mirar al sol. Jamás *lo* he visto a la luz del día… ¡Debe ser horrible…! —balbuceó volviendo hacia Raoul sus ojos extraviados—. ¡Ah!, la primera vez que *lo* vi… creí que él iba a morir.

—¿Por qué…? —preguntó Raoul, realmente asustado por el tono que tomaba aquella extraña y formidable confidencia—. ¿Por qué iba a morir?

—¡¡¡PORQUE YO LO HABÍA VISTO!!!

Esta vez Raoul y Christine se volvieron al mismo tiempo.

—¡Hay aquí alguien que sufre! —dijo Raoul—. Tal vez un herido… ¿Ha oído usted?

—No podría asegurárselo —confesó Christine—, *incluso cuando él no está, mis oídos están llenos de sus suspiros…* Sin embargo, si usted lo ha oído…

Se levantaron y miraron a su alrededor… Estaban solos en el inmenso techo de plomo. Volvieron a sentarse. Raoul preguntó:

—¿Cómo lo vio usted por primera vez?

—Hacía tres meses que lo oía sin verlo. La primera vez que "lo oí", creí, como usted, que aquella voz adorable, que de pronto había comenzado a cantar a *mi lado*, cantaba en un camerino contiguo. Salí y la busqué por todas partes; pero mi camerino está muy aislado, Raoul, como usted sabe, y me fue imposible encontrar la voz fuera de mi camerino mientras permanecía, fielmente, en su interior. Y no sólo cantaba sino que me hablaba, respondía a mis preguntas como una verdadera voz de hombre, con la diferencia de que era hermosa como la voz de un ángel. ¿Cómo explicar tan increíble fenómeno? Yo nunca había dejado de pensar en el "ángel de la música" que mi pobre padre había prometido enviarme en cuanto hubiera muerto. Me atrevo a hablarle de tal chiquillada, Raoul, porque conoció a mi padre, y él lo quiso y usted creyó, conmigo, cuando era muy pequeño, en el "ángel de la música", y estoy así segura de que no sonreirá ni se burlará. Yo había conservado, amigo mío, el alma tierna y crédula de la pequeña Lotte y la compañía de mamá Valérius, ciertamente, no me la hubiera arrebatado. Llevaba esta alma blanca entre mis ingenuas manos e, ingenuamente, se la tendí, se la ofrecí a la voz de hombre, creyendo ofrecérsela a un ángel. Ciertamente, la culpa fue, un poco, de mi madre adoptiva, a quien no oculté nada del inexplicable fenómeno. Ella fue la primera que me dijo: "Debe ser el ángel; en cualquier caso, siempre puedes preguntárselo". Eso hice y la voz de hombre me respondió que, en efecto, era la voz del ángel que esperaba y que mi padre me había prometido al morir. A partir de entonces se estableció una gran intimidad entre la voz y yo, y deposité en ella una confianza absoluta. Me dijo que había bajado a la tierra para hacerme saborear los supremos goces del arte eterno, y me pidió permiso para darme, cada día, lecciones de música.

Consentí con ferviente ardor y no falté a ninguna de las citas que fijábamos, a primera hora, en mi camerino, cuando ese rincón de la Ópera estaba completamente desierto. ¡Qué lecciones aquellas! Usted mismo, que ha escuchado la voz, no puede hacerse una idea.

—¡No, evidentemente!, no puedo hacerme una idea —afirmó el joven—. ¿Con qué se acompañaban?

—Con una música que ignoro, una música que estaba detrás de la pared y que era de incomparable precisión. Además, amigo mío, hubiérase dicho que la voz conocía con exactitud en qué punto de mis trabajos me había dejado, al morir, mi padre y qué sencillo método había utilizado también; de este modo, acordándome o, mejor dicho, recordando mi órgano todas las lecciones pasadas y beneficiándose, de pronto, de las presentes, hice progresos prodigiosos que, en otras condiciones, hubieran exigido años. Piense, amigo mío, que soy delicada y que, al principio, mi voz aún no tenía el carácter suficiente; naturalmente las cuerdas bajas estaban poco desarrolladas; los tonos agudos eran bastante duros y el registro intermedio velado. Mi padre había luchado, y temporalmente triunfado, contra tales defectos; defectos que la Voz venció definitivamente. Poco a poco fui aumentando el volumen de los sonidos en proporciones que mi pasada debilidad no me permitía esperar: aprendí a dar a mi respiración la mayor amplitud. Pero, sobre todo, la Voz me confió el secreto de desarrollar los sonidos de pecho en una voz de soprano. Por fin lo envolvió todo en el fuego sagrado de la inspiración, despertó en mí una vida ardiente, devoradora, sublime. La Voz tenía la virtud, dejándose oír, de elevarme hasta ella. Me levantaba hasta su soberbio vuelo. ¡El alma de la Voz habitaba mi boca y le transmitía armonía!

"Al cabo de algunas semanas —prosiguió—, ya no me reconocía cuando cantaba… Me asusté incluso… Tuve miedo, por un instante, de que todo se debiera a algún sortilegio; pero mamá Valérius me tranquilizó. Me sabía muchacha demasiado sencilla, decía, para que el demonio hiciera presa de mí.

"Mis progresos permanecían secretos, entre la Voz, mamá Valérius y yo, por orden expresa de la Voz. Cosa curiosa, fuera del camerino, yo cantaba con mi voz de todos los días y nadie se daba cuenta de nada. Hacía todo cuanto la Voz quería. Me decía: 'Hay que esperar…, ¡ya verá!, asombraremos a París'. Y esperé. Vivía en una especie de sueño extático donde la Voz mandaba. Entretanto, Raoul, una noche lo vi a usted en la sala. Mi alegría fue tal que ni siquiera pensé en ocultarla al entrar en el camerino. Para nuestra desgracia, la Voz estaba ya allí y advirtió, por mi aspecto, que había ocurrido algo nuevo. Me preguntó 'qué me pasaba' y no vi inconveniente alguno en contarle nuestra dulce historia, ni razón para disimular el lugar que usted ocupa en mi corazón. Entonces, la Voz calló: la llamé, no me respondió; supliqué, fue en vano. ¡Sentí el loco terror de que se hubiera marchado para siempre! ¡Dios lo hubiera querido, amigo mío…! Aquella noche, volví a casa en un estado desesperado. Me arrojé al cuello de mamá Valérius diciéndole: '¿Sabes?, ¡la Voz se ha marchado! Tal vez no vuelva nunca'. Ella se sintió tan asustada como yo y me pidió explicaciones. Se lo conté todo. Ella me dijo: '¡Por Dios!, la Voz está celosa'. Eso, amigo mío, hizo que me diera cuenta de que lo amaba a usted…

Aquí, Christine se detuvo un instante. Apoyó la cabeza en el seno de Raoul y permanecieron un momento silenciosos, uno en brazos de otro. La emoción que los embargaba era tal que no vieron o, mejor, no sintieron desplazarse, a pocos pasos de ellos, la rampante sombra de dos grandes alas negras que se acercó, a ras de los tejados, tanto, tanto a ellos, que hubiera podido, abatiéndose, ahogarlos...

—Al día siguiente —continuó Christine con un profundo suspiro—, regresé a mi camerino pensativa. La Voz estaba allí. ¡Oh, amigo mío! Me habló con tanta tristeza. Me dijo, claramente, que si yo daba mi corazón a alguien en la tierra, ella, la Voz, no podía hacer otra cosa que regresar al cielo. Y me lo dijo con tal acento de dolor *humano* que, desde aquel día, yo hubiera debido desconfiar y comenzar a comprender que había sido una extraña víctima de mis engañados sentidos. Pero mi fe en esta aparición de la Voz, a la que tan íntimamente ligado estaba el pensamiento de mi padre, permanecía incólume... No temía nada más que no volverla a oír; por otra parte, yo había pensado en el sentimiento que me acercaba a usted; había medido todo su inútil peligro; yo ignoraba incluso si usted me recordaba. Sucediera lo que sucediese, su situación en el mundo me prohibía, para siempre, pensar en una unión honesta; juré a la Voz que usted no era para mí más que un hermano, que jamás sería otra cosa, y que mi corazón estaba vacío de todo amor terrenal... Y ésta es la razón, amigo mío, por la que yo volvía los ojos cuando, en el escenario o por los pasillos, intentaba usted atraer mi atención, la razón por la que yo no lo reconocía... ¡por la que yo no lo veía...! Mientras, las horas de lección entre la Voz y yo transcurrían en un divino delirio. Jamás la belleza de los sonidos me había poseído hasta tal punto y, cierto día, la Voz me dijo: "Ve ahora, Christine Daaé; ¡puedes ya llevar a los hombres un poco de la música del cielo!". Ignoro cómo aquella noche, que era de gala, la Carlotta no fue al teatro. Ignoro por qué fui designada para reemplazarla. No lo sé; pero canté con desconocido arrebato; me sentía ligera como si me hubieran dado alas; ¡por un instante creí que mi abrasada alma había abandonado el cuerpo!

—¡Oh, Christine! —dijo Raoul, cuyos ojos se humedecían con este recuerdo—, aquella noche mi corazón vibró con cada acento de su voz. Vi las lágrimas corriendo por sus pálidas mejillas, lloré con usted. ¿Cómo podía cantar llorando?

—Las fuerzas me abandonaron —dijo Christine—, cerré los ojos… ¡Cuando los abrí otra vez, usted estaba a mi lado! ¡Pero también la Voz estaba allí, Raoul…! Sentí miedo por usted y tampoco esta vez quise reconocerlo y me eché a reír cuando me recordó que había ido a buscar mi echarpe al mar… ¡Ay, no se engaña a la Voz…! Ella lo había reconocido… ¡Y la Voz estaba celosa…! Los dos días siguientes me hizo escenas atroces… Me decía: "¡Lo ama usted!, si no lo amara no huiría de él. Sería un antiguo amigo a quien estrecharía la mano, como a todos los demás… Si no lo amara no temería encontrarse usted sola, en su camerino, con él y conmigo… ¡Si no lo amara, no lo alejaría…!". "¡Ya basta!", le dije a la irritada voz; "mañana debo ir a Perros, a visitar la tumba de mi padre; rogaré al señor Raoul de Chagny que me acompañe." "Como usted quiera", respondió, "pero sepa que también yo estaré en Perros porque estoy siempre donde usted está, Christine, y si sigue siendo digna de mí, si no me ha mentido, cuando sea la medianoche tocaré, junto a la tumba de su padre, la *Resurrección de Lázaro* con el violín del muerto." Así me vi obligada, amigo mío, a escribirle la carta que lo llevó a Perros. ¿Cómo pude engañarme hasta ese punto? ¿Cómo no sospeché alguna impostura ante tan personales preocupaciones de la Voz? ¡Ay, no era dueña de mí misma!: ¡yo era suya…! Y los medios de que la Voz disponía podían fácilmente engañar a una niña como yo.

—Pero en fin —exclamó Raoul en este punto del relato de Christine, donde ella parecía deplorar con sus lágrimas la inocencia excesivamente perfecta de un espíritu muy "imprudente"—, pero en fin, pronto se dio cuenta usted de la verdad... ¿Cómo no salió enseguida de esa abominable pesadilla?

—¡Saber la verdad...! ¡Raoul...! ¡Salir de esa pesadilla...! Pero si no entré en la pesadilla más que cuando conocí la verdad... ¡Cállese, cállese! No le he dicho nada... Y ahora vamos a bajar del cielo a la tierra, compadézcame, Raoul... ¡compadézcame...! Una noche, una noche fatal... mire... era la noche en que debían suceder tantas desgracias... la noche en que Carlotta se creyó transformada en escena en un horrendo gallo y comenzó a lanzar gritos como si hubiera pasado toda su vida en el corral... la noche en que la sala fue, de pronto, sumida en la oscuridad bajo el estruendo del candil aplastándose en el suelo... Hubo aquella noche muertos y heridos y en todo el teatro resonaron los más tristes clamores.

”Mi primer pensamiento, Raoul —prosiguió—, en el estruendo de la catástrofe, fue, al mismo tiempo, para usted y para la Voz, pues en aquella época ambos significaban dos mitades iguales en mi corazón. Enseguida me tranquilicé en lo que concernía a usted, pues lo había visto en el palco de su hermano y sabía que no corría peligro alguno. Por lo que respecta a la Voz, me había anunciado que asistiría a la representación como si fuera 'una persona ordinaria, viva, que fuese capaz de morir'. Me dije: '¡Dios mío!, tal vez el candil haya aplastado a la Voz'. Entonces yo estaba en el escenario y tan trastornada que me dispuse a correr por la sala buscando a la Voz entre los muertos y los heridos, cuando tuve la idea de que, si nada lamentable le había ocurrido, estaría ya en mi camerino y estaría ansiosa por tranquilizarme. De un salto me planté en mi camerino. La Voz no estaba allí. Me encerré y, con lágrimas en los ojos, le supliqué que se manifestara, si todavía estaba con vida. La Voz no me respondió pero, de pronto, oí un largo, un admirable gemido que conocía muy bien. Era el lamento de Lázaro cuando, a la voz de Jesús, comienza a levantar sus párpados y a ver de nuevo la luz del día. Era el llanto del violín de mi padre. Reconocí la pulsación del arco de Daaé, la misma que había 'encantado' la noche del cementerio. Y luego, fue de nuevo, en el invisible y triunfante instrumento, el gozoso grito de la Vida, y la Voz, dejándose oír por fin, comenzó a cantar la frase dominante y soberana: 'iVen y cree en mí!, los que crean en mí vivirán. iCamina! Los que han creído en mí no podrán morir'. No puedo decirle la impresión que me produjo esta música que cantaba la vida eterna precisamente cuando, a nuestro lado, unos pobres infelices aplastados por aquel candil fatal, entregaban su alma... Me pareció que también a mí me ordenaba ir, levantarme, caminar hacia ella. Se alejaba, la seguí. 'iVen y cree en mí!' Yo creía en ella, iba..., iba, y, cosa extraordinaria, el camerino, ante mis pasos, parecía alargarse... alargarse... Evidentemente aquello debió ser un efecto de espejo... pues el espejo estaba ante mí... Y, de pronto, me hallé fuera de mi camerino, sin saber cómo.

Raoul interrumpió aquí bruscamente a la muchacha.

—iCómo! ¿Sin saber cómo? iChristine, Christine! iTiene que intentar no seguir soñando!

—iAy, pobre amigo, no soñaba! iEstaba, sin saber cómo, fuera de mi camerino! Usted me vio desaparecer del camerino, una noche, amigo mío, y tal vez pueda explicármelo, pero yo no puedo... Sólo puedo decirle una cosa, estaba ante el espejo y, de pronto, ya no lo vi, ya no estaba ante mí, y lo busqué a mis espaldas... pero ya no había espejo, ya no había camerino... Me hallaba en un corredor oscuro... Tuve miedo y grité...

"A mi alrededor todo era negro —prosiguió la muchacha—; a lo lejos, una débil claridad rojiza iluminaba un ángulo del muro, una esquina. Grité. Sólo mi voz llenaba las paredes, pues el canto y los violines habían callado. Y he aquí que, de pronto, en la oscuridad, una mano se posó sobre la mía... o. mejor dicho, algo huesudo y helado me aprisionó la muñeca y ya no me soltó. Grité. Un brazo me agarró por el talle y me levantó... Me debatí unos instantes con horror; mis dedos resbalaron por las piedras húmedas en las que no encontraban dónde asirse. Y, luego, ya no me moví, creí que iba a morir de espanto. Me llevaban hacia la claridad rojiza; penetramos en aquella claridad y vi entonces que estaba en los brazos de un hombre envuelto en un gran manto negro y que llevaba una máscara ocultándole todo el rostro... Intenté un supremo esfuerzo; mis miembros se tensaron, mi boca se abrió de nuevo para aullar mi terror, pero una mano la cerró, una mano que yo sentí en mis labios, en mi carne... y que olía a muerte... Me desvanecí.

"¿Cuánto tiempo —prosiguió— permanecí sin conocimiento? No puedo decírselo. Cuando volví a abrir los ojos ambos estábamos, el hombre de negro y yo, en el seno de las tinieblas. Una linterna lúgubre, puesta en el suelo, iluminaba el manantial de una fuente. El agua, que chapoteaba, brotaba de la pared y desaparecía casi enseguida bajo el suelo sobre el que yo estaba tendida; mi cabeza reposaba en la rodilla del hombre del manto y la máscara negros y mi silencioso compañero refrescaba mis sienes con un cuidado, una atención, una delicadeza que me parecieron más horribles de soportar que la brutalidad de su anterior rapto. Sus manos, por ligeras que fueran, no dejaban de oler a muerte. Sin fuerzas, las rechacé. Pregunté en un soplo: '¿Quién es usted? ¿Dónde está la Voz?'. Sólo me respondió un suspiro. De pronto, un soplo cálido acarició mi rostro y vagamente, en las tinieblas, junto a la forma negra del hombre, distinguí una forma blanca. La forma negra me levantó depositándome sobre la forma blanca. Y enseguida un alegre relincho hirió mis oídos estupefactos y murmuré: '¡César!'. La bestia se estremeció. Amigo mío, yo estaba tendida a medias en una silla de montar y había reconocido el caballo blanco del *Prophète*, al que tan a menudo había mimado con golosinas. Ahora bien, cierta noche había corrido por el teatro el rumor de que aquella bestia había desaparecido, robada por el fantasma de la Ópera. Yo creía en la Voz pero jamás había creído en el fantasma; entonces, sin embargo, me preguntaba, estremeciéndome, si no habría caído prisionera del fantasma. Desde lo más profundo de mi corazón pedí socorro a la Voz, pues jamás hubiera imaginado que la Voz y el fantasma fueran uno solo. ¿Ha oído hablar usted del fantasma de la Ópera, Raoul?

—Sí.... —respondió el joven—. Pero dígame, Christine, ¿qué le sucedió cuando estuvo usted sobre el caballo blanco del *Prophète*?

—No hice movimiento alguno y me dejé llevar... Poco a poco un extraño entumecimiento sucedió al estado de angustia y terror al que me había arrojado aquella infernal aventura. La forma negra me sostenía y yo ya no hacía nada para escapar de ella. Una paz singular se había adueñado de mí y pensaba que me hallaba bajo la bienhechora influencia de algún elixir. Mantenía la plena disposición de mis sentidos. Mis ojos se acostumbraban a las tinieblas que, por otro lado, estaban iluminadas, aquí y allí, por breves brillos... Pensé que nos hallábamos en una estrecha galería circular e imaginé que dicha galería daba la vuelta a la Ópera que, bajo tierra, es inmensa. Una vez, amigo mío, una sola vez, había descendido a esos prodigiosos subsuelos, pero me había detenido en el tercer piso sin atreverme a penetrar más en la tierra. Y, sin embargo, había todavía bajo mis pies dos pisos en los que hubiera podido caber una ciudad. Pero las figuras que habían aparecido ante mí me obligaron a huir.

Hay allí demonios muy negros ante sus calderas, agitando palas y tridentes, que avivan los braseros, encienden llamas, amenazan, si uno se acerca a ellos, abriendo de pronto las rojas fauces de los hornos... Mientras César, tranquilamente, me llevaba sobre su lomo en aquella noche de pesadilla, vi de pronto, lejos, a los demonios negros ante los rojos braseros de sus hogueras... Aparecían... Desaparecían... Volvían a aparecer siguiendo los extraños azares de nuestra marcha... Finalmente desaparecieron por completo. La forma de hombre seguía sosteniéndome y César caminaba sin guía con paso seguro... No podría decirle, ni siquiera aproximadamente, cuánto tiempo duró, en la oscuridad, aquel viaje; tenía sólo la idea de que dábamos vueltas y más vueltas, de que bajábamos siguiendo una inflexible espiral hasta el propio corazón de los abismos de la tierra; pero ¿no era mi cabeza la que daba vueltas...? De todos modos, no lo creo. ¡No! Yo estaba increíblemente lúcida. César, por unos instantes, levantó sus ollares, olfateó la atmósfera y aceleró un poco la marcha. Sentí humedecerse el aire y, luego, César se detuvo. La noche se había iluminado. Una luz azulada nos rodeó. Miré el lugar donde nos hallábamos. Estábamos a orillas de un lago cuyas plúmbeas aguas se perdían a lo lejos, en la oscuridad... pero la luz azul iluminaba aquella ribera y pude distinguir una pequeña barca, atada a una anilla de hierro, en el muelle.

"Ciertamente—siguió la muchacha—, yo sabía que aquello existía y la visión de aquel lago y aquella barca bajo tierra nada tenían de sobrenatural. Pero piense en las excepcionales condiciones en que me habían llevado a aquella orilla. Las almas de los muertos no debían sentir mayor inquietud al abordar la Laguna Estigia. Caronte, ciertamente, no debía ser más lúgubre ni más mudo que la forma de hombre que me transportó en la barca. ¿Habían pasado los efectos del elixir?, ¿bastó la frescura de aquellos lugares para devolverme por completo a mí misma? Mi aturdimiento iba desapareciendo e hice algunos movimientos que revelaban el renacimiento de mi terror. Mi siniestro compañero debió advertirlo pues, con un gesto rápido, despidió a César que se alejó por las tinieblas de la galería y cuyas herraduras oí mientras golpeaban los sonoros peldaños de la escalera, luego el hombre saltó a la barca y la liberó de su metálica atadura; tomó los remos y remó con fuerza y rapidez. Sus ojos, bajo la máscara, no me perdían de vista; sentí sobre mí el peso de sus inmóviles pupilas. El agua, a nuestro alrededor, no hacía ruido alguno. Resbalábamos por aquella luminosidad azulada que le he descrito y, luego, penetramos de nuevo en la oscuridad completa y abordamos. La barca chocó con algo duro y de nuevo unos brazos se apoderaron de mí. Yo había recobrado la fuerza de gritar. Aullé. Y luego, de pronto, callé aturdida por la luz. Sí, una luz esplendorosa en cuyo centro me habían depositado. Me levanté de un salto. Había recuperado todas mis fuerzas. En medio de un salón que me pareció arreglado, adornado, amueblado sólo con flores, con flores magníficas y estúpidas a causa de las cintas de seda que las ataban a unos cestos, como las que se venden en las tiendas de los bulevares, de flores demasiado civilizadas, como las que yo solía hallar en mi camerino tras cada 'estreno'; en el centro de aquella fragancia tan parisina, la forma negra del hombre enmascarado permanecía de pie, con los brazos cruzados... y habló:

"—Tranquilícese, Christine —dijo—; no corre usted peligro alguno.

"*¡Era la Voz!*

"Mi furor igualó a mi estupefacción. Salté sobre aquella máscara y quise arrancarla para conocer el rostro de la Voz. La forma de hombre me dijo:

"—No corre peligro alguno, si no toca la máscara.

"Y sujetándome dulcemente por las muñecas me hizo sentar.

"Luego se puso de rodillas ante mí y no dijo nada más.

"La humildad de aquel gesto me devolvió cierto valor; la luz, precisando las cosas a mi alrededor, me devolvió a la realidad de la vida. Por extraordinaria que pareciera, la aventura se rodeaba ahora de cosas mortales que yo podía ver y tocar. Los tapices de aquellos muros, aquellos muebles, aquellas antorchas, aquellos jarrones y hasta aquellas flores de las que hubiera podido casi precisar la procedencia, por sus cestillos dorados y el precio, encerraban fatalmente mi imaginación en los límites de un salón tan banal como muchos otros que, al menos, tenían la excusa de no estar situados en los sótanos de la Ópera. Sin duda me las estaba viendo con algún espantoso excéntrico que, misteriosamente, se había alojado en los subsuelos, como muchos otros por necesidad, y, con la muda complicidad de la administración, había hallado definitivo abrigo en el pináculo de aquella moderna torre de Babel donde se intrigaba, se cantaba en todas las lenguas y se amaba en todos los dialectos.

"De modo que la *Voz*, la *Voz* que yo había reconocido bajo la máscara que no había podido ocultármela, *era eso que estaba de rodillas ante mí: ¡un hombre!*

"Ni siquiera pensé en la horrible situación en que me encontraba, ni siquiera me pregunté qué sería de mí y cuál era el designio oscuro y fríamente tiránico que me había llevado hasta ese salón, como se encierra a un prisionero en una celda, a una esclava en un harén. '¡No, no, no!', me decía: 'eso es la Voz: ¡un hombre!', y me puse a llorar.

"El hombre, siempre de rodillas, comprendió sin duda el sentido de mis lágrimas, pues dijo:

"—¡Es cierto, Christine…! No soy un ángel, ni un genio, ni un fantasma… ¡Soy Erik!

El relato de Christine fue interrumpido, de nuevo, aquí. A ambos jóvenes les pareció que el eco, a su espalda, había repetido: ¡Erik…! ¿Qué eco…? Se volvieron y advirtieron que la noche había caído. Raoul hizo un movimiento como para levantarse, pero Christine lo retuvo junto a sí:

—¡Quédese! ¡Tiene usted que saberlo todo *aquí*!

—¿Por qué aquí, Christine? Temo que el fresco de la noche la perjudique.

—Sólo debemos temer los escotillones, amigo mío, y aquí estamos muy alejados del mundo de los escotillones… Y yo tengo derecho a verlo a usted fuera del teatro… No es el momento de contrariarlo… No despertemos sus sospechas…

—¡Christine, Christine!, algo me dice que nos equivocamos al esperar hasta mañana por la noche y que, en cambio, deberíamos huir en seguida.

—Ya le he dicho que si no me oye cantar mañana por la noche, sufrirá una infinita pesadumbre.

—Es difícil huir para siempre y no causar pena a Erik…

—Tiene usted razón, Raoul…. pues, ciertamente, mi fuga lo matará…

La joven añadió con voz sorda:

—Pero la partida está igualada… pues nosotros corremos el riesgo de que nos mate.

—¿De modo que la quiere mucho?

—¡Hasta el crimen!

—Pero su morada no es imposible de encontrar… Podemos ir a buscarlo allí. Desde el momento en que Erik no es un fantasma, se puede hablar con él e incluso obligarlo a responder.

Christine agitó la cabeza.

—¡No, no! ¡No podemos nada contra Erik...! ¡Sólo podemos huir!

—¿Y por qué, pudiendo huir, regresó usted a su lado?

—Porque era preciso... y lo comprenderá cuando sepa cómo salí de su casa...

—¡Ah, cómo lo odio...! —gritó Raoul—. Y usted, Christine, dígamelo... necesito que me lo diga para escuchar con mayor calma la continuación de esa extraordinaria historia de amor... ¿Lo odia usted?

—No —dijo sencillamente Christine.

—¡Y entonces para qué tantas palabras...! ¡Ciertamente lo ama! Su miedo, sus terrores, todo eso no es más que amor, y del más delicioso. El amor que no quiere reconocerse —explicó con amargura Raoul—. El amor que, cuando se piensa en él, produce estremecimientos... ¡Imaginadlo, un hombre que vive en un palacio subterráneo!

Y rio sarcásticamente...

—¡Quiere entonces que vuelva con él...! —interrumpió brutalmente la muchacha—. ¡Cuidado, Raoul, ya se lo he dicho: no regresaría!

Se produjo un silencio aterrador entre los tres... los dos que hablaban y la sombra que escuchaba tras ellos...

—Antes de responderle —dijo por fin Raoul con voz lenta—, quisiera saber qué sentimiento le inspira, puesto que no lo odia.

—¡Horror! —respondió la muchacha... y lanzó estas palabras con tal fuerza que cubrieron los suspiros de la noche.

"Eso es lo más terrible —continuó con creciente fiebre—. Me horroriza y no le detesto. ¿Cómo odiarlo, Raoul? Imagine a Erik a mis pies, en la morada del lago, bajo tierra. Se acusa, se maldice, implora mi perdón... Confiesa su impostura. ¡Me ama! ¡Pone a mis pies un inmenso y trágico amor...! ¡Me raptó por amor…! Me encerró con él, bajo tierra, por amor… Pero me respeta, pero se arrastra, pero gime, pero llora… Y cuando yo me levanto, Raoul, cuando le digo que sólo podría despreciarlo si no me devuelve de inmediato la libertad que me ha arrebatado, cosa increíble… me la ofrece… sólo tengo que marcharme… Está dispuesto a mostrarme el misterioso camino…; sólo que… sólo que también él se levanta y me veo obligada a recordar que, si no es fantasma, ni ángel, ni genio, sigue siendo la Voz, ¡canta…!

"Y lo escucho…, ¡y me quedo!

"Aquella noche no dijimos nada más. Había tomado un arpa y comenzó a cantar, él, voz de hombre, voz de ángel, la romanza de Desdémona. Mi recuerdo de haberla cantado yo misma me avergonzaba. Amigo mío, la música tiene una virtud que hace que nada exista ya del mundo exterior al margen de aquellos sonidos que conmueven el corazón. Mi extravagante aventura fue olvidada. Sólo la voz vivía y la seguí embriagada en su armónico viaje; ¡yo formaba parte del rebaño de Orfeo! Me paseó por el dolor y el gozo, por el martirio, por la desesperación, por la alegría, por la muerte y por triunfantes himeneos… Yo escuchaba… ella cantaba… Me cantó desconocidos fragmentos… y me hizo escuchar una nueva música que me causó una extraña impresión de dulzura, de languidez, de reposo… una música que, tras haber elevado mi alma, la apaciguó poco a poco y la condujo a los umbrales del sueño. Me dormí.

"Cuando desperté, estaba sola, tendida en un diván, en una pequeña habitación muy sencilla, amueblada con una cama ordinaria de caoba, con las paredes tapizadas en tela de Jouy e iluminada por una lámpara puesta en el mármol de una vieja cómoda 'Luis Felipe'. ¿Qué significaba aquel nuevo decorado…? Me pasé la mano por la frente, como para alejar un mal sueño... ¡Ay!, no tardé mucho en advertir que no había sido un sueño. Estaba prisionera y no podía salir de mi habitación más que para entrar en un confortable cuarto de baño; agua fría y caliente a voluntad. Al regresar a mi habitación advertí, en mi cómoda, una nota en tinta roja que me informó absolutamente de mi triste situación y que, de haber sido necesario todavía, me habría librado de todas mis dudas sobre la realidad de los acontecimientos: 'Mi querida Christine —decía el papel—, no tema en absoluto por su suerte. No tiene, en todo el mundo, mejor ni más respetuoso amigo que yo. Está usted sola, en este momento, en una morada que le pertenece. Salgo para ir de compras y traerle toda la ropa que pueda usted necesitar'.

"¡Decididamente! —exclamé—, he caído en manos de un loco. ¿Qué será de mí? ¿Cuánto tiempo piensa este miserable mantenerme encerrada en esta prisión subterránea?

"Corrí por mi pequeño apartamento como una insensata, buscando una salida que no encontré. Me recriminé amargamente mi estúpida superstición y obtuve un horrendo placer burlándome de la perfecta inocencia con la que había recibido, a través de los muros, la voz del genio de la música... Cuando se era tan estúpida, había que esperar las más inauditas catástrofes, ¡todas merecidas! Sentí deseos de golpearme y me reí de mí misma y lloré, al mismo tiempo, por mi suerte. Erik me halló en ese estado.

"Tras haber dado tres golpecitos secos en el muro, entró tranquilamente por una puerta que yo no había sabido descubrir y que dejó abierta. Iba cargado de cajas y paquetes y los depositó sin apresurarse en mi cama mientras yo lo cubría de ultrajes y le exigía que se quitara aquella máscara si pretendía disimular con ella el rostro de un hombre honrado.

"Me respondió con gran serenidad:

"—Jamás verá usted el rostro de Erik.

"Y me reprochó que, a aquellas horas del día, no me hubiera todavía arreglado; se dignó comunicarme que eran las dos de la tarde. Me daba media hora para hacerlo, y diciendo esto se preocupaba por dar cuerda a mi reloj y ponerlo en hora. Tras ello, me invitaba a pasar al comedor donde, me anunció, nos aguardaba una excelente comida. Yo estaba muy hambrienta, le cerré la puerta en las narices y entré en el cuarto de baño. Tomé un baño tras haber colocado junto a mí un magnífico par de tijeras con el que estaba decidida a darme la muerte si Erik, tras haberse conducido como un loco, dejaba de comportarse como un hombre honrado. La frescura del agua me hizo mucho bien y, cuando comparecí de nuevo ante él, había tomado la prudente resolución de no enojarlo ni agredirlo en nada, de adularlo si fuese necesario para obtener una rápida libertad. Fue él quien me habló, primero, de sus proyectos para mí y me los precisó, dijo, para tranquilizarme. Le gustaba demasiado mi compañía para privarse de ella inmediatamente, como había aceptado la víspera, por unos instantes, ante la indignada expresión de mi espanto. Yo debía comprender, ahora, que no debía asustarme en absoluto al verlo a mi lado. Me amaba, pero sólo me lo diría si yo se lo permitía y el resto del tiempo lo pasaríamos en la música.

"—¿Qué entiende usted por el resto del tiempo? —le pregunté.

"Me respondió con firmeza:

"—Cinco días.

"—¿Y después seré libre?

"—Será libre, Christine, pues al cabo de esos cinco días, usted habrá aprendido a no temerme; y entonces, de vez en cuando, vendrá a ver al pobre Erik.

"El tono en el que pronunció estas últimas palabras me conmovió profundamente. Me pareció descubrir tan real, tan lastimosa desesperación que levanté hacia la máscara un rostro enternecido. Yo no podía ver los ojos detrás de la máscara y aquello no contribuía a disminuir la extraña sensación de malestar que se sentía al interrogar a aquel misterioso retazo de seda negra; pero bajo la tela, en el extremo de la barba del enmascarado, aparecieron una, dos, tres, cuatro lágrimas.

"Silenciosamente, me señaló un lugar frente a él, en una pequeña mesa que ocupaba el centro de la sala donde, la víspera, había tocado el arpa para mí, y, muy turbada, me senté. Sin embargo, comí con buen apetito algunos cangrejos, un ala de pollo regada con un poco de vino de Tokay que él mismo había traído, me decía, de las bodegas de Königsberg, frecuentadas antaño por Falstaff. Por lo que a él se refiere, no comió ni bebió. Le pregunté cuál era su nacionalidad y si el nombre de Erik no suponía un origen escandinavo. Me respondió que no tenía nombre ni patria, y que había tomado *por azar* el nombre de Erik. Le pregunté por qué, puesto que me amaba, no había encontrado otro medio de hacérmelo saber que llevarme con él y encerrarme bajo tierra.

"—Es muy difícil —dije— hacerse amar en una tumba.

"—Uno tiene —respondió en un tono singular— las 'citas' que puede.

"Luego se levantó y me tendió los dedos pues quería, según dijo, hacerme los honores de su casa, pero yo retiré rápidamente mi mano de la suya lanzando un grito. Lo que había tocado era, a la vez, húmedo y huesudo, y recordé que sus manos olían a muerte.

"—¡Oh, perdón! —gimió.

"Y abrió ante mí una puerta.

"—Ésta es mi habitación —dijo—. Y es bastante curiosa de visitar... ¿Quiere usted?

"No dudé. Sus maneras, sus palabras, todo su aspecto me impulsaba a tener confianza... y, además, sentía que no debía tener miedo.

"Entré. Me pareció penetrar en una cámara mortuoria. Las paredes estaban tapizadas de negro, pero en vez de los blancos ornamentos en forma de lágrima que completan, por lo común, el fúnebre atavío, se veía en un enorme pentagrama las notas repetidas del *Dies irae*. En el centro de esta habitación había un dosel del que pendían cortinas de brocado rojo y, bajo el dosel, un ataúd abierto.

"Al verlo, retrocedí.

"—Duermo aquí dentro —dijo Erik—. Hay que acostumbrarse a todo en la vida, incluso a la eternidad.

"Volví la cabeza porque el espectáculo me había producido una siniestra impresión. Mis ojos encontraron entonces el teclado de un órgano que ocupaba toda una pared. En el atril había un cuaderno lleno de notas rojas. Pedí permiso para mirarlo y leí en la primera página: *Don Juan triunfante*.

"—Sí —me dijo—, a veces compongo. Hace veinte años que comencé este trabajo. Cuando haya terminado, me lo llevaré conmigo al ataúd y ya no despertaré.

"—Pues hay que trabajar en él lo menos posible —dije.

"—A veces trabajo quince días y quince noches seguidas, durante los que sólo vivo de música, y luego descanso años enteros.

"—¿Quiere tocar para mí algo de su *Don Juan triunfante*? —pregunté, creyendo complacerlo y venciendo la repugnancia que me producía permanecer en aquella habitación de la muerte.

"—No me lo pida nunca —respondió con voz sombría—. Ese *Don Juan* no ha sido escrito con palabras de un Lorenzo de Aponte, inspirado por el vino, los amoríos y el vicio, y castigado finalmente por Dios. Tocaré para usted Mozart, si lo desea, que hará correr sus hermosas lágrimas y le inspirará honestas reflexiones. Pero mi *Don Juan* quema, Christine, y, sin embargo, no es fulminado por el fuego celeste.

"Tras ello regresamos al salón que acabábamos de abandonar. Advertí que el apartamento no tenía espejos en ninguna parte. Me disponía a comentárselo, pero Erik acababa de sentarse al piano. Me dijo:

"—Créame, Christine, hay una música tan terrible que consume a todos los que se le acercan. Afortunadamente no ha llegado usted todavía a tal música, pues perdería sus vivos colores y no la reconocerían ya cuando regresara a París. Cantemos ópera, Christine Daaé.

"Me dijo:

"—Cantemos ópera, Christine Daaé —como si me lanzara un insulto.

"Pero no tuve tiempo de detenerme en el tono que había dado a sus palabras. Comenzamos enseguida el dúo del *Otelo* y la catástrofe estaba ya sobre nuestras cabezas. Esta vez me había dejado el papel de Desdémona, que canté con una desesperación, un espanto reales, que jamás había alcanzado hasta aquel día. La vecindad de tal compañero, en vez de aniquilarme, me inspiraba un magnífico terror. Los acontecimientos de que era víctima me aproximaban singularmente al pensamiento del poeta y hallé acentos que hubieran deslumbrado al músico. Por lo que a él se refiere, su voz era tonante, su alma vengativa se apoderaba de cada sonido aumentando terriblemente su potencia. El amor, los celos, el odio estallaban a nuestro alrededor en gritos lacerantes. La máscara negra de Erik me hacía pensar en la máscara natural del Moro de Venecia. Era el mismo Otelo. Creí que iba a golpearme, que yo iba a caer bajo sus golpes; y, sin embargo, no hice movimiento alguno para huir, para evitar su furor como la tímida Desdémona. Por el contrario, me acerqué a él, atraída, fascinada, encontrando encantos a la muerte en el centro de semejante pasión; pero, antes de morir, quise conocer, para llevarme la sublime imagen en mi última mirada, aquellos desconocidos rasgos que debían de estar transfigurados por el fuego del arte eterno. Quise ver el *rostro de la Voz* e, instintivamente, con un gesto del que no fui dueña, pues ya no me dominaba a mí misma, mis rápidos dedos arrancaron la máscara…

"¡Oh, horror… horror… horror…!

Christine se detuvo ante aquella visión que parecía alejar aún con sus manos temblorosas mientras los ecos de la noche, al igual que habían repetido el nombre de Erik, repetían por tres veces aquel clamor: "¡Horror, horror, horror!". Raoul y Christine, más estrechamente unidos por el terror del relato, levantaron sus ojos hacia las estrellas que brillaban en un cielo apacible y puro.

Raoul dice:

—Es extraño, Christine; esta noche dulce y tranquila está llena de gemidos. Diríase que se lamenta con nosotros.

Ella responde:

—Ahora que va usted a conocer el secreto, sus oídos, como los míos, estarán llenos de lamentos.

Toma en sus manos las manos protectoras de Raoul y, sacudida por un largo estremecimiento, prosigue:

—¡Oh, sí!, aunque viviera cien años seguiría escuchando el aullido sobrehumano que lanzó, el grito de su dolor y su rabia infernales, mientras la cosa aparecía ante mis ojos inmensos de horror, y mi boca que no se cerró aunque ya no gritara.

"¡Oh, Raoul, la cosa!, ¡cómo no ver ya la cosa!, ¡si mis oídos están para siempre llenos de sus gritos, su rostro recorrerá, por siempre ya, mis ojos! ¡Qué imagen! ¿Cómo no seguir viéndola y cómo hacérsela ver...? Raoul, usted ha visto las calaveras cuando los siglos las han desecado y tal vez, si no fue víctima de una horrenda pesadilla, vio usted su calavera en la noche de Perros. Y vio usted pasear, por el último baile de máscaras, a la 'Muerte roja'. Pero todas aquellas calaveras estaban inmóviles y su mudo horror no vivía. Pero imagine, si puede, la máscara de la Muerte adquiriendo de pronto vida para expresar, con los cuatro agujeros negros de sus ojos, de su nariz y su boca, el último extremo de la cólera, el furor soberano de un demonio, *sin mirada en las cuencas de los ojos*, pues, como supe más tarde, sus ojos de brasa sólo se distinguían en la más profunda noche... Yo debía de ser, pegada al muro, la misma imagen del Espanto como él era la de la Fealdad.

"Entonces, acercó a mí el horrendo rechinar de sus dientes sin labios y, mientras yo caía de rodillas, me silbó rencorosamente cosas insensatas, palabras sin ilación, maldiciones, delirios... ¡qué sé yo...! ¿Qué sé yo...?

"Inclinado sobre mí, gritó:

"—Mira. ¡Has querido ver! ¡Ve! Sacia tus ojos, embriaga tu alma con mi maldita fealdad. ¡Mira el rostro de Erik! ¡Ahora conoces el rostro de la Voz! ¿No te bastaba escucharme, di? Has querido ver cómo estaba yo hecho... ¡Vosotras, las mujeres, sois tan curiosas!

"Y rompía a reír repitiendo: 'Vosotras, las mujeres, sois tan curiosas...', con una risa estruendosa, ronca, espumeante, formidable... Decía también cosas como éstas:

"—¿Estás satisfecha? Soy hermoso, ¿no…? Cuando una mujer me ha visto, como tú, me pertenece. ¡Me ama siempre! Soy un tipo de la especie de don Juan.

"Y levantando toda su estatura, con el puño en la cadera, agitando sobre sus hombros la cosa horrenda que era su cabeza, gritaba:

"—¡Mírame! ¡Yo soy *Don Juan triunfante!*

"Y, como yo volviese la cabeza pidiendo gracia, la dirigió de nuevo hacia él, asiéndome brutalmente por los cabellos, en los que sus dedos de muerto habían entrado.

—¡Basta, basta! —interrumpió Raoul—, ¡lo mataré, lo mataré! En nombre del cielo, Christine, dígame dónde está el *comedor del Lago.* ¡Tengo que matarlo!

—Pero cállate, Raoul, si quieres saber.

—¡Ah, sí!, quiero saber cómo y por qué regresaste. Éste es el secreto, Christine, ten cuidado, ¡no hay otro! Pero, de todos modos, lo mataré.

—¡Oh, Raoul mío, escúchame!, ¡puesto que quieres saber, escucha! Me arrastraba por los cabellos y entonces… entonces… entonces… ¡oh, eso es más horrible todavía!

—¡Vamos, habla ahora…! —exclamó Raoul, hosco—. ¡Dímelo rápido!

—Entonces, silbó: "¿Qué?, ¿te doy miedo? ¡Es posible…! Crees acaso que todavía llevo una máscara, ¿eh? ¿Y que eso… ¡eso!, mi cabeza, es una máscara? Muy bien —comenzó a aullar—. ¡Arráncala como la otra! ¡Vamos, vamos!, ¡hazlo otra vez, otra vez!, ¡lo quiero! ¡Tus manos, tus manos…! Dame tus manos… y si ellas no te bastan, te prestaré las mías… y entre los dos arrancaremos la máscara". Me revolcaba a sus pies, pero él me tomó las manos, Raoul… y las hundió en el horror de su rostro... Con mis uñas desgarró sus carnes, sus horribles carnes muertas.

"—¡Aprende, aprende! —clamaba desde el fondo de su garganta que resoplaba como una forja—. ¡Aprende que estoy hecho por completo con muerte...! ¡De la cabeza a los pies...! ¡Y que es un cadáver el que te ama, el que te adora y el que no te dejará ya nunca, nunca...! Haré ampliar el ataúd, Christine, para más tarde, para cuando lleguemos al final de nuestros amores... ¡Mira!, ya no río, ¿ves?, lloro... lloro por ti, Christine, que me has arrancado la máscara y que, por ello, ya nunca podrás dejarme... Mientras me creías hermoso, Christine, podrías regresar... sé que habrías regresado... pero ahora que conoces mi fealdad, huirías para siempre... ¡Me quedo contigo! Insensata, ¿por qué has querido verme? ¡Loca Christine que ha querido verme...!, cuando ni siquiera mi padre me vio jamás y cuando mi madre, para no verme más, me regaló, llorando, mi primera máscara!

"Por fin me había soltado y se arrastraba por el suelo con terribles sollozos. Luego, como un reptil, se arrastró fuera de la sala, entró en su habitación cuya puerta se cerró, y me quedé sola, entregada a mi horror y mis reflexiones, pero libre de la visión de la cosa. Un prodigioso silencio, el silencio de la muerte, había sucedido a aquella tempestad y pude pensar en las terribles consecuencias del gesto que había arrancado a la máscara. Las últimas palabras del monstruo me habían informado suficientemente. Yo misma me había encarcelado para siempre y mi curiosidad iba a ser la causa de todas mis desgracias. Él me lo había advertido... Había repetido que no corría peligro alguno mientras no tocara su máscara, y yo la había tocado. Maldije mi imprudencia pero comprobé, estremeciéndome, que el razonamiento del monstruo era lógico. Sí, si no hubiera visto su rostro habría vuelto... Me había ya conmovido, interesado, enternecido lo suficiente con sus lágrimas enmascaradas, para permanecer insensible a su plegaria. Yo no era una ingrata y su imposibilidad no podía hacerme olvidar que él era la Voz y que me había encendido con su genio. ¡Habría regresado!, y, ahora, si salía de aquellas catacumbas, ciertamente no volvería. Nadie vuelve a encerrarse en una tumba con un cadáver que ama.

"Por algunos furiosos modos que había tenido, durante la escena, de mirarme o, mejor dicho, de acercar a mí los dos agujeros negros de su mirada invisible, pude medir lo salvaje de su pasión. Era preciso que aquel monstruo fuera también un ángel por no haberme tomado en sus brazos cuando yo no podía ofrecerle resistencia alguna; al fin y al cabo, tal vez fuera un poco el ángel de la música, y quizá lo hubiera sido por completo si Dios lo hubiese vestido de belleza en vez de cubrirlo de podredumbre.

"Ya, extraviada por el pensamiento de la suerte que me estaba reservada, presa del terror de ver abrirse otra vez la puerta de la habitación del ataúd, y contemplar de nuevo el rostro del monstruo sin máscara, había entrado en mi habitación y había tomado las tijeras que podían poner fin a mi espantoso destino..., cuando se hicieron oír los sones del órgano...

"Entonces, amigo mío, comencé a comprender las palabras de Erik acerca de lo que llamaba, con un desprecio que me había dejado estupefacta, la música de ópera. Lo que estaba oyendo no tenía nada que ver con lo que, hasta entonces, me había encantado. Su *Don Juan triunfante* (pues no me cabía duda ya de que se había entregado a su obra maestra para olvidar el horror del minuto presente), su *Don Juan triunfante* sólo me pareció, al principio, un horrendo y magnífico sollozo donde el pobre Erik había depositado toda su maldita miseria.

"Veía de nuevo el cuaderno de notas rojas e imaginaba, sin dificultad, que aquella música había sido escrita con sangre. Esa música me paseaba por los detalles del martirio; me hacía penetrar en todos los rincones del abismo, del abismo habitado por el *feo hombre*: me mostraba a Erik golpeando atrozmente su pobre y horrenda cabeza contra las fúnebres paredes de aquel infierno y rehuyendo, para no aterrorizarlas, las miradas de los hombres. Asistí aniquilada, jadeante, compadecida y vencida a la eclosión de aquellos gigantescos acordes en los que se divinizaba el *Dolor* y, luego, los sonidos que subían del abismo se agruparon, de pronto, en un vuelo prodigioso y amenazador, su arremolinado tropel pareció escalar el cielo como el águila asciende al sol, y tal sinfonía triunfal pareció inundar el mundo de modo que comprendí que la obra se había por fin finalizado y que la Fealdad, elevada en alas del Amor, se había atrevido a mirar, cara a cara, a la Belleza. Me parecía estar embriagada; la puerta que me separaba de Erik cedió bajo mis esfuerzos. Al oírme, se había levantado, *pero no se atrevió a volverse.*

"—Erik —grité—, muéstreme sin terror su rostro. Le juro que es usted el más dolorido y sublime de los hombres y si, a partir de ahora, Christine Daaé se estremece al mirarlo, es que, pensará en el esplendor de su genio.

"Entonces, Erik se volvió, pues me había creído, y también yo, ¡ay...!, tenía fe en mí misma... Levantó hacia el destino sus manos desencadenadas y cayó a mis pies con palabras de amor...

"...Con palabras de amor en su boca de muerto... y la música había callado...

"Besaba el extremo de mi vestido; no vio que yo cerraba los ojos.

"¿Qué puedo decirle todavía, amigo mío? Ahora conoce ya el drama... Durante quince días se renovó... quince días durante los que le mentí. Mi mentira fue tan horrenda como el monstruo que la inspiraba… y pude, a este precio, recuperar mi libertad. Quemé su máscara. Y tan bien actué que, incluso cuando no cantaba ya, se atrevía a mendigar una de mis miradas, como un perro tímido merodeando alrededor de su dueño. Se mantenía así, a mí alrededor, como un esclavo fiel rodeándome de mil cuidados. Poco a poco, fui inspirándole tal confianza que se atrevió a llevarme de paseo por las orillas del *Lago Averno* y a llevarme en barca por sus plúmbeas aguas. En los primeros días de mi cautiverio me hacía, de noche, cruzar las rejas que cierran los subterráneos de la rue Scribe. Allí nos esperaba un coche que nos llevaba a las soledades del Bois.

"La noche de nuestro encuentro estuvo a punto de ser trágica para mí, pues siente unos terribles celos de usted, celos que he combatido comunicándole su próxima partida… Por fin, tras quince días de abominable cautiverio durante los que, sucesivamente, fui abrasada por la piedad, el entusiasmo, la desesperación y el horror, me creyó cuando le dije: ¡Regresaré!

—Y regresó usted, Christine —gimió Raoul.

—Es cierto, amigo, y debo decir que no fueron las espantosas amenazas con que acompañó mi puesta en libertad las que me ayudaron a cumplir mi palabra, sino el desgarrador sollozo que lanzó en el umbral de su tumba.

"Sí —repitió Christine moviendo la cabeza—, aquel sollozo me encadenó al desgraciado más de lo que yo misma supuse en el momento de la despedida. ¡Pobre Erik, pobre Erik!

—Christine —dijo Raoul levantándose—, dice usted que me ama pero, apenas transcurridas algunas horas desde que hubo recuperado su libertad, usted regresó de nuevo junto a Erik… ¡Recuerde el baile de disfraces!

—Así lo habíamos acordado... Recuerde también que esas pocas horas las pasé con usted, Raoul... a pesar de nuestro gran peligro...

—Durante aquellas horas, dudé de que me amara.

—¿Todavía duda, Raoul...? Sepa entonces que cada uno de mis viajes hacia Erik ha aumentado el horror que siento por él, pues cada uno de esos viajes, en vez de apaciguarlo como yo esperaba, lo ha hecho enloquecer de amor... ¡y tengo miedo, tengo miedo, tengo miedo...!

—Tiene miedo... pero ¿ama...? Si Erik fuera bello, ¿me amaría usted, Christine?

—¡Infeliz!, ¿por qué tentar al destino...? ¿Por qué preguntarme cosas que oculto en las profundidades de mi conciencia como se oculta un pecado?

Ella se levantó a su vez, rodeó la cabeza del muchacho con sus hermosos brazos temblorosos y le dijo:

—Oh, mi prometido de un día, si no lo amara no le ofrecería mis labios. Por primera y última vez, aquí están.

Él los tomó, pero la noche que los rodeaba se sintió tan desgarrada, que huyeron como si se acercara una tormenta, y sus ojos, en los que habitaba el espanto de Erik, les mostraron, antes de que desaparecieran en el bosque del pináculo, arriba, por encima de ellos, un inmenso pájaro nocturno que los miraba con sus ojos de brasa y que parecía agarrarse a las cuerdas de la lira de Apolo.

XIV

Raoul y Christine corrieron, corrieron. Huían del techo en donde estaban los ojos de brasa que se distinguen únicamente en la noche profunda; y sólo se detuvieron en el octavo piso, en su carrera hacia el subsuelo. Aquella noche no había representación y los pasillos de la Ópera estaban desiertos.

De pronto, una extraña silueta se apareció ante los jóvenes, cerrándoles el paso:

—¡No, por aquí no!

Y la silueta les indicó otro corredor por el que se llegaba a los bastidores.

Raoul quiso detenerse, pedir explicaciones.

—¡Váyanse, váyanse de prisa...! —ordenó aquella vaga forma, disimulada en una especie de hopalanda y tocada con un gorro puntiagudo.

Christine arrastraba ya a Raoul, lo obligaba a seguir corriendo:

—Pero ¿quién es? ¿Quién es éste? —preguntó el joven.

Y Christine respondió:

—¡Es *el Persa*...!

—Y qué hace aquí...?

—¡Nadie lo sabe...! ¡Siempre está en la Ópera!

—Lo que me está usted obligando a hacer es una cobardía, Christine —dijo Raoul bastante conmovido—. Me obliga a huir, es la primera vez en mi vida.

—¡Bah! —respondió Christine que comenzaba a tranquilizarse—. Creo que estamos huyendo de las sombras de nuestra imaginación.

—Si realmente hemos visto a Erik, hubiera debido clavarle en la lira de Apolo, como se clavan las lechuzas en las paredes de nuestras granjas bretonas, y habría terminado el problema.

—Mi buen Raoul, antes hubiera tenido que subir hasta la lira de Apolo; y no es una ascensión fácil.

—Los ojos de brasas lo habrían hecho.

—¡Ah!, ahora está ya dispuesto, como yo, a verlo por todas partes; pero después uno piensa y se dice: lo que me ha parecido unos ojos de brasas no era, sin duda, más que los clavos dorados de dos estrellas que contemplaban la ciudad a través de las cuerdas de la lira.

Y Christine bajó un piso más. Raoul la seguía. Dijo:

—Puesto que está completamente decidida a partir, Christine, le aseguro de nuevo que sería mejor hacerlo enseguida. ¿Por qué esperar a mañana? Tal vez, esta noche, nos haya oído...

—¡No, no! Le repito que está trabajando en su *Don Juan triunfante*, no se preocupa por nosotros.

—Está usted tan poco segura de ello que no deja de mirar hacia atrás.

—Vamos a mi camerino.

—Mejor será citarnos fuera de la Ópera.

—No hasta que llegue el momento de nuestra fuga. Si no cumplo mi palabra atraeremos la desgracia. Le he prometido que sólo nos veríamos aquí.

—Tengo suerte de que le haya, al menos, permitido esto. ¿Sabe usted —dijo amargamente Raoul— que ha sido muy audaz permitiéndonos el juego de nuestro compromiso?

—Pero, querido amigo, él lo sabe. Me ha dicho: "Confío en usted, Christine. El señor Raoul de Chagny está enamorado de usted y debe partir. ¡Que sea, antes de marcharse, tan desgraciado como yo...!".

—¿Y qué significa esto? Dígamelo, se lo ruego.

—Soy yo quien debiera preguntárselo, amigo mío. ¿Tan desgraciado se es cuando se ama?

—Sí, Christine, cuando se ama y no se tiene el convencimiento de ser amado.

—¿Lo dice por Erik?

—Por Erik y por mí —dijo el joven moviendo la cabeza con aire pensativo y desolado.

Llegaron al camerino de Christine.

—¿Cómo se cree usted más segura en este camerino que en el teatro? —preguntó Raoul—. Si lo oía usted a través de las paredes él puede escucharnos también.

—¡No! Me ha dado su palabra de no volver a situarse tras los muros de mi camerino, y creo en la palabra de Erik. Mi camerino y mi habitación, en la *morada del Lago*, son míos, exclusivamente míos, y sagrados para él.

—¿Cómo pudo usted salir del camerino para ser transportada al corredor oscuro, Christine? ¿Quiere usted que intentemos repetir sus pasos?

—Es peligroso, amigo mío; el espejo podría llevarme de nuevo y, en vez de huir, me vería obligada a seguir hasta el final por el secreto pasaje que lleva a orillas del Lago y, desde allí, llamar a Erik.

—¿La oiría?

—Erik me oiría en todas partes donde lo llamara, en todas partes... Él me lo ha dicho, es un genio muy curioso. No debe creer, Raoul, que es simplemente un hombre al que le divierte vivir bajo tierra. Hace cosas que ningún otro hombre podría hacer; sabe cosas que el mundo viviente ignora.

—Cuidado, Christine, va usted a convertirlo de nuevo en un fantasma.

—No es un fantasma; es un hombre del cielo y de la tierra, eso es todo.

—Un hombre del cielo y de la tierra... ¡eso es todo...! ¡Cómo habla usted de él...! ¿Y sigue usted decidida a huir?

—Sí, mañana.

—¿Quiere usted que le diga por qué quisiera yo verla huir esta misma noche?

—Diga, amigo mío.

—Porque mañana usted no estará ya decidida a nada.

—Entonces, Raoul, usted me llevará a mi pesar. ¿No lo hemos acordado así?

—De acuerdo, mañana, a medianoche, estaré en su camerino —dijo con aire sombrío—; cumpliré mi promesa ocurra lo que ocurra. ¿Dice usted que, tras haber asistido a la representación, él debe esperarla en el *comedor del Lago*?

—En efecto, allí me ha citado.

—¿Y cómo debe ir usted a su casa, Christine, si no sabe salir de su camerino, "¿por el espejo"?

—Yendo directamente a orillas del Lago.

—¿Atravesando todos los sótanos? ¿Por las escaleras y los pasillos por donde pasan los tramoyistas y la gente de servicio? ¿Cómo podría guardar el secreto de semejante trayecto? Todo el mundo seguiría a Christine Daaé y usted llegaría a orillas del Lago con una muchedumbre a sus talones.

Christine sacó de un cofrecillo una enorme llave y se la mostró a Raoul.

—¿Qué es esto? —dijo el joven.

—Es la llave de la reja del subterráneo de la rue Scribe.

—Ya comprendo, Christine. Lleva directamente al Lago. Deme usted esa llave, ¿quiere?

—¡Nunca! —respondió ella con energía—. ¡Sería una traición!

De pronto Raoul vio que Christine cambiaba de color. Una mortal palidez se extendió por su rostro.

—¡Oh, Dios mío...! —gritó—. ¡Erik, Erik, tenga piedad de mí!

—¡Cállese...! —ordenó el muchacho—. ¿No me ha dicho que él podía oírla?

Pero la actitud de la cantante se hacía cada vez más inexplicable. Hacía retorcer sus dedos, unos sobre otros, repitiendo con aire extraviado:

—¡Oh, Dios mío! ¡Oh, Dios mío!

—Pero ¿qué sucede, qué sucede? —imploró Raoul.

—El anillo.

—¿Qué anillo? Se lo ruego, Christine, serénese.

—El anillo de oro que él me había dado.

—¿Ah?, ¡fue Erik quien le dio el anillo de oro!

—¡Ya lo sabe usted, Raoul! Pero, lo que usted no sabe es que, al dármelo me dijo: "Le devuelvo su libertad, Christine, pero sólo a condición de que este anillo esté siempre en su dedo. Mientras lo conserve estará usted protegida contra cualquier peligro y Erik seguirá siendo su amigo. Pero si se separa de él alguna vez, desdichada Christine, Erik se vengará...". ¡Amigo mío, amigo mío! ¡El anillo ya no está en mi dedo...! ¡Desdichados de nosotros!

En vano buscaron el anillo a su alrededor. No lo encontraron. La joven no se tranquilizaba.

—Ha sido cuando le concedí aquel beso, arriba, bajo la lira de Apolo —intentó explicar temblorosa—; el anillo habrá caído de mi dedo sobre la ciudad. ¿Cómo encontrarlo ahora? ¡Qué desgracia nos amenaza, Raoul! ¡Ah, huyamos, huyamos!

—¡Huyamos enseguida! —insistió una vez más Raoul.

Ella dudó. Él pensó que iba a consentir... y, luego, sus claras pupilas se turbaron y dijo:

—¡No, mañana!

Y lo dejó precipitadamente, en la más completa confusión, mientras seguía frotando sus dedos unos con otros, sin duda esperando que el anillo reapareciera así.

Por lo que a Raoul respecta, regresó a su casa, muy preocupado por lo que había oído.

—Si no la salvo de manos de ese charlatán —dijo en voz alta en su habitación, al acostarse—, está perdida; ¡pero la salvaré!

Apagó la luz y sintió, en las tinieblas, la necesidad de insultar a Erik. Gritó tres veces en voz alta:

—¡Charlatán... charlatán... charlatán...!

Pero, de pronto, se incorporó sobre un codo mientras un sudor frío le corría por las sienes. Dos ojos, ardientes como brasas, acababan de encenderse al pie de su cama. Lo miraban fija, terriblemente, en la oscuridad de la noche.

Raoul era valiente y, sin embargo, temblaba. Adelantó a tientas su dudosa e incierta mano hacia la mesita de noche. Tras haber encontrado la caja de cerillas, encendió la luz. Los ojos desaparecieron.

Pensó sin tranquilizarse:

—Ella me ha dicho que *sus* ojos sólo se veían en la oscuridad. Sus ojos han desaparecido con la luz, pero tal vez él esté todavía aquí.

Y se levantó, inspeccionó prudentemente las cosas; miró bajo su cama como un niño. Entonces, se sintió ridículo. Dijo en voz alta:

—¿Qué creer y qué no creer de semejante cuento de hadas? ¿Dónde termina lo real, dónde comienza lo fantástico? ¿Qué ha visto y que ha creído ver?

Añadió estremecido:

—Y yo, ¿qué he visto? ¿He visto realmente, hace unos momentos, los ojos de brasa? ¿Habrán brillado sólo en mi imaginación? Ya no estoy seguro de nada. No podría jurar que he visto tales ojos.

Se acostó. Se hizo de nuevo la oscuridad. Los ojos reaparecieron.

Incorporado en su lecho, los miraba a su vez tan valientemente como podía. Tras un silencio que utilizó en recuperar su valor, gritó de pronto:

—¿Eres tú, Erik? ¡Hombre, genio o fantasma! ¿Eres tú?

Pensó: "Si es él… está en el balcón".

Corrió entonces, en camisa, hacia un pequeño mueble del que, a tientas, tomó un revólver. Armado, abrió la puerta del balcón. La noche era entonces muy fría. Raoul sólo echó una ojeada al balcón desierto y entró de nuevo, cerrando la puerta. Se acostó temblando con el revólver, a su alcance, en la mesita de noche.

De nuevo apagó la vela.

Los ojos seguían allí, al pie de la cama. ¿Estaban entre la cama y el cristal de la ventana o detrás del cristal de la ventana, es decir, en el balcón?

Eso era lo que Raoul quería saber. Quería saber, también, si tales ojos pertenecían a un ser humano… quería saberlo todo…

Entonces, paciente, fríamente, *sin turbar la noche* que lo rodeaba, el joven tomó el revólver y apuntó.

Apuntó a las dos estrellas de oro que seguían mirándolo con un singular brillo inmóvil.

Apuntó un poco más arriba de ambas estrellas. Ciertamente, si aquellas estrellas eran ojos, y si encima de aquellos ojos había una frente, y si Raoul no era demasiado torpe...

La detonación estalló con terrible estruendo en la paz de la casa dormida... y mientras en los pasillos se precipitaron los pasos, Raoul, en su lecho, con el brazo tendido, dispuesto a disparar de nuevo, miraba...

Esta vez, las dos estrellas habían desaparecido.

Luz, gente, el conde Philippe, terriblemente ansioso.

—¿Qué pasa, Raoul?

—Me parece que he soñado —respondió el joven—. He disparado sobre dos estrellas que me impedían dormir.

—¿Divagas...? ¡Estás enfermo...! Te lo ruego, Raoul, ¿qué ha pasado...? —y el conde se apoderó del revólver.

—¡No, no, no estoy divagando...! Además, pronto lo sabremos...

Se levantó, se puso una bata, se calzó las pantuflas, tomó una vela de manos del criado y, abriendo la puerta, salió de nuevo al balcón.

El conde había comprobado que la ventana había sido atravesada por una bala a la altura de un hombre. Raoul se había inclinado en el balcón con su vela...

—¡Oh, oh...! —exclamó—. ¡Sangre... sangre...! Aquí... y también allí hay sangre. ¡Mejor...! Un fantasma que sangra... es menos peligroso —ironizó.

—¡Raoul, Raoul, Raoul!

El conde lo sacudía como si quisiera hacer salir a un sonámbulo de su peligroso sueño.

—Pero, hermano mío, no estoy durmiendo —protestó impaciente Raoul—. Puedes ver esta sangre, como todos. Creí soñar y haber tirado sobre dos estrellas. ¡Pero eran los ojos de Erik, aquí está su sangre...!

Y añadió, súbitamente inquieto:

—Al fin y al cabo, tal vez me haya equivocado al disparar y Christine es capaz de no perdonármelo... Todo esto no habría ocurrido si yo hubiera tomado la precaución de correr, al acostarme, las cortinas de la ventana.

—¡Raoul!, ¿te has vuelto loco de pronto? ¡Despierta!

—¡Otra vez! Mejor harías tú, hermano mío, ayudándome a buscar a Erik, porque, a fin de cuentas, un fantasma que sangra debe poder encontrarse...

El criado del conde dijo:

—Es cierto, señor, hay sangre en el balcón.

Un sirviente trajo una lámpara a cuya luz examinaron todas las cosas. El rastro de sangre corría por el balcón hasta llegar a un canalón por el que ascendía.

—Amigo mío —dijo el conde Philippe—, has disparado sobre un gato.

—Lo malo —dijo Raoul con una risa sarcástica que resonó dolorosamente en los oídos del conde—, lo malo es que es muy posible. Con Erik nunca se sabe. ¿Era Erik?, ¿era el gato?, ¿era el fantasma?, ¿era de carne o de sombra? ¡No, no, con Erik nunca se sabe!

Raoul comenzaba a decir estas extrañas palabras que tan íntima y lógicamente respondían a las preocupaciones de su espíritu que tan bien respondían a las extrañas confidencias, a un tiempo real y de sobrenatural apariencia, de Christina Daaé; y tales palabras contribuyeron en buena medida a convencer a muchos de que el cerebro del joven estaba trastornado. El propio conde cayó en cuenta de ello y, más tarde, el juez de instrucción, tras el informe del comisario de policía, no dudó en decidirlo.

—¿Quién es Erik? —preguntó el conde apretando la mano de su hermano.

—Es mi rival y, si no ha muerto, lo lamento.

Con un gesto despidió a la servidumbre. La puerta de la habitación se cerró tras los dos Chagny. Pero la gente no se alejó con suficiente rapidez para que el criado del conde no oyera a Raoul pronunciar claramente y con fuerza:

—¡Esta noche raptaré a Christine Daaé!

Más tarde aquella frase fue repetida al juez de instrucción Faure. Pero nunca se supo con exactitud lo que ambos hermanos se dijeron durante esta entrevista.

Los criados contaron que ésta no había sido la primera discusión que mantenían a puerta cerrada.

A través de las paredes se escuchaban gritos y siempre se trataba de una actriz que se llamaba Christine Daaé.

Durante el desayuno, que el conde tomaba en su gabinete de trabajo, Philippe ordenó que fueran a rogar a su hermano que se reuniera con él. Raoul compareció, sombrío y callado. La escena fue muy corta.

El conde: ¡Lee esto!

Philippe da a su hermano un periódico, L'Époque. *Con el dedo le señala la siguiente crónica.*

El vizconde, lee en voz baja:

Gran noticia en el *faubourg*: Hay promesa de matrimonio entre la señorita Christine Daaé, artista lírica, y el señor vizconde Raoul de Chagny. De creer en los chismes de entre bastidores, el conde Philippe ha jurado que, por primera vez, los Chagny no cumplirían su promesa. Como el amor, en la Ópera más que en otra parte, es todopoderoso, nos preguntamos de qué medios puede disponer el conde Philippe para impedir que el vizconde, su hermano, lleve hasta el altar a la nueva Marguerite. Se dice que ambos hermanos se adoran, pero el conde se engaña extrañamente si espera que el amor fraternal venza al amor a secas.

El conde (triste): Ya ves, Raoul, por tu causa hacemos el ridículo... Esta jovencita te ha sorbido el seso con sus historias de aparecidos.

(De modo que el vizconde había contado el relato de Christine a su hermano.)

El vizconde: ¡Adiós, hermano mío!

El conde: ¿Está decidido? ¿Te vas esta noche...? *(El vizconde no contesta.)* ¿Con ella...? ¿Vas a hacer semejante estupidez? *(Silencio del vizconde.).* ¡Yo sabré impedírtelo!

El vizconde: ¡Adiós, hermano mío!

(Se va.)

Esta escena fue contada al juez de instrucción por el propio conde, que no volvería a ver a su hermano más que aquella misma noche, en la Ópera, minutos antes de la desaparición de Christine.

En efecto, Raoul consagró todo el día a los preparativos del rapto: los caballos, el coche, el cochero, las provisiones, el equipaje, el dinero necesario, el itinerario, no quería tomar el ferrocarril para despistar al fantasma. Todo aquello le ocupó hasta las nueve de la noche.

A las nueve, una especie de berlina que llevaba corridas las cortinas deoque las ventanillas fue a colocarse en la fila del lado de la Rotonda.

Dos vigorosos caballos estaban atados a ella e iba conducida por un cochero cuyo rostro era difícil de distinguir, pues iba envuelto en los largos pliegues de una bufanda. Delante de esta berlina había otros tres coches: la instrucción averiguó, más tarde, que eran los de la Carlotta, que había regresado repentinamente a París, la Sorelli y, en primer lugar, el del conde Philippe de Chagny. Nadie bajó de la berlina. El cochero permaneció en su sitio. También los otros tres cocheros lo habían hecho.

Una sombra, envuelta en un gran manto negro y cubierto con un sombrero de fieltro negro, pasó por la acera, entre la Rotonda y los coches. Pareció mirar la berlina con mayor atención. Se acercó a los caballos, luego al cochero y, luego, la sombra se alejó sin haber dicho una palabra. La instrucción creyó, más tarde, que tal sombra era la del vizconde Raoul de Chagny; yo, por mi parte, no lo creo dado que aquella noche, como las demás, el vizconde de Chagny llevaba un sombrero de copa que, por otra parte, fue encontrado. Pienso, más bien, que la sombra era el fantasma que, como veremos a continuación, se hallaba al corriente de todo.

Por casualidad, se representaba *Fausto*. La sala ofrecía una extraordinaria brillantez. El *faubourg* se hallaba magníficamente representado. En aquella época los abonados no cedían, ni alquilaban, ni realquilaban, ni compartían sus palcos con financieros, comerciantes o extranjeros. Hoy, en el palco del marqués de tal —que sigue manteniendo este título— porque es, por contrato, su titular, en ese palco, decíamos, se apretujan cierto comerciante de salazón de cerdo y su familia, con todo derecho puesto que él paga el palco del marqués. Antaño esas costumbres eran, prácticamente, desconocidas. Los palcos de la Ópera eran salones donde uno podía estar casi seguro de encontrar o ver gente de mundo que, a veces, amaba la música.

Toda aquella gente de la buena sociedad se conocía, sin, por ello, tratarse obligatoriamente. Pero los nombres y los rostros eran conocidos y nadie ignoraba la fisonomía del conde de Chagny.

La nota aparecida por la mañana en *L'Époque* ya debía de haber producido su efecto, pues todos los ojos estaban dirigidos al palco donde el conde Philippe, muy indiferente en apariencia y con el rostro despreocupado, estaba solo. El elemento femenino de tan brillante asamblea parecía singularmente intrigado y la ausencia del vizconde despertaba cien murmullos detrás de los abanicos. Christine Daaé fue recibida con bastante frialdad. Aquel público especial no le perdonaba haber apuntado tan alto.

La diva advirtió la mala disposición de una parte de la sala y aquello la turbó.

Los habituales, que fingían estar al corriente de los amores del vizconde, no dejaron de sonreír en algunos pasajes del papel de Marguerite. De este modo, se volvieron ostensiblemente hacia el palco de Philippe de Chagny cuando Christine cantó la frase: "Me gustaría saber quién era aquel hombre, cuál es su nombre y si es un gran señor".

Con el mentón apoyado en la mano, el conde no parecía prestar atención a tales manifestaciones. Tenía los ojos fijos en el escenario; pero ¿lo miraba? Parecía estar muy lejos…

Christine iba perdiendo cada vez más su aplomo. Temblaba. Corría hacia una catástrofe… Carolus Fonta se preguntó si se encontraba mal, si podría mantenerse en escena hasta el fin del acto del jardín. En platea se recordaba la desgracia sufrida por la Carlotta al final de este acto y el histórico "gallo" que había suspendido, momentáneamente, su carrera parisina.

La Carlotta hizo, precisamente entonces, su sensacional entrada en un palco de enfrente. La pobre Christine levantó los ojos hacia aquella nueva fuente de emoción. Reconoció a su rival. Creyó verla sonreír con sarcasmo. Eso la salvó. Lo olvidó todo para, una vez más, triunfar.

A partir de aquel momento cantó con toda su alma. Intentó superar todo lo que hasta entonces había hecho y lo consiguió. En el último acto, cuando comenzó a invocar a los ángeles y a levantarse del suelo, arrastró en su elevación a toda la sala estremecida y cada uno de los espectadores llegó a creer que tenía alas.

Ante el sobrehumano reclamo, en el centro del anfiteatro, un hombre se había levantado y permanecía de pie, frente a la actriz, como si estuviera dejando la tierra en su movimiento... Era Raoul.

¡Ángeles puros! ¡Ángeles radiantes!
¡Ángeles puros! ¡Ángeles radiantes!

Y Christine, con los brazos extendidos, la garganta inflamada, envuelta en la gloria de su cabellera derramada sobre los desnudos hombros, lanzaba el clamor divino:

¡Llevad mi alma al seno de los cielos!

Entonces, de pronto, una súbita oscuridad se hizo en el teatro. Ocurrió con toda rapidez que los espectadores apenas tuvieron tiempo de lanzar un grito de estupor, pues la luz iluminó de nuevo la escena.

¡Pero Christine Daaé ya no estaba! ¿Qué le había pasado...? ¿Qué significaba aquel milagro...? Se miraban unos a otros sin comprender y la emoción llegó enseguida al colmo. La conmoción no era menor en el escenario que en la sala. Desde los bastidores la gente corría al lugar donde, hacía un instante, estaba cantando Christine. El espectáculo se había interrumpido en medio del mayor desorden.

¿Dónde, dónde estaba Christine? ¿Qué sortilegio la había arrebatado a miles de espectadores entusiastas en los mismos brazos de Carolus Fonta? Ciertamente era posible pensar que, satisfaciendo su exaltada plegaria, los ángeles se la habían llevado realmente "al seno de los cielos" en cuerpo y alma...

Raoul, todavía de pie en el anfiteatro, había lanzado un grito. El conde Philippe se había erguido en su palco. Se miraba el escenario, se miraba al conde, se miraba a Raoul y todos se preguntaban si aquel curioso suceso no tenía relación con la nota publicada aquella misma mañana en un periódico. Pero Raoul abandonó apresuradamente su lugar, el conde desapareció de su palco y, mientras se bajaba el telón, los abonados se precipitaron hacia la entrada de los bastidores. El público esperaba un comunicado entre un indescriptible tumulto. Todo el mundo hablaba al mismo tiempo. Todos pretendían explicar cómo habían ocurrido las cosas. Unos decían: "Ha caído por un escotillón"; los otros: "Ha sido izada hasta las bambalinas; la infeliz ha sido, tal vez, víctima de un nuevo truco estrenado por la nueva dirección"; otros: "Ha sido una emboscada. La coincidencia entre la desaparición y la oscuridad lo prueba".

Por fin, lentamente, se levantó el telón y Carolus Fonta, avanzando hasta el atril del director de orquesta, anunció con voz grave y triste:

—Señoras y señores, un inaudito acontecimiento, que nos produce profunda inquietud, acaba de suceder. Nuestra compañera Christine Daaé ha desaparecido, sin que sepamos cómo, delante de nuestros propios ojos.

XV

En la escena se ha formado un tumulto indescriptible. Artistas, bailarinas, figurantes, coristas, abonados, todo el mundo pregunta, grita, se empuja.

—¿Qué ha pasado?

—¡La han raptado!

—Se la ha llevado el vizconde de Chagny.

—¡No, ha sido el conde!

—¡Ah, aquí está la Carlotta! ¡Ha sido la Carlotta!

—¡No!, ha sido el fantasma.

Y algunos ríen, sobre todo desde que el atento examen de las trampillas y los escotillones ha hecho desechar la idea de un accidente.

Entre aquella ruidosa multitud puede distinguirse un grupo de tres personajes que hablan en voz baja con gestos desesperados. Son Gabriel, el maestro de canto; Mercier, el administrador, y el secretario Rémy. Se han retirado al ángulo de un cancel que comunica el escenario con el largo pasillo de la sala de la danza. Allí, tras enormes accesorios, parlamentan:

—¡He llamado! ¡No me han respondido! Tal vez ya no están en el despacho. De cualquier modo es imposible saberlo pues se han llevado las llaves.

Así se expresa el secretario Rémy y no cabe duda de que, con esas palabras, se refiere a los señores directores. Éstos han dado, en el último entreacto, la orden de que no se les molestara bajo ningún pretexto. "No están para nadie."

—Sin embargo —exclama Gabriel—, no raptan cada día, en pleno escenario, a una cantante...

—¿Se lo ha dicho? —pregunta Mercier.

—Voy a hacerlo —dice Rémy y, corriendo, desaparece.

Entonces llega el regidor.

—Bueno, señor Mercier, ¿viene? ¿Qué hacen los dos aquí? Lo necesitan, señor administrador.

—No quiero hacer ni saber nada antes de que llegue el comisario —declara Mercier—. He mandado buscar a Mifroid. Cuando llegue, ya veremos.

—Y yo le digo que debe bajar enseguida al registro de luces.

—No lo haré antes de que llegue el comisario...

—Yo he bajado ya al registro de luces.

—¿Y qué ha visto?

—Bueno, ¡no he visto a nadie! ¿Me oye bien? ¡No he visto a nadie!

—¿Y qué quiere usted que yo haga?

—Claro —replica el regidor que pasa frenéticamente las manos por su rebelde pelambrera—. ¡Claro! Pero tal vez si hubiera habido alguien en el registro de luces, ese alguien podría explicarnos por qué ha quedado de pronto oscuro el escenario. Pero Mauclair no está en ninguna parte, ¿comprende?

Mauclair era el jefe de iluminación que hacía, a voluntad, en el escenario de la Ópera, el día y la noche.

—Mauclair no está en ninguna parte —repite Mercier trastornado—. Bueno, ¿y sus ayudantes?

—Ni Mauclair ni sus ayudantes. ¡Nadie de iluminación! Ya imaginará usted —chilla el regidor— que la pequeña no se ha raptado sola. Había una "conspiración" que debemos desentrañar... ¿No están los directores...? He prohibido que se baje a la sala de iluminación y he puesto un bombero ante la cabina del registro de luces. ¿He hecho bien?

—Sí. Sí, ha hecho bien... y, ahora, esperemos al comisario.

El regidor se aleja encogiéndose de hombros, rabioso, mascullando injurias contra aquellos cobardes que permanecen tranquilamente acurrucados en un rincón cuando todo el teatro está revuelto.

Tranquilos, Gabriel y Mercier no lo estaban demasiado. Pero habían recibido una consigna que los paralizaba. Los directores no debían ser molestados bajo ningún pretexto. Rémy había transgredido esa consigna y no había servido de nada.

Precisamente por ahí regresa de su nueva expedición. Su rostro está curiosamente asustado.

—Bueno, ¿les ha hablado usted? —pregunta Mercier.

Rémy responde:

—Moncharmin ha terminado por abrirme la puerta. Tenía los ojos desorbitados. He creído que iba a pegarme. No he podido decir ni una palabra y ¿sabe usted lo que me ha gritado?: "¿Tiene un imperdible? No. Pues bien, ¡déjeme en paz...!". He querido replicarle que pasaba en el teatro algo inaudito... Ha gritado: "¡Un imperdible, dame enseguida un imperdible!". Un conserje que lo había oído, gritaba como un sordo, ha corrido con un imperdible, se lo ha dado y, de inmediato, Moncharmin me ha cerrado la puerta en las narices. ¡Eso es todo!

—Podría haberle dicho usted: Christine Daaé...

—¡Me hubiera gustado verlo en mi lugar...! Echaba espuma por la boca... Sólo pensaba en su imperdible... Creo que si no se lo hubieran llevado inmediatamente, le habría dado un ataque. Ciertamente, todo esto no es natural y nuestros directores se están volviendo locos...

El señor secretario Rémy no está satisfecho. Lo hace saber:

—¡Esto no puede seguir así! ¡No estoy acostumbrado de ninguna forma a que me traten de este modo!

De pronto Gabriel murmura:

—Es una nueva jugarreta del F. de la Ó.

Rémy suelta una risita sarcástica. Mercier suspira, parece dispuesto a hacer una confidencia… pero, tras mirar a Gabriel, que le hace señas para que se calle, permanece mudo.

Sin embargo, Mercier, que siente cómo su responsabilidad se acrecienta a medida que transcurren los minutos y los directores no aparecen, no lo aguanta más:

—¡Voy a sacarlos yo mismo! —decide.

Gabriel, sombrío y grave de pronto, lo detiene.

—¡Piense en lo que va a hacer, Mercier! Si están en su despacho tal vez sea porque es necesario. El F. de la Ó. se las sabe todas.

Pero Mercier sacude la cabeza.

—¡Peor para mí! ¡Allá voy! Si me hubieran escuchado se lo habrían dicho todo a la policía hace ya mucho tiempo.

Y se va.

—¿Qué es todo? —pregunta enseguida Rémy—. ¿Qué le habrían dicho a la policía? ¿Calla usted, Gabriel…? También conoce usted el secreto? Pues bien, mejor haría diciéndomelo si no desea que me ponga a gritar que se han vuelto todos locos… ¡Sí, realmente locos!

Gabriel abre estúpidamente los ojos y finge no comprender nada de esa inconveniente "salida" del señor secretario particular.

—¿Qué secreto? —murmura—. No sé de qué me está hablando.

Rémy se exaspera.

—Esta noche, Richard y Moncharmin, aquí mismo, durante los entreactos, gesticulaban como alienados.

—No me he fijado —gruñe Gabriel muy molesto.

—¡Pues es usted el único...! ¿Cree acaso que no los he visto...? ¿Y cree que el señor Parabise, el director de Crédito Central, no se ha dado cuenta de nada...? ¿Y que el señor embajador de la Borderie tiene los ojos vendados...? Pero, señor maestro de canto, todos los abonados señalaban con el dedo a nuestros directores.

—Pero ¿qué han hecho nuestros directores? —pregunta Gabriel con su aire más simplón.

—¿Qué han hecho? ¡Usted sabe mejor que nadie lo que han hecho...! ¡Usted estaba allí...! Y los estaba observando, ¡usted y Mercier...! Y los dos eran los únicos que no se reían...

—No lo comprendo.

Muy frío, muy "cerrado", Gabriel abre los brazos y los deja caer, gesto que, evidentemente, significa que se desinteresa por la cuestión... Rémy prosigue:

—Pero ¿qué significa esta nueva manía...? ¿Ahora no quieren que nadie se acerque a ellos?

—¿Cómo? ¿No quieren que nadie se acerque a ellos?

—¿Ya no quieren que los toquen?

—Pero ¿de verdad ha advertido usted que *no quieren que los toquen*? Eso sí que es raro.

—¡Lo acepta! ¡Ya era hora! *Y caminan de espaldas.*

—¡De espaldas! ¿Ha advertido usted que nuestros directores *caminan de espaldas*? Creí que sólo los cangrejos caminaban de espaldas.

—¡No se ría, Gabriel, no se ría!

—No me río —protesta Gabriel que se pone serio "como un papa".

—Explíqueme, se lo ruego, Gabriel, usted que es amigo íntimo de la dirección, por qué en el entreacto del "jardín", delante del vestíbulo, cuando yo he tendido la mano hacia el señor Richard, he oído que el señor Moncharmin me decía, en voz baja, precipitadamente: "¡Aléjese, aléjese! Sobre todo, no toque al señor director...". ¿Acaso estoy apestado?

—¡Increíble!

—Y unos momentos más tarde, cuando el señor embajador de la Borderie se dirigía a su vez hacia el señor Richard, ¿no ha visto cómo el señor Moncharmin se interponía y no lo oyó gritar: "Señor embajador, no toque al señor director".

—¡Asombroso...! ¿Y qué hacía Richard mientras tanto?

—¿Qué hacía? ¡Bien lo sabe usted! Daba media vuelta y *saludaba frente a él, aunque frente a él no había nadie*, y se retiraba *de espaldas*.

—¿De espaldas?

—Y Moncharmin, detrás de Richard, también había dado media vuelta, es decir, que había efectuado, detrás de Richard, un rápido semicírculo y también se retiraba *de espaldas*... Y se han ido *así*, de espaldas... de espaldas... hasta la escalera de la administración. ¡En fin, si no están locos ya me explicará usted lo que esto significa.

—Tal vez —indica Gabriel sin convicción— estaban ensayando una figura de ballet.

El señor secretario Rémy se siente ultrajado por tan vulgar broma en tan dramático momento. Frunce el entrecejo, aprieta los labios. Se inclina al oído de Gabriel:

—No se haga el vivo, Gabriel. Aquí ocurren cosas de las que Mercier y usted podrían ser parcialmente responsables.

—¿Qué? —interroga Gabriel.

—Christine Daaé no es la única que ha desaparecido repentinamente esta noche.

—¡Bah!

—¡No hay "bah" que valga! ¿Podría decirme por qué, cuando hace un rato la señora Giry ha bajado a la residencia, Mercier la ha tomado por la mano y se la ha llevado de inmediato con él?

—¡Caramba! —dice Gabriel—, no me he fijado.

—Se ha fijado usted tan bien, Gabriel, que ha seguido a Mercier y a mamá Giry hasta el despacho de Mercier. Desde entonces, a usted y a Mercier se les ha vuelto a ver, pero no a mamá Giry...

—¿Sin duda cree que nos la hemos comido?

—¡No!, pero la han encerrado con doble vuelta de llave en el despacho y, cuando se pasa cerca de la puerta, ¿sabe usted lo que se oye? Se oyen estas palabras: "¡Ah, bandidos! ¡Ah, bandidos!".

A esta altura de tan singular conversación llega, jadeante, Mercier.

—No hay nada que hacer —dice con voz sorda—. No hay nada que hacer... He gritado: "¡Es muy grave, abran! Soy yo, Mercier". He oído pasos. La puerta se ha abierto y ha aparecido Moncharmin. Estaba muy pálido. Me ha preguntado: "¿Qué quiere usted?". Le he respondido: "Han raptado a Christine Daaé". ¿Saben lo que me ha contestado?: "¡Mejor para ella!". Y ha cerrado la puerta poniéndome esto en la mano.

Mercier abre la mano; Rémy y Gabriel miran.

—¡El imperdible! —grita Rémy.

—¡Extraño, extraño! —murmura en voz baja Gabriel que no puede evitar un estremecimiento.

De pronto, una voz los obliga a volverse a los tres:

—Perdón, caballeros, ¿podrían decirme dónde está Christine Daaé?

Pese a la gravedad de la situación, tal pregunta les habría, sin duda, hecho reír si no hubieran visto un rostro tan dolorido que despertó de inmediato su piedad. Era el vizconde Raoul de Chagny.

XVI

El primer pensamiento de Raoul, tras la fantástica desaparición de Christine Daaé, fue para acusar a Erik. No dudaba ya del casi sobrenatural poder del ángel de la música en los dominios de la Ópera, donde había establecido diabólicamente su imperio.

Raoul había corrido hacia el escenario, enloquecido de desesperación y amor. "¡Christine, Christine!", gemía, extraviado, llamándola como ella debía llamarlo desde las profundidades del oscuro abismo donde el monstruo se la había llevado como una presa, estremecida todavía por su divina exaltación, vestida con el blanco sudario en el que se ofrecía ya a los ángeles del paraíso.

—¡Christine, Christine! —repetía Raoul... y le parecía oír los gritos de la muchacha a través de aquellas frágiles tablas que lo separaban de ella. ¡Se inclinaba, escuchaba...! y vagaba por el escenario como un insensato. ¡Ah, bajar, bajar, bajar!, bajar a aquel pozo de tinieblas cuyas salidas le están cerradas.

¡Ah!, aquel frágil obstáculo que, por lo común, tan fácilmente se desliza sobre sí mismo para dejar ver el abismo hacia donde tiende su deseo... aquellas tablas que su paso hace crujir y que hacen resonar, bajo su peso, el prodigioso vacío de los "sótanos"... aquellas tablas están, esta noche, más que inmóviles: parecen inmutables... toman la sólida apariencia de no haberse movido jamás... Y las escaleras que permiten descender bajo el escenario están prohibidas a todo el mundo...

—¡Christine, Christine...! —lo rechazan riendo... Se burlan de él... Creen que el pobre enamorado tiene trastornado el cerebro...

¿En qué frenética carrera, por entre los pasillos de noche y misterio que sólo él conoce, ha arrastrado Erik a la niña pura hasta el horrendo cubil de la habitación Luis Felipe, cuya puerta se abre al Lago del Averno?

—Christine, Christine! ¡No me respondes! ¿Estás todavía viva, Christine? ¿No habrás exhalado el último suspiro en un minuto de sobrehumano horror, bajo el abrasador aliento del monstruo?

Horrendos pensamientos cruzan, como fulminante relámpago, el inflamado cerebro de Raoul.

Evidentemente, Erik debió descubrir su secreto, debió saber que Christine lo traicionaba. ¡Qué venganza será la suya!

¿Qué no intentará el ángel de la música, derribado del pedestal de su orgullo? ¡Christine, entre los poderosos brazos del monstruo, está perdida!

Y Raoul piensa todavía en las doradas estrellas que fueron, en la noche anterior, a vagar por su balcón, ¡si las hubiera aniquilado con su impotente arma!

En verdad, hay ojos humanos extraordinarios que se dilatan en las tinieblas y brillan como estrellas o como los ojos de los gatos. (Algunos hombres albinos, que parecen tener, de día, ojos de conejo, tienen de noche ojos de gato, ¡todo el mundo lo sabe!)

Sí, sí, ciertamente Raoul había disparado contra Erik. ¿Por qué no lo habrá matado? El monstruo había huido por el canalón como los gatos o los presidiarios que, todo el mundo lo sabe también, escalarían el cielo con la ayuda de un canalón.

Sin duda, en aquel momento, Erik meditaba alguna empresa decisiva contra el joven, pero había sido herido y había huido para volverse contra la pobre Christine.

Así piensa, cruelmente, el pobre Raoul, mientras corre hacia el camerino de la cantante...

—¡Christine, Christine...! —amargas lágrimas calcinan los párpados del joven que distingue, esparcidas sobre los muebles, las vestiduras destinadas a cubrir a su hermosa prometida durante su huida... ¡Ah, por qué no habrá querido partir antes! ¿Por qué retrasarse tanto...? ¿Por qué jugar con la amenazadora catástrofe...? ¿Con el corazón del monstruo...? ¿Por qué querer, ¡piedad suprema!, arrojar como último recuerdo a este alma demoníaca, aquel canto celestial...?

¡Ángeles puros! ¡Ángeles radiantes!
¡Llevad mi alma al seno de los cielos...!

Raoul, cuya garganta rebosa sollozos, juramentos e injurias, palpa con sus torpes manos el gran espejo que, una noche, se abrió ante él para permitir que Christine descendiera a la tenebrosa morada. Apoya, oprime, tantea... pero el espejo, al parecer, sólo obedece a Erik... Tal vez los gestos sean inútiles con semejante espejo... Tal vez bastara pronunciar ciertas palabras... Cuando era pequeño le contaban que había objetos que obedecían a la palabra.

De pronto, Raoul recuerda... "una grieta que da a la rue Scribe... un subterráneo que va directamente del lago a la rue Scribe...". Sí, ¡Christine le habló de ello...! Y tras haber comprobado que, lamentablemente, la pesada llave no está en el cofre, no por ello deja de correr hacia la rue Scribe.

Ahí está, afuera, pasa sus manos temblorosas por las piedras ciclópeas, busca salidas…, encuentra barrotes… ¿serán éstos…? ¿O aquéllos…? ¿O tal vez se trata de esta lumbrera…? Hunde impotentes miradas entre los barrotes… ¡Qué profunda oscuridad en el interior…! Escucha… ¡Qué silencio…! Gira en torno al monumento… ¡Ah, éstos sí que son barrotes grandes!, ¡rejas prodigiosas…! Es la puerta del patio de la administración.

Raoul corre hacia la portería:

—Perdón, señora, ¿no podría usted indicarme una puerta enrejada, sí, una puerta hecha de barrotes, de barrotes… de hierro… que da a la rue Scribe… y que lleva al lago? Ya sabe, el lago. Si, el lago, ¡mujer! El lago que está bajo tierra… bajo la Ópera.

—Caballero, sé que hay un lago bajo la Ópera, pero no sé de qué puerta se trata… ¡no he ido jamás…!

—¿Y la rue, señora? La rue Scribe? ¿Ha ido alguna vez a la rue Scribe?

Ella se ríe, estalla en carcajadas. Raoul huye gimiendo, salta, trepa por unas escaleras, baja por otras, cruza toda la administración, se halla de nuevo bajo la luz del escenario.

Se detiene, su corazón late como si quisiera romperse en su jadeante pecho: ¿y si hubieran encontrado a Christine Daaé? Allí hay un grupo. Pregunta:

—Perdón, caballeros, ¿no han visto ustedes a Christine Daaé?

Y se ríen.

En aquel mismo instante, el escenario ruge bajo un nuevo rumor y, por entre una multitud de trajes negros que lo rodean con muchos gestos de brazos, aparece un hombre que, por su parte, parece muy tranquilo y muestra un rostro amable, rosado y cachetón, enmarcado en unos rizados cabellos, iluminado por dos ojos azules de maravillosa serenidad. El administrador Mercier indica el recién llegado al vizconde de Chagny, diciéndole:

—Éste es, caballero, el hombre a quien a partir de ahora tendrá que hacerle las preguntas. Le presento al señor comisario de policía Mifroid.

—¡Ah, señor vizconde de Chagny! Encantado de verlo, caballero —dice el comisario—. Por favor, sígame usted... y ahora, ¿dónde están los directores...? ¿Dónde están los directores...?

Como el administrador se calla, el secretario Rémy se ocupa de comunicar al señor comisario que los señores directores están encerrados en su despacho y no saben todavía nada del rapto.

—¿Cómo es posible...? ¡Vayamos a su despacho!

Y el señor Mifroid, seguido de un cortejo cada vez mayor, se dirige a la administración. Mercier se aprovecha del tumulto para poner una llave en la mano de Gabriel:

—Las cosas toman mal cariz... —murmura—. Ve y saca a la señora Giry a tomar el fresco...

Y Gabriel se aleja.

Pronto llegan ante la puerta de la dirección. En vano Mercier deja oír sus reproches, la puerta no se abre.

—¡Abran en nombre de la ley! —ordena la voz clara y algo inquieta del señor Mifroid.

Por fin la puerta se abre. Todos se precipitan en el despacho, tras los pasos del comisario. Raoul es el último en entrar. Cuando se dispone a seguir el grupo hasta el interior de la habitación, una mano se posa en su hombro y escucha estas palabras pronunciadas en su oído:

—*¡Los secretos de Erik no le importan a nadie!*

Se vuelve, ahogando un grito. La mano que se había posado en su hombro está ahora en los labios de un personaje de tez de ébano, ojos de jade, tocado con un gorro de astracán... El Persa!

El desconocido prolonga el gesto que recomienda discreción y, cuando el vizconde, estupefacto, se dispone a preguntarle el motivo de su misteriosa intervención, saluda y desaparece.

XVII

A ntes de seguir al señor comisario de policía Mifroid al despacho de los señores directores, el lector me permitirá que le comunique ciertos acontecimientos extraordinarios que acababan de producirse en el despacho donde el secretario Rémy y el administrador Mercier habían intentado en vano penetrar, y donde los señores Richard y Moncharmin tan herméticamente se habían encerrado, con un designio que el lector ignora todavía, pero que mi deber histórico, quiero decir mi deber de historiador, me obliga a no ocultarle por más tiempo.

He tenido ya ocasión de decir cuán desagradablemente se había modificado el ánimo de los señores directores desde hacía algún tiempo, y he dejado entender que esta transformación no debía tener como única causa la caída del candil en las circunstancias ya conocidas.

Comuniquemos, pues, al lector, pese al deseo que los señores directores tendrían de que este acontecimiento permaneciera oculto para siempre, que el fantasma había conseguido cobrar tranquilamente sus primeros veinte mil francos. ¡Ah!, hubo llanto y rechinar de dientes. Sin embargo, la cosa se había llevado a cabo del modo más sencillo del mundo.

Cierta mañana los señores directores habían encontrado un sobre en la mesa del despacho. Este sobre tenía escrito: *Al señor F. de la Ó. (personal)* y estaba acompañado por una noticia del propio F. de la Ó.: "Ha llegado el momento de ejecutar las cláusulas del pliego de condiciones: pongan veinte billetes de mil francos en este sobre, séllenlo con su propio sello y entréguenlo a la señora Giry que hará lo necesario".

Los señores directores no se lo hicieron decir dos veces: sin perder tiempo preguntándose cómo podían esas diabólicas misivas llegar a un despacho que ellos cuidaban de cerrar con llave, la ocasión les pareció buena para poner la mano encima del misterioso chantajista. Y, tras habérselo contado todo con el mayor secreto a Gabriel y a Mercier pusieron los veinte mil francos en el sobre y se lo confiaron, sin pedir explicaciones, a la señora Giry, que había sido reintegrada a sus funciones. La acomodadora no demostró asombro alguno. No necesito decirles cómo fue vigilada. Por otra parte, la mujer se dirigió de inmediato al palco del fantasma y depositó el precioso sobre en el antepecho de la barandilla. Los dos directores, así como Gabriel y Mercier, se habían ocultado de modo que no perdieron de vista el sobre, ni un solo segundo, durante la representación e incluso más tarde, pues, como el sobre no se había movido, quienes lo vigilaban no se movían tampoco y el teatro se vació y la señora Giry se fue mientras los señores directores, Gabriel y Mercier seguían allí. Por fin se cansaron y abrieron el sobre tras haber comprobado que los sellos no habían sido rotos.

A primera vista, Richard y Moncharmin creyeron que los billetes seguían estando allí, pero a segunda vista advirtieron que ya no eran los mismos. Los veinte billetes auténticos habían desaparecido y habían sido reemplazados por veinte billetes falsos... ¡Y entonces fue la rabia y también el espanto!

—¡Es mejor que lo de Robert Houdin![8]—gritó Gabriel.

8. Conocido prestidigitador francés, el primero que utilizó la electricidad para sus trucos. Propietario de un teatro parisino, sus actividades

—Sí —replicó Richard—, y cuesta más caro.

Moncharmin quería correr a buscar al comisario; Richard se opuso. Tenía sin duda un plan, dijo:

—¡No seamos ridículos!, todo París reiría. F. de la Ó. ha ganado el primer asalto, pero nosotros ganaremos el segundo —sin duda pensaba en la siguiente mensualidad.

Sin embargo, les habían tomado el pelo de tal modo que, durante las semanas siguientes, no pudieron superar cierto desaliento. Y a fe que era muy comprensible. No hay que olvidar, para explicarse que el comisario no fuera advertido entonces, que los señores directores mantenían, en lo más profundo de sí mismos, el pensamiento de que tan extraña aventura podía ser sólo una odiosa broma organizada, sin duda, por sus predecesores y que era conveniente no divulgar en absoluto antes de conocer todo su intríngulis. Por otra parte, tal pensamiento era turbado a veces, en Moncharmin, por ciertas sospechas relativas al propio Richard, que en ocasiones tenía una imaginación burlesca. De este modo, dispuestos a todas las eventualidades, aguardaron acontecimientos vigilando y haciendo vigilar a mamá Giry, a quien Richard no quiso que se dijera nada.

—Si es cómplice —decía— hace mucho tiempo ya que los billetes estarían lejos. Pero creo que sólo es una imbécil.

—¡Hay muchos imbéciles en este asunto! —había explicado, pensativo, Moncharmin.

—¿Acaso podíamos sospecharlo...? —gimió Richard—, pero no tengas miedo, la próxima vez tomaré todas las precauciones...

Y así llegó la próxima vez... y coincidía con el día que debía ver la desaparición de Christine Daaé.

---

desbordaron el campo del espectáculo y llegó a presentar diversas disertaciones en la Academia de Ciencias. *(N. del T.)*

Por la mañana, una misiva del fantasma que les recordaba el vencimiento. "Hagan como la última vez —indicaba amablemente F. de la Ó.—. *Todo funcionó muy bien*. Entreguen el sobre, en el que habrán puesto los veinte mil francos, a la excelente señora Giry."

Y la nota iba acompañada del sobre habitual. Sólo faltaba llenarlo.

La operación debía llevarse a cabo la misma noche, media hora antes del espectáculo. De modo que alrededor de media hora antes de que el telón se levantara ante la excesivamente famosa representación del Fausto, penetramos en el antro de la dirección.

Richard enseña el sobre a Moncharmin, luego cuenta ante él los veinte mil francos y los mete en el sobre, aunque sin cerrarlo.

—Y ahora —dice—, llama a mamá Giry.

Fueron a buscar a la vieja que entró haciendo una hermosa reverencia. La dama seguía llevando su vestido de tafetán negro cuyo color empezaba a insinuar el óxido y el lila, y su sombrero de plumas color hollín. Parecía de buen humor. Dijo enseguida:

—¡Buenos días, señores! ¿Sin duda se trata otra vez del sobre?

—Sí, señora Giry... —dijo Richard con gran amabilidad—, se trata del sobre... Y también de otra cosa.

—Estoy a su servicio, señor director, ¡a su servicio...! ¿De qué otra cosa se trata, por favor?

—Primero, señora Giry, tengo que hacerle una pregunta sin importancia.

—Hágala, señor director, la señora Giry está aquí para responderle.

—¿Sigue estando en buenas relaciones con el fantasma?

—No pueden ser mejores, señor director, no pueden ser mejores.

—¡Ah, crea que estamos encantados...! Dígame, señora Giry... —musitó Richard en el tono de una importante confidencia—. En privado bien podemos decírselo... Usted no es tonta.

—¡Pero, señor director...! —exclamó la acomodadora, deteniendo el amable balanceo de las dos plumas negras de su sombrero color hollín—, le ruego que crea que nadie ha pensado en eso jamás.

—Estamos de acuerdo y así nos entenderemos. ¿La historia del fantasma es una broma, no es cierto...? Pues bien, así, en privado... ya ha durado demasiado.

La señora Giry miró a los directores como si le estuvieran hablando en chino. Se acercó a la mesa de Richard y dijo, bastante inquieta:

—¿Qué quiere usted decir...? ¡No le comprendo!

—Me comprende usted muy bien. En cualquier caso, tiene que comprendernos... y, para empezar, usted nos dirá cómo se llama.

—¿Quién?

—Aquel de quien usted es cómplice, señora Giry.

—¿Soy cómplice del fantasma? ¿Yo...? ¿Cómplice de qué?

—Hace usted lo que él quiere.

—¡Oh...!, no molesta mucho, ¿saben?

—Y siempre le da propinas.

—No me quejo.

—¿Cuánto le da por llevar este sobre?

—Diez francos.

—¡Caramba! ¡No es caro!

—¿Por qué?

—Se lo diré luego, señora Giry. Ahora quisiéramos saber por qué… extraordinaria… razón se entregó usted en cuerpo y alma a este fantasma y no a otro… La amistad y la solicitud de la señora Giry no pueden conquistarse con diez francos o cien sous.

—¡Eso es verdad…! Y, palabra, puedo decirle la razón, señor director. Ciertamente no hay en ello el menor deshonor… muy al contrario.

—No lo dudamos, señora Giry.

—Pues bueno, ahí va…, al fantasma no le gusta que yo cuente sus historias.

—¡Ja, ja! —rio sarcástico Richard.

—Pero ésta sólo es de mi incumbencia… —continuó la vieja—, ocurrió en el palco n° 5…, cierta noche; encuentro una carta para mí…, una especie de nota escrita en tinta roja… Aquella nota, señor director, no necesitaría leérsela…, me la sé de memoria… y nunca la olvidaré, aunque viva cien años…

Y la señora Giry, muy erguida, recita la carta con conmovedora elocuencia:

Señora. 1827, la señorita Ménétrier, corista, se convirtió en marquesa de Cusay. 1832, la señorita Marie Taglioni, bailarina, se convierte en condesa Gilbert des Voisins. 1846, la Sota, bailarina, se casa con un hermano del rey de España. 1847, Lola Montes, bailarina, se casa morganáticamente con el rey Luis de Baviera y es nombrada condesa de Landsfeld. 1848, la señorita María, bailarina, se convierte en baronesa de Hermeville. 1870, Thérèse Hessler, bailarina, se casa con don Fernando, hermano del rey de Portugal…

Richard y Moncharmin escuchan a la vieja que, a medida que avanza en la curiosa enumeración de tan gloriosos himeneos, se anima, se yergue, adquiere audacia y, finalmente, inspirada como una sibila en su trípode, lanza con voz retumbante de orgullo la última frase de la carta profética: *"1885, Meg Giry, emperatriz"*.

Agotada por tan supremo esfuerzo, la acomodadora cae de nuevo en su silla diciendo:

—Señores, esto estaba firmado por: "El fantasma de la Ópera". Yo había ya oído hablar del fantasma, pero sólo lo creía a medias. Desde el día en que me anunció que mi pequeña Meg, carne de mi carne, el fruto de mis entrañas, sería emperatriz, creí a pies juntillas.

Realmente, realmente, no era necesario mirar por mucho tiempo la exaltada fisonomía de la señora Giry para comprender lo que había podido conseguirse de tan estupenda inteligencia con esas dos palabras: "Fantasma y emperatriz".

Pero ¿quién movía los hilos de aquella extravagante marioneta...? ¿Quién?

—¿Nunca lo ha visto, le habla y usted cree todo lo que le dice? —preguntó Moncharmin.

—Sí; primero porque a él le debo que mi pequeña Meg pasara a ser corista. Le dije al fantasma: "Para que sea emperatriz en 1885, no hay tiempo que perder, tiene que ser corista enseguida". Me respondió: "De acuerdo". Y sólo tuvo que decirle una palabra al señor Poligny para conseguirlo...

—¡Eso quiere decir que el señor Poligny lo vio!

—No más que yo, pero lo oyó. El fantasma le habló al oído, ya saben, la noche en que salió tan pálido del palco nº 5.

Moncharmin suspira.

—¡Qué historia! —gime.

—¡Ah! —responde la señora Giry—, siempre creí que entre el fantasma y el señor Poligny había algún secreto. Todo lo que el fantasma pedía al señor Poligny, el señor Poligny se lo concedía... El señor Poligny no le negaba nada al fantasma.

—¿Lo oyes, Richard? Poligny no le negaba nada al fantasma.

—¡Sí, sí, claro que lo oigo! —declaró Richard—, ¡el señor Poligny es un amigo del fantasma! y, como la señora Giry es una amiga del señor Poligny, hemos llegado al fondo —añadió en un tono bastante áspero—. Pero el señor Poligny no me preocupa... La única persona cuya suerte me interesa ciertamente, no lo oculto, es la señora Giry... Señora Giry, ¿sabe usted lo que hay en este sobre?

—¡Dios mío, no! —dijo la mujer.

—Pues ¡mire!

La señora Giry echa al sobre una turbia ojeada que pronto encuentra de nuevo su brillo.

—¡Billetes de mil francos! —grita.

—¡Sí, señora Giry...! Sí, billetes de mil... ¡y usted lo sabía muy bien!

—Yo, señor director... ¡yo!, le juro...

—¡No jure usted, señora Giry...! Y ahora le diré esa otra cosa por la que la he hecho venir... Señora Giry, voy a hacer que la detengan.

Las dos plumas negras del sombrero color hollín, que por lo común adoptaban la forma de dos signos de interrogación, se transformaron de inmediato en signos de exclamación; por lo que se refiere al propio sombrero, osciló, amenazador, sobre el tempestuoso moño. La sorpresa, la indignación, la protesta y el espanto se transformaron, en la madre de la pequeña Meg, en una especie de extravagante pirueta *jeté glissade*[9] de la virtud ofendida, que la llevó, de un solo salto, hasta las narices del

9. Paso de danza. *(N. del T.)*

240

señor director, que no pudo contenerse e hizo retroceder su sillón.

—¡Hacer que me detengan!

La boca que lo decía parecía querer escupir al rostro del señor Richard los tres dientes que todavía le quedaban.

El señor Richard estuvo heroico. No siguió retrocediendo. Su amenazador índice señalaba ya, a los ausentes magistrados, a la acomodadora del palco n° 5.

—¡Haré que la detengan, señora Giry, por ladrona!

—¡Repítalo!

Y la señora Giry abofeteó repetidamente al señor director Richard antes de que el señor director Moncharmin pudiera interponerse. ¡Vengativa respuesta! No fue la mano seca de la colérica vieja la que se abatió sobre la mejilla del director, sino el propio sobre causante del escándalo, el sobre mágico que, con el golpe, se entreabrió dejando escapar los billetes que volaron en un fantástico torbellino de mariposas gigantes.

Ambos directores lanzaron un grito y un mismo pensamiento los arrojó de rodillas, para recoger febrilmente y comprobar a toda prisa los preciosos papeles.

—*¿Siguen siendo buenos?* —Moncharmin.

—*¿Siguen siendo buenos?* —Richard.

—¡Siguen siendo buenos!

Por encima de ellos, los tres dientes de la señora Giry chocan en una danza resonante, llena de horribles interjecciones. Pero sólo se distingue bien este *leitmotiv*:

—¡Yo una ladrona…! ¿Una ladrona, yo?

Se ahoga.

Grita:

—¡Esto es un insulto!

Y, de pronto, salta otra vez hacia la nariz de Richard.

—En cualquier caso —ladra—, usted, señor Richard, *usted debe saber mejor que yo dónde están los veinte mil francos.*

—¿Yo? —interroga Richard estupefacto—. ¿Cómo voy a saberlo?

De inmediato, Moncharmin, severo e inquieto, quiere que la buena mujer se explique.

—¿Qué significa esto? —interroga—. ¿Por qué pretende usted, señora Giry, que el señor Richard sabe *mejor que usted* dónde están los veinte mil francos?

Por lo que se refiere a Richard, que siente cómo se ruboriza bajo la mirada de Moncharmin, ha tomado la mano de la señora Giry y la sacude con violencia. Su voz imita al trueno. Ruge, retumba… fulmina…

—¿Por qué debo saber mejor que usted dónde están los veinte mil francos? ¿Por qué?

—¡Porque están en su bolsillo…! —jadea la vieja mirándolo como si viera al diablo.

Ahora le llega el turno de sentirse fulminado al señor Richard, primero por la inesperada respuesta, luego por la mirada cada vez más desconfiada de Moncharmin. De pronto, pierde la fuerza que necesitaría en momento tan difícil para rechazar tan despreciable acusación.

Así, los más inocentes, sorprendidos en la tranquilidad de su corazón, parecen de pronto —a causa del golpe que reciben, les hace palidecer o ruborizarse, o titubear, o levantarse, o caer, o protestar, o no decir nada cuando sería necesario hablar, o hablar cuando sería necesario no decir nada, o permanecer secos cuando sería necesario enjugarse, o sudar cuando sería necesario permanecer secos—, parecen de pronto, decía, culpables.

Moncharmin ha detenido el vengador impulso con el que Richard, que era inocente, iba a precipitarse contra la señora Giry y se apresura, alentador, a interrogarla... con suavidad.

—¿Cómo puede sospechar usted que mi colaborador, Richard, se ha metido veinte mil francos en el bolsillo?

—¡Jamás he dicho esto! —declara la señora Giry—, puesto que yo misma, en persona, metía los veinte mil francos en el bolsillo del señor Richard.

Y añade a media voz:

—¡Qué le vamos a hacer, ya está hecho...! ¡Que el fantasma me perdone!

Y, puesto que Richard vuelve a aullar, Moncharmin, con autoridad, le ordena callarse.

—¡Perdón, perdón, perdón! ¡Deja que esta mujer se explique! Déjame interrogarla.

Y añade:

—Realmente es extraño que te lo tomes así... ¡estamos llegando al momento en el que todo el misterio va a aclararse! ¡Y estás furioso! Te equivocas... Yo estoy divirtiéndome mucho.

La señora Giry, mártir, levanta la cabeza donde brilla la fe en su propia inocencia.

—Me dicen ustedes que había veinte mil francos en el sobre que yo metía en el bolsillo del señor Richard, pero, se lo repito, yo no sabía nada... ¡Ni, por otra parte, el señor Richard tampoco!

—¡Ah, ah! —exclama Richard adoptando de pronto un aire de bravura que disgusta a Moncharmin—. ¡Tampoco yo sabía nada! ¡Me metía usted veinte mil francos en el bolsillo y yo no sabía nada! Eso me tranquiliza, señora Giry.

—Sí —acepta la terrible dama—. ¡Es cierto...! ¡Ni usted ni yo sabíamos nada...! Pero usted ha debido terminar por darse cuenta.

Ciertamente, Richard devoraría a la señora Giry si Moncharmin no estuviera allí. Pero Moncharmin la protege. Precipita el interrogatorio.

—¿Qué clase de sobre metía usted en el bolsillo del señor Richard? No era, claro, el que nosotros le dábamos, el que usted llevaba, ante nuestros ojos, al palco nº 5, y, sin embargo, éste era el único que contenía veinte mil francos.

—¡Perdón! Efectivamente era el que el señor director me daba el que yo metía en el bolsillo del señor director —explica mamá Giry—. El que yo ponía en el palco del fantasma era otro sobre, exactamente igual, que yo llevaba dispuesto en mi manga y que el propio fantasma me había dado.

Diciendo esto, la señora Giry saca de su manga un sobre preparado e idéntico, incluso en la escritura, al que contenía los veinte mil francos. Los señores directores lo toman. Lo examinan, comprueban que los sellos estampados con el propio sello de la dirección, lo cierran. Lo abren... Contiene veinte billetes falsos, como los que tanto les asombraron hace un mes.

—¡Qué sencillo! —dice Richard.

—¡Qué sencillo! —repite más solemnemente que nunca Moncharmin.

—Los trucos más ilustres —responde Richard— siempre han sido los más sencillos. Basta con un cómplice...

—¡O una cómplice! —añade con voz apagada Moncharmin.

Y prosigue, con los ojos fijos en la señora Giry, como si quisiera hipnotizarla:

—Naturalmente, era el fantasma quien le entregaba este sobre y le decía que lo sustituyera por el que nosotros le dábamos? ¿Era el fantasma quien le decía que lo pusiera en el bolsillo del señor Richard?

—¡Oh, claro, era él!

—Entonces, ¿puede darnos, señora, una pequeña muestra de su talento…? Aquí está el sobre. Haga como si no supiéramos nada.

—¡A sus órdenes, señores!

Mamá Giry ha tomado de nuevo el sobre con los veinte billetes y se dirige a la puerta. Se dispone a salir.

Ambos directores están ya tras ella.

—¡Ah, no, no! No volverán a "jugárnosla". Ya tenemos bastante. No empecemos de nuevo.

—Perdón, señores —se excusa la vieja—, perdón… Ustedes me han dicho que hiciera como si no supieran nada… Pues bueno, si no supieran nada, yo me iría con su sobre…

—Bueno, pero, entonces, ¿cómo lo metería en mi bolsillo? —argumenta Richard, a quien Moncharmin no pierde de vista con su ojo izquierdo mientras su ojo derecho está muy ocupado con la señora Giry (difícil posición para la mirada), pero Moncharmin está decidido a todo con tal de descubrir la verdad.

—Debo ponerlo en su bolsillo cuando menos lo espere, señor director. Usted sabe que siempre voy, durante la velada, a dar una vueltecita por los bastidores y acompaño a menudo, por derecho maternal, a mi hija a la sala de la danza; llevo sus zapatillas de baile, durante el descanso, e incluso su pequeño rociador… es decir, que voy y vengo a mi antojo… También lo hacen los señores abonados… Y usted, señor director… Hay mucha gente… Me pongo detrás de usted y meto el sobre en el bolsillo trasero de su levita… ¡No es necesario ser un brujo!

—No es necesario ser un brujo —ruge Richard abriendo unos ojos de Júpiter tonante—. ¡No es necesario ser un brujo! Pero la he sorprendido en flagrante delito de mentira, vieja bruja.

El insulto hiere menos a la honorable dama que el golpe que quiere darse a su buena fe. Hirsuta, se yergue sacando sus tres dientes.

—¿Por qué?

—Porque aquella noche la pasé en la sala, vigilando el palco n° 5 y el falso sobre que usted depositó allí. Ni un solo segundo estuve en la sala de la danza...

—Pero, señor director, yo no le metí el sobre aquella noche... Lo hice en la siguiente representación... Mire, era la noche en que el señor subsecretario de Estado para las Bellas Artes...

Al oír estas palabras, el señor Richard detiene bruscamente a la señora Giry...

—¡Ah, es cierto! —dice pensativo—, lo recuerdo... ahora lo recuerdo. El señor subsecretario de Estado estaba entre bastidores. Me hizo llamar. Bajé un instante a la sala de la danza. Yo me hallaba en los escalones de la sala. El señor subsecretario de Estado y su jefe de gabinete estaban en el mismo lugar... De pronto me volví... Usted pasaba por detrás de mí... señora Giry... Me pareció que me había rozado... Sólo usted estaba a mi espalda... ¡Oh, todavía la estoy viendo... todavía la estoy viendo!

—Sí, eso es, señor director, eso es. Acababa de terminar mi pequeño negocio en su bolsillo. ¡Es tan conveniente ese bolsillo, señor director!

Y la señora Giry une, una vez más, el gesto a la palabra. Pasa detrás del señor Richard y, con tanta rapidez que el propio Moncharmin, que esta vez está mirando con los dos ojos, queda impresionado, mete el sobre en el bolsillo de uno de los faldones de la levita del señor director.

—¡Evidentemente! —exclama Richard algo pálido—. Es una gran idea del F. de la. Ó. Para él, el problema era el siguiente:

suprimir cualquier intermediario peligroso entre el que da los veinte mil francos y el que los toma. No podía hallar mejor solución que tomarlos de mi propio bolsillo sin que yo lo advirtiera, puesto que yo ignoraba incluso que estaban allí... Es admirable.

—¡Oh, sin duda, admirable...! —exagera Moncharmin—. Pero olvidas, Richard, que diez mil de esos veinte mil francos los he dado yo y que a mí nadie me ha metido nada en el bolsillo.

XVIII

La última frase de Moncharmin expresaba de modo demasiado evidente la sospecha que, a partir de entonces, le inspiraba su colaborador para que no se produjera, de inmediato, una tormentosa explicación al cabo de la cual quedó claro que Richard iba a plegarse a la voluntad de Moncharmin, con el objetivo de ayudarle a descubrir al miserable que le estaba tomando el pelo.

Llegamos así al "entreacto íntimo" durante el cual el señor secretario Rémy, a quien nadie escapa, ha observado la extraña conducta de sus directores, y desde este momento nada nos será más fácil que hallar una razón para actitudes tan excepcionalmente barrocas y, sobre todo, tan poco conformes con la idea que debemos hacernos de la dignidad de los directores.

La conducta de Richard y Moncharmin estaba determinada por la revelación que acababan de hacerles: 1° Richard tenía que repetir exactamente, aquella noche, los gestos que había llevado a cabo en la desaparición de los primeros veinte mil francos. 2° Moncharmin no debía perder de vista ni un solo segundo el bolsillo trasero de Richard, en el que la señora Giry había depositado los segundos veinte mil.

En el lugar exacto donde se encontraba cuando saludó al señor subsecretario de Estado para las Bellas Artes volvió a colocarse el señor Richard y, a pocos pasos de allí, a su espalda, el señor Moncharmin.

Pasa la señora Giry, roza al señor Richard, se desembaraza de los veinte mil metiéndoselos en el bolsillo del faldón de su director y desaparece...

O, mejor dicho, la hacen desaparecer. Ejecutando la orden que Moncharmin le ha dado unos instantes antes, previamente a la reconstrucción de la escena, Mercier va a encerrar a la buena mujer en el despacho de la administración. De este modo a la vieja le será imposible comunicarse con su fantasma. Y se dejó hacer, pues la señora Giry no es más que una pobre figura desplumada, atónita de espanto, que abre sus ojos de gallina asombrada bajo una cresta en desorden, oye ya en el sonoro corredor el ruido de los pasos del comisario con los que la han amenazado y lanza suspiros capaces de agrietar las columnas de la gran escalinata.

Mientras, el señor Richard se curva, hace reverencias, saluda, camina de espaldas como si tuviera ante sí al alto y todopoderoso funcionario que es el subsecretario de Estado para las Bellas Artes.

Pero, si semejantes muestras de cortesía no habrían provocado asombro alguno en el caso de que ante el señor director se hubiera encontrado el señor subsecretario de Estado, causaron a los espectadores de esta escena, tan natural pero tan inexplicable, una estupefacción muy comprensible puesto que delante del señor director no había nadie.

El señor Richard saludaba al vacío... Se inclinaba ante la nada... y retrocedía —caminaba de espaldas— frente al aire...

...En fin, a pocos pasos de allí, el señor Moncharmin hacía las mismas cosas que él.

...Y rechazando al señor Rémy, suplicaba al señor embajador de la Borderie y al señor director de Crédito Central que no "tocaran al señor director".

Moncharmin, que tenía su idea, no quería que, al cabo de un rato, Richard viniera a decirle, una vez desaparecidos los veinte mil francos: "Tal vez haya sido el señor embajador o el señor director de Crédito Central o, incluso, el señor secretario Rémy".

Tanto más cuanto que, durante la primera escena, según el propio Richard confesaba, éste, tras haber sido rozado por la señora Giry, no se había encontrado con nadie en esa parte del teatro... ¿Por qué, pues, me pregunto, puesto que debía repetir exactamente los mismos gestos, iba a encontrarse hoy con alguien?

Tras haber caminado de espaldas para saludar, Richard siguió caminando de este modo por prudencia..., hasta el pasillo de la administración... Así era constantemente vigilado desde atrás por Moncharmin y él mismo vigilaba "las aproximaciones" por delante.

Una vez más el nuevo modo de pasear por los corredores que habían adoptado los señores directores de la Academia Nacional de Música no podía, evidentemente, pasar desapercibido.

Lo advirtieron.

Por fortuna para los señores Richard y Moncharmin, en el momento de tan curiosa escena las figurantes se hallaban casi todas en sus cubiles.

Pues los señores directores habrían tenido un gran éxito entre las jovencitas.

...Pero ellos sólo pensaban en sus veinte mil francos.

Una vez que llegó al corredor en penumbra de la administración, Richard dijo en voz baja a Moncharmin:

—Estoy seguro de que nadie me ha tocado... Ahora vas a mantenerte bastante alejado de mí y a vigilarme en la sombra hasta que llegue a la puerta de mi despacho... que nadie se dé cuenta y ya veremos lo que pasa.

Pero Moncharmin replica:

—¡No, Richard! ¡No...! Camina delante... Yo caminaré inmediatamente detrás. No te dejo ni un momento.

—Pero —grita Richard—, así nunca podrán robarnos los veinte mil francos.

—Así lo espero —declara Moncharmin.

—Entonces, lo que estamos haciendo es absurdo.

—Hacemos exactamente lo que hicimos la última vez... La última vez me reuní contigo cuando saliste del escenario, en este rincón del corredor... y te seguí *por la espalda.*

—¡Exacto!—suspira Richard sacudiendo la cabeza y obedeciendo pasivamente a Moncharmin.

Dos minutos más tarde ambos directores se encerraban en el gabinete de la dirección.

Fue el propio Moncharmin quien se metió la llave en el bolsillo.

—La última vez permanecimos encerrados así —dijo— hasta que dejaste la Ópera para regresar a tu casa.

—¡Es cierto! ¿Y nadie vino a molestarnos?

—Nadie.

—Entonces —interrogó Richard que se esforzaba por reunir sus recuerdos—, entonces seguramente me robaron en el trayecto de la Ópera a mi domicilio...

—¡No! —dijo en tono más seco que nunca Moncharmin—. No... eso no es posible... Te llevé a casa en mi coche. Los veinte mil francos *desaparecieron en tu casa,* para mí no cabe la menor duda.

Ésta era la idea que dominaba ahora en Moncharmin.

—¡Pero es increíble! —protestó Richard—, estoy seguro de mis criados..., y si alguno de ellos hubiera dado el golpe, después habría desaparecido.

Moncharmin se encogió de hombros como diciendo que no entraba en tales detalles.

Tras todo esto Richard comienza a pensar que Moncharmin adopta con él un tono insoportable.

—Moncharmin, ya es suficiente.

—Richard, ya es demasiado.

—¿Te atreves a sospechar de mí?

—Sí, de que me has jugado una deplorable broma.

—No es broma con veinte mil francos.

—¡Eso pienso yo! —declara Moncharmin, abriendo un periódico y zambulléndose ostensiblemente en su lectura.

—¿Qué estás haciendo? —pregunta Richard—. ¡Ahora te pones a leer el periódico!

—Sí, Richard, hasta que llegue la hora de acompañarte a casa.

—¿Como la última vez?

—Como la última vez.

Richard arranca el periódico de las manos de Moncharmin. Moncharmin se levanta más irritado que nunca. Halla ante sí a un Richard exasperado que le dice, cruzando los brazos sobre el pecho, insolente gesto de desafío desde que el mundo es mundo:

—Eso es lo que yo pienso —dice Richard—. *Pienso en lo que podría pensar* si, como la última vez, tras haber pasado la velada solo contigo, me llevas a casa y, cuando nos separamos, compruebo que los veinte mil francos han desaparecido del bolsillo de mi levita... como la última vez.

—¿Y qué podrías pensar? —exclama Moncharmin, carmesí.

—Podría pensar que, puesto que no me has dejado ni un minuto y, de acuerdo con tu deseo, has sido tú el único que se ha acercado a mí como la última vez, podría pensar que si los veinte mil francos ya no están en mi bolsillo hay muchas posibilidades de que estén en el tuyo.

Moncharmin, ante esta hipótesis, salta.

—¡Oh! —grita—, ¡un *imperdible!*

—¿Para qué quieres un imperdible?

—¡Para sujetarte…! ¡Un imperdible…, un imperdible!

—¿Tú pretendes ahora sujetarme con un imperdible?

—Sí, sujetarte a los veinte mil francos… Así, tanto si ocurre aquí como si ocurre en tu casa o en el trayecto hasta tu domicilio, notarás la mano que tire de tu bolsillo… y podrás ver si es la mía, Richard… ¡Ah, ahora eres tú quien sospecha de mí…! ¡Un imperdible!

Y en aquel momento fue cuando Moncharmin abre la puerta del pasillo gritando:

—¡Un imperdible!, ¿quién me da un imperdible?

Y ya sabemos cómo, en el mismo instante, el secretario Rémy, que no tenía imperdible, fue recibido por el director Moncharmin, mientras un conserje le procuraba el tan deseado imperdible.

Y eso fue lo que ocurrió.

Moncharmin, tras haber cerrado la puerta, se arrodilló a espaldas de Richard.

—Espero —dijo— que los veinte mil francos sigan estando aquí.

—También yo —respondió Richard.

—¿Los auténticos? —preguntó Moncharmin que estaba absolutamente decidido a que, esta vez, "no se la jugaran".

—¡Mira! Yo no quiero tocarlos —declaró Richard.

Moncharmin sacó el sobre del bolsillo de Richard y extrajo temblando los billetes pues, esta vez, para poder comprobar con frecuencia la presencia de los billetes, no habían pegado el sobre ni lo habían sellado. Se tranquilizó al comprobar que todos estaban allí, absolutamente auténticos. Los metió de nuevo en el bolsillo del faldón y los sujetó, cuidadosamente, con el imperdible.

Tras haberlo hecho, se sentó detrás del faldón y ya no lo perdió de vista mientras Richard, sentado en su despacho, no hacía ni un solo movimiento.

—Un poco de paciencia, Richard —ordenó Moncharmin—, son sólo unos minutos... El reloj dará pronto las doce campanadas de la medianoche. La otra vez nos marchamos precisamente cuando daban las campanadas.

—¡Oh, tendré toda la paciencia necesaria!

La hora transcurría, lenta, pesada, misteriosa, asfixiante. Richard intentó reírse.

—Acabaré creyendo —dijo— en la omnipotencia del fantasma. ¿No encuentras que en este momento, particularmente, hay en la atmósfera de esta habitación algo desconocido que inquieta, que indispone, que asusta?

—Es cierto —confesó Moncharmin, realmente impresionado.

—¡El fantasma! —continuó Richard en voz baja como si temiera que invisibles oídos lo escucharan—. ¡El fantasma! Y si, al fin y al cabo, fuera realmente un fantasma el que antes dio en la mesa los tres golpes secos que tan bien hemos oído..., el que deposita en ella los sobres mágicos..., el que habla en el palco nº 5..., el que mató a Joseph Buquet..., el que soltó el candil..., y nos roba; pues, en fin, en fin, en fin..., aquí estamos solos tú y yo... Y si los billetes desaparecen sin que tú ni yo tengamos nada que ver... será forzoso creer en el fantasma... en el fantasma....

Entonces, el reloj, sobre la chimenea, dejó oír la primera campanada de la medianoche.

Los dos directores se estremecieron. Les oprimía una angustia cuyas causas no hubieran podido precisar y que en vano intentaban combatir. El sudor resbalaba por su frente.

Y la duodécima campanada resonó extrañamente en sus oídos.

Cuando el reloj enmudeció, lanzaron un suspiro y se levantaron.

—Creo que ya podemos marcharnos —dijo Moncharmin.

—Eso creo —corroboró Richard.

—¿Me permites que, antes de partir, mire en tus bolsillos?

—¡Claro, Moncharmin!, ¡es imprescindible! ¿Y bien? —preguntó Richard a Moncharmin que estada palpando.

—Bueno, pues, sigo notando el imperdible.

—Evidentemente, como bien decías, no podían robarnos sin que yo me diera cuenta.

Pero Moncharmin, cuyas manos seguían ocupadas alrededor del bolsillo, aulló:

—*¡Sigo notando el imperdible, pero ya no noto los billetes!*

—¡No!, no bromees Moncharmin…! Éste no es el momento.

—Palpa tú mismo.

Con un solo movimiento, Richard se quitó la levita. Los dos directores se abalanzaron sobre el bolsillo… *El bolsillo está vacío.*

Y lo más curioso era que el imperdible permanecía clavado en el mismo lugar.

Richard y Moncharmin palidecieron. Ya no cabía duda de que existía el sortilegio.

—El fantasma —murmuró Moncharmin.

Pero Richard saltó de pronto sobre su colega.

—¡Sólo tú has tocado mi bolsillo…! ¡Devuélveme mis veinte mil francos…! ¡Devuélveme mis veinte mil francos…!

—Por mi alma—suspiró Moncharmin que parecía a punto de desmayarse—, te juro que no los tengo…

Y como, de nuevo, llamaban a la puerta, fue a abrir caminando con paso casi automático, reconociendo apenas, al parecer,

al administrador Mercier, intercambiando con él banales palabras, no comprendiendo nada de lo que decía, y depositando, con
gesto inconsciente, en manos del fiel servidor completamente
atónito, el imperdible que ya no le servía de nada.

XIX

La primera palabra del señor comisario de policía, al entrar en el despacho de la dirección, es para pedir noticias de la cantante.

—¿No está aquí Christine Daaé?

Está acompañado, como ya he dicho, de una compacta muchedumbre.

—¿Christine Daaé? No —responde Richard—, ¿por qué?

Por lo que a Moncharmin se refiere, no tiene ya fuerzas para pronunciar una sola palabra… Su estado de ánimo es mucho más grave que el de Richard, pues Richard todavía puede sospechar de Moncharmin, pero Moncharmin se encuentra frente al misterio…, frente al gran misterio que hace estremecer a la humanidad desde su nacimiento: lo Desconocido.

Richard continúa, pues la muchedumbre que rodea a los directores y al comisario guarda un impresionante silencio:

—¿Por qué me pregunta usted, señor comisario, si Christine Daaé está aquí?

—Porque hay que encontrarla, señores directores de la Academia Nacional de Música —declara solemnemente el señor comisario de policía.

—¡Cómo!, ¡hay que encontrarla! ¿Así que ha desaparecido?

—¡En plena representación!

—¡En plena representación! ¡Es extraordinario!

—¿Verdad? Y más extraordinario aún es que sea yo quien les informe de tal desaparición.

—En efecto... —admite Richard que, llevándose las manos a la cabeza, murmura—: ¿Qué significa esta nueva historia? ¡Oh, decididamente es como para presentar la dimisión...!

Y se arranca varios pelos del mostacho sin ni siquiera advertirlo:

—Entonces... —dice como en un sueño—, ha desaparecido en plena representación.

—Sí, ha sido raptada en el acto de la prisión, precisamente cuando invocaba la ayuda del cielo, pero dudo mucho de que haya sido raptada por los ángeles.

—¡Yo estoy seguro!

Todo el mundo se vuelve. Un joven, pálido y tembloroso de emoción repite:

—¡Estoy seguro!

—¿De qué está usted seguro?—interroga Mifroid.

—De que Christine Daaé ha sido raptada por un ángel, señor comisario, y podría decirle el nombre...

—¡Ah, ah!, señor vizconde de Chagny, ¿pretende usted que la señorita Christine Daaé ha sido raptada por un ángel, por un ángel de la Ópera, sin duda?

Raoul mira a su alrededor. Evidentemente busca a alguien. Ahora, cuando tan necesario le parece reclamar el socorro de la policía en ayuda de su prometida, no le molestaría volver a ver al misterioso desconocido que, hace un rato, le recomendaba discreción. Pero no lo ve en ninguna parte. ¡Bueno, hay que hablar...! Sin embargo, no sabría explicarse ante esa muchedumbre que lo mira con indiscreta curiosidad.

—Sí, señor, por un ángel de la Ópera —responde al señor Mifroid—, y le diré dónde vive cuando estemos solos...

—Tiene usted razón, caballero.

Y el comisario de policía, haciendo sentar a Raoul junto a sí, hace salir a todo el mundo exceptuando, claro, a los directores que, sin embargo, no hubieran protestado, pues parecen por encima de toda contingencia.

Entonces Raoul se decide:

—Señor comisario, el ángel se llama Erik, vive en la Ópera y es el ángel de la música.

—¡El ángel de la música! ¿De verdad? Hombre, eso sí que es muy curioso... *¡El ángel de la música!*

Y, vuelto hacia los directores, el señor comisario de policía Mifroid pregunta:

—Caballeros, ¿tienen ustedes a ese ángel en su casa?

Los señores Richard y Moncharmin sacuden la cabeza sin siquiera sonreír.

—¡Oh! —dice el vizconde—, esos caballeros han oído hablar del fantasma de la Ópera. Pues bien, puedo afirmar que el fantasma de la Ópera y el ángel de la música son el mismo. Y su auténtico nombre es Erik.

El señor Mifroid se levanta y mira a Raoul con atención.

—Perdón, caballero, ¿pretende usted acaso burlarse de la justicia?

—¡Yo! —protesta Raoul que piensa dolorido: "Otro que no querrá escucharme".

—Entonces, ¿qué me cuenta usted de su fantasma de la Ópera?

—Digo que esos caballeros han oído hablar de él.

—Señores, al parecer conocen ustedes al fantasma de la Ópera.

Richard se levanta con los últimos pelos de su mostacho en la mano.

—¡No!, señor comisario, no, no lo conocemos, pero quisiéramos conocerlo pues, esta misma noche, acaba de robarnos veinte mil francos…

Y Richard dirige a Moncharmin una terrible mirada que parece decir: "Devuélvame los veinte mil francos o lo cuento todo". Moncharmin lo comprende tan bien que hace un gesto extraviado: "¡Ah, díselo, díselo todo…!".

Mifroid, por su parte, mira alternativamente a los directores y a Raoul preguntándose si no se habría perdido en un asilo para alienados. Se pasa la mano por los cabellos:

—Un fantasma —dice—, que, en la misma noche, rapta a una cantante y roba veinte mil francos es un fantasma muy ocupado. Si les parece bien, vamos a ordenar las cosas. Primero, la cantante, luego los veinte mil francos. Veamos, señor de Chagny, intentemos hablar seriamente. Usted cree que la señorita Christine Daaé ha sido raptada por un individuo llamado Erik. ¿Conoce usted a este individuo? ¿Lo ha visto?

—Sí, señor comisario.

—¿Dónde?

—En un cementerio.

El señor Mifroid se sobresalta, vuelve a contemplar a Raoul y dice:

—¡Claro…!, allí es donde, por lo común, se encuentran los fantasmas. ¿Y qué hacía usted en ese cementerio?

—Caballero—argumenta Raoul—, me doy perfecta cuenta de lo extraño de mis respuestas y del efecto que producen en usted. Pero le suplico que me crea, estoy perfectamente cuerdo. De ello depende la salvación de la persona que, con mi amado hermano Philippe, me es más querida en el mundo. Quisiera convencerlo en pocas palabras que el tiempo pasa y los minutos son preciosos. Por desgracia, si no le cuento la más extraña historia que existe, desde el comienzo, usted no me creerá. Voy a decirle, señor comisario, todo lo que sé acerca del fantasma de la Ópera. Lamentablemente, señor comisario, no sé gran cosa...

—No importa, diga, diga —exclaman Richard y Moncharmin muy interesados de pronto; desafortunadamente para la esperanza que habían concebido, por unos momentos, de enterarse de algún detalle que los pusiera tras las huellas de su burlador, pronto tuvieron que rendirse a la triste evidencia de que el señor Raoul de Chagny había perdido por completo la cabeza. Aquella historia de Perros-Guirec, de calaveras, del violín encantado, sólo había podido nacer en el trastornado cerebro de un enamorado.

Era visible, por lo demás, que el señor comisario Mifroid compartía cada vez más su opinión, y, ciertamente, el magistrado hubiera puesto fin a aquellas desordenadas palabras, de las que hemos dado una idea en la primera parte de este relato, si las propias circunstancias no se hubiesen encargado de interrumpirlas.

La puerta acaba de abrirse y un individuo extrañamente vestido con una amplia levita negra y tocado con un sombrero de copa, al tiempo gastado y reluciente, que le llega hasta las orejas hace su entrada. Corre hacia el comisario y le habla en voz baja. Sin duda es algún agente de la *Sûreté* que venía a informarle de una misión urgente.

Durante aquel coloquio, el señor Mifroid no deja de mirar a Raoul.

Por fin, dirigiéndose a él, le dice:

—Caballero, basta ya de hablar del fantasma. Hablaremos un poco de usted si no tiene inconveniente; ¿debía raptar esta noche a la señorita Christine Daaé?

—Sí, señor comisario.

—¿Al salir del teatro?

—Sí, señor comisario.

—El coche que le ha traído a usted debía llevárselos a los dos. El cochero lo sabía... su itinerario estaba fijado de antemano... ¡Más todavía! Debía encontrar, en cada etapa, caballos de refresco...

—Es cierto, señor comisario.

—Y mientras, su coche sigue allí, esperando sus órdenes, junto a la Rotonda, ¿no es cierto?

—Sí, señor comisario.

—¿Sabía usted que había otros tres coches al lado del suyo?

—No he prestado la menor atención...

—Era el de la señorita Sorelli, que no había encontrado lugar en el patio de la administración, el de la Carlotta y el de su hermano, el señor conde de Chagny...

—Es posible...

—Lo cierto es. En cambio... lo cierto es que, si su vehículo, el de la Sorelli y el de la Carlotta siguen en su lugar, junto a la acera de la Rotonda... el del señor conde de Chagny ya no está allí...

—Eso no tiene nada que ver, señor comisario...

—¡Perdón! ¿No se oponía el señor conde a su boda con la señorita Daaé?

—Eso es un asunto de familia.

—Ya me ha respondido usted... se oponía... y por eso raptaba usted a Christine Daaé, llevándosela lejos de los posibles manejos de su señor hermano. Muy bien, señor de Chagny, permítame decirle que su hermano ha sido más rápido que usted... ¡Él ha raptado a Christine Daaé!

—¡Oh! —gime Raoul llevándose la mano al corazón—, no es posible... ¿Está usted seguro?

—Inmediatamente después de la desaparición de la artista, organizada con cómplices que tenemos todavía que establecer, se ha lanzado en su coche a una furibunda carrera a través de París.

—¿A través de París? —jadea el pobre Raoul—. ¿Qué entiende usted por a través de París?

—Y fuera de París…

—Fuera de París…. ¿por qué carretera?

—Por la carretera de Bruselas.

Un ronco grito escapa de la boca del infeliz joven.

—¡Oh! —grita—, juro que los alcanzaré.

Y en dos saltos se planta fuera del despacho.

—Y tráiganosla de nuevo—grita alegremente el comisario—. ¿Eh? ¡Ésta sí que es una confidencia que equivale a la del ángel de la música!

Tras todo esto, el señor Mifroid se vuelve hacia su auditorio estupefacto y le administra esa pequeña lección de policía honesto pero no pueril:

—En realidad no sé en absoluto si ha sido el conde de Chagny el que ha raptado a Christine Daaé… pero necesito saberlo y no creo que, a esta hora, haya nadie que desee informarme mejor que su hermano el vizconde… En estos momentos corre, ¡vuela!, ¡es mi principal ayudante! Tal es, caballeros, el arte de la policía, que se cree tan complicado y que, sin embargo, parece muy simple cuando se descubre que consiste, sobre todo, en hacer que actúen como policías gentes que no lo son.

Pero el señor comisario de policía Mifroid tal vez no se habría sentido tan satisfecho de sí mismo si hubiera sabido que la carrera de su rápido mensajero había sido detenida en cuanto entró en el primer pasillo, vacío, sin embargo, de la muchedumbre de furiosos que había sido dispersada. El pasillo parece desierto.

No obstante, Raoul había visto cómo una gran sombra le cerraba el camino.

—¿Dónde va tan de prisa, señor de Chagny? —pregunta la sombra.

Raoul, impaciente, levanta la cabeza y reconoce el sombrero de astracán de hacía unos instantes. Se detiene.

—¡Otra vez usted! —grita con voz febril, usted, que conoce los secretos de Erik y que no quiere que yo hable—. Pero ¿quién es usted?

—¡Lo sabe muy bien…! ¡Soy el Persa! —dice la sombra.

XX

Raoul recordó entonces que su hermano, cierta noche de espectáculo, le había señalado a aquel vago personaje del que se ignoraba todo. Una vez se había dicho que era un persa y que vivía en un viejo y pequeño apartamento de la rue de Rivoli.

El hombre de tez de ébano, de ojos de jade y gorro de astracán, se inclinó hacia Raoul.

—Espero, señor de Chagny, que no habrá traicionado usted el secreto de Erik.

—¿Y por qué iba a dudar en traicionar a tal monstruo, caballero? —respondió Raoul con altivez, intentando librarse del inoportuno—. ¿Es acaso amigo suyo?

—Espero que no habrá dicho usted nada de Erik, señor, porque el secreto de Erik es el de Christine Daaé. Y hablar de uno es hablar de la otra.

—¡Oh, caballero! —exclamó Raoul cada vez más impaciente—, parece usted estar al corriente de muchas cosas que me interesan y, sin embargo, no tengo ahora tiempo de escucharlo.

—Una vez más, señor de Chagny, ¿adónde va tan de prisa?

—¿No lo adivina? En socorro de Christine Daaé…

—En ese caso, señor, quédese aquí…, ¡pues Christine Daaé está aquí…!

—¿Con Erik?

—¡Con Erik!

—¿Cómo lo sabe?

—Yo estaba en la representación y sólo hay un Erik en el mundo capaz de imaginar semejante rapto... ¡Oh! —dijo con un profundo suspiro—, he reconocido la mano del monstruo...

—¿De modo que lo conoce?

El Persa no respondió, pero Raoul escuchó un nuevo suspiro.

—Caballero —dijo Raoul—, ignoro cuáles son sus intenciones... pero ¿puede usted hacer algo por mí...? Quiero decir por Christine Daaé.

—Eso creo, señor de Chagny, y por eso lo he detenido.

—¿Qué puede hacer?

—Intentar conducirlo junto a ella... ¡y junto a él!

—Caballero, eso es algo que esta noche he intentado ya en vano... pero si me presta usted semejante servicio, mi vida le pertenecerá... Algo más, caballero: el comisario de policía acaba de decirme que Christine Daaé había sido raptada por mi hermano, el conde Philippe...

—¡Oh!, señor de Chagny, no lo creo...

—No es posible, ¿verdad?

—No sé si es posible, pero hay modos de raptar y el señor conde Philippe, que yo sepa, *jamás trabajó en la prestidigitación.*

—Sus argumentos son convincentes, señor, y yo no soy más que un loco... ¡Oh, caballero!, ¡corramos, corramos! Me pongo por completo en sus manos... ¿Cómo no creerle si sólo usted me cree? ¡Cuando usted es el único que sonríe si se pronuncia el nombre de Erik!

Diciendo estas palabras, el joven, cuyas manos ardían de fiebre, había, en un gesto espontáneo, tomado las manos del Persa. Estaban heladas.

—¡Silencio! —dijo el Persa deteniéndose y escuchando los lejanos ruidos del teatro y los menores crujidos que se producían en las paredes y los corredores contiguos—. No volvamos a pronunciar esta palabra aquí. Digamos: *él*; correremos menos riesgo de llamar su atención...

—¿Le cree, pues, tan cerca de nosotros?

—Todo es posible, señor... a menos que, ahora, esté con su víctima *en la mansión del Lago*.

—¡Ah!, ¿también usted conoce esa morada?

—... Si no está en esa morada, puede estar en esa pared, en ese entarimado, en aquel techo... ¿qué sé yo...? Con el ojo en aquella cerradura... con el oído tras aquella viga...

Y el Persa, rogándole que apagara el ruido de sus pasos, arrastró a Raoul por corredores que el joven jamás había visto, ni siquiera cuando Christine lo paseó por aquel laberinto.

—Si al menos —dijo el Persa—, si al menos hubiera llegado Darius.

—¿Quién es Darius? —preguntó de nuevo el joven mientras corría.

—Darius es mi criado...

Estaban entonces en el centro de una verdadera plaza desierta, inmensa sala mal iluminada por un candil. El Persa detuvo a Raoul y, en voz muy baja, tan baja que a Raoul le costaba oírle, preguntó:

—¿Qué le ha dicho usted al comisario?

—Le he dicho que el raptor de Christine Daaé era el ángel de la música, llamado el fantasma de la Ópera, y que su verdadero nombre era...

—¡Silencio...! ¿Y el comisario le ha creído?

—No.

—¿No ha concedido importancia a lo que decía?

—¡Ninguna!

—¿Lo ha tomado por un loco?

—Sí.

—¡Mejor! —suspiró el Persa.

Y la carrera recomenzó.

Tras haber subido y bajado varias escaleras desconocidas para Raoul, ambos hombres se hallaron frente a una puerta que el Persa abrió con una pequeña ganzúa que sacó de un bolsillo de su chaleco. El Persa, como Raoul, estaba naturalmente vestido de etiqueta. Pero, si Raoul llevaba una chistera, el Persa lucía un gorro de astracán, como ya he señalado. Era una transgresión al código de elegancia que regía entre bastidores, donde la chistera es obligatoria, pero ya se sabe que en Francia a los extranjeros se les permite todo: gorra de viaje para los ingleses y gorro de astracán para los persas.

—Caballero —dijo el Persa—, su chistera va a molestarle en la expedición que proyectamos... Mejor sería que la dejara usted en el camerino...

—¿En qué camerino? —preguntó Raoul.

—En el de Christine Daaé.

Y el Persa, tras haber hecho pasar a Raoul por la puerta que acababa de abrir, le mostró, frente a ellos, el camerino de la actriz.

Raoul ignoraba que pudiera llegarse al refugio de Christine por un camino distinto del que seguía ordinariamente. Se hallaban entonces al extremo del corredor que solía recorrer por completo antes de llamar a la puerta del camerino.

—¡Oh, señor, qué bien conoce usted la Ópera!

—¡Peor que él! —dijo modestamente el Persa.

Y empujó al joven hacia el camerino de Christine.

Éste se hallaba tal y como Raoul lo había dejado algunos instantes antes.

El Persa, tras haber cerrado la puerta, se dirigió hacia el delgado muro que separaba el camerino de una gran buhardilla contigua. Escuchó y luego, con fuerza, tosió.

De inmediato se escuchó un movimiento en la buhardilla y, algunos segundos más tarde, llamaban a la puerta del camerino.

—¡Entra! —dijo el Persa.

Un hombre, también tocado con un gorro de astracán y vestido con una larga hopalanda, entró.

Saludó y se sacó de debajo del abrigo un estuche profusamente trabajado. Lo puso sobre la mesa del tocador, saludó de nuevo y se dirigió hacia la puerta.

—¿Te ha visto alguien entrar, Darius?

—No, mi amo.

—Que nadie te vea salir.

El criado echó una ojeada al corredor y, rápidamente, desapareció.

—Caballero —dijo Raoul—, estoy pensando que aquí podemos ser fácilmente descubiertos, y eso, evidentemente, nos crearía problemas. El comisario no puede tardar en venir a registrar este camerino.

—¡Bah!, no es al comisario a quien debemos temer.

El Persa había abierto el estuche. En su interior había un par de largas pistolas, de magnífico diseño y ornamentación.

—Inmediatamente después del rapto de Christine Daaé, le he dicho a mi criado que me trajera estas armas, señor. Las tengo desde hace mucho tiempo, no las hay más seguras.

—¿Quiere usted batirse en duelo? —preguntó el joven sorprendido por la llegada de tal arsenal.

—Se trata, efectivamente, de un duelo, caballero —respondió el otro examinando la carga de sus pistolas—. ¡Y qué duelo!

Tras hacer esto tendió una pistola a Raoul y siguió diciéndole:

—En este duelo, seremos dos contra uno: pero manténgase dispuesto a todo, señor, pues no le oculto que nos las veremos con el más terrible adversario imaginable. Pero usted ama a Christine Daaé, ¿no es cierto?

—¡Que si la amo, señor! Pero usted, que no la ama, tendría que explicarme por qué se dispone a arriesgar su vida por ella… ¡Sin duda odia usted a Erik!

—No, señor —dijo tristemente el Persa—, no lo odio. Si lo odiara habría dejado de hacer daño mucho tiempo atrás.

—¿Le ha hecho daño a usted?

—El mal que me hizo se lo perdoné.

—Es extraordinario —continuó el joven— oírle hablar de este hombre. Lo trata usted de monstruo, habla de sus crímenes, le ha hecho daño y encuentro en usted esta piedad inaudita que me desesperaba ya en la propia Christine…

El Persa no respondió. Había ido a levantar un taburete y lo había arrimado a la pared situada frente al gran espejo que ocupaba todo el muro. Luego se había subido al taburete y, con la nariz pegada al papel que forraba el muro, parecía buscar algo.

—Bueno, señor —dijo Raoul hirviendo de impaciencia—, lo estoy esperando. ¡Vamos!

—¿Adónde? —preguntó el otro sin volver la cabeza.

—¡Al encuentro del monstruo! ¡Bajemos! ¿Acaso no me ha dicho usted que conocía el modo de hacerlo?

—Estoy buscándolo.

Y la nariz del Persa siguió paseando a lo largo de la pared.

—¡Ah! —dijo de pronto el hombre del gorro—, ¡aquí está! —y apoyó el dedo en un rincón del dibujo del papel, por encima de su cabeza.

Luego se volvió y bajó del taburete.

—En medio minuto —dijo— estaremos *tras sus pasos* —y, cruzando el camerino, fue a palpar el gran espejo.

—No, todavía no cede… —murmuró.

—¡Oh!, de modo que vamos a salir por el espejo —dijo Raoul—. ¡Como Christine!

—¿Entonces sabía que Christine Daaé había salido por este espejo?

—Lo hizo ante mis ojos, señor… Yo estaba oculto allí, tras las cortinas del tocador y la vi desaparecer, no por el espejo, sino en el espejo.

—¿Y qué hizo?

—Creí, señor, en un extravío de mis sentidos, en una locura, en un sueño.

—En una nueva fantasía del fantasma —rio sarcásticamente el Persa—. ¡Ah!, señor de Chagny —continuó sin apartar la mano del espejo—, ojalá nos las estuviéramos viendo con un fantasma. Podríamos dejar nuestro par de pistolas en el estuche… Deje su sombrero, se lo ruego… allí… y ahora abróchese bien, todo lo que pueda, para cubrir su pechera… como yo… levántese las solapas y el cuello… tenemos que ser lo más invisibles posible…

Y añadió, tras un corto silencio, empujando el espejo:

—La puesta en marcha del contrapeso, cuando se acciona el resorte del interior del camerino, tarda un poco en actuar. No ocurre lo mismo cuando se está detrás del muro y puede actuarse directamente sobre el contrapeso. Entonces, el espejo gira, instantáneamente, y desaparece con una rapidez de locura…

—¿Qué contrapeso? —preguntó Raoul.

—El que hace que toda esta parte del muro se levante sobre su eje. Ya imaginará que no se desplaza solo, por arte de magia.

Y el Persa, atrayendo con una mano a Raoul y manteniéndole muy pegado a él, seguía empujando con la otra (con la que sostenía la pistola) el espejo.

—Dentro de un momento, si presta mucha atención, verá usted cómo el espejo se levanta unos pocos milímetros y luego se desplaza, de derecha a izquierda, unos milímetros más. Se hallará entonces en un pivote y girará. ¡Nadie sabrá jamás lo que puede llegar a hacerse con un contrapeso! Un niño, con su dedo meñique, podría hacer girar una casa... Cuando una pared, por pesada que sea, es llevada por el contrapeso hasta su pivote, bien equilibrado, no pesa más que una peonza girando sobre su punta.

—¡No gira! —dijo Raoul impaciente.

—¡Espere! Ya tendrá usted tiempo de impacientarse, caballero. Evidentemente el mecanismo está oxidado o el resorte no funciona.

La expresión del Persa se hizo preocupada.

—Y además —dijo—, puede tratarse de otra cosa.

—¡De qué!

—Tal vez ha cortado, sencillamente, la cuerda del contrapeso, inmovilizando todo el sistema...

—¿Por qué? Ignora que vamos a bajar por aquí.

—Tal vez lo sospeche, pues no ignora que yo conozco el sistema.

—¿Se lo enseñó él?

—¡No!, busqué tras él, tras sus misteriosas desapariciones, y lo encontré. ¡Oh!, es el más sencillo sistema de puertas secretas, es un mecanismo viejo como los palacios sagrados de Tebas, los de las cien puertas, como la sala del trono de Ecbatana, como la sala del trípode de Delfos.

—¡No gira...! ¡Y Christine, señor... Christine!

El Persa dijo fríamente:

—Haremos cuanto sea humanamente posible... pero él puede detenernos en nuestros primeros pasos.

—¿Es acaso dueño de estos muros?

—Domina los muros, las puertas, los escotillones. En mi país, lo llamaban con un nombre que significa: *el aficionado a los escotillones*.

—Así me habló de él Christine… con el mismo misterio y concediéndole el mismo temible poder… ¡Pero todo eso me parece extraordinario…! ¿Por qué esos muros sólo le obedecen a él? ¡No los ha construido!

—¡Sí, señor!

Y como Raoul lo mirara sorprendido, el Persa le hizo señales de callarse y luego, con un gesto, le señaló el espejo… Fue como un reflejo tembloroso. Su imagen se enturbió como en una onda estremecida y, luego, todo volvió a quedar inmóvil.

—Ya lo ve, caballero, no gira. ¡Tomemos otro camino!

—Por esta noche, no lo hay —declaró el Persa con voz singularmente lúgubre—. Y, ahora, ¡atención!; ¡y esté preparado para disparar!

Él mismo levantó la pistola frente al espejo. Raoul imitó su gesto. El Persa atrajo con el brazo que tenía libre al joven, hasta apoyarlo en su pecho, y, de pronto, el espejo giró en deslumbrante, cegador cruce de reflejos: rotó como una de esas puertas giratorias, compartimentadas, que existen ahora en las salas públicas… Giró llevándose a Raoul y al Persa en su irresistible movimiento y arrojándolos bruscamente de la plena luz a la más profunda oscuridad.

XXI

—¡Con la mano levantada y dispuesto a tirar! —repitió apresuradamente el compañero de Raoul.

Tras ellos el muro, siguiendo un giro completo sobre sí mismo, se había cerrado.

Ambos hombres permanecieron inmóviles unos instantes, conteniendo la respiración. En aquellas tinieblas reinaba un silencio que nada turbaba.

Por fin, el Persa se decidió a hacer un movimiento, y Raoul lo oyó deslizarse de rodillas, buscando algo en la oscuridad, tanteando con las manos.

De pronto, ante el joven, las tinieblas se iluminaron tímidamente con el brillo de una pequeña linterna sorda, y Raoul retrocedió instintivamente como para escapar de la inspección de un oculto enemigo. Pero comprendió enseguida que la luz pertenecía al Persa, cuyos gestos seguía. El pequeño círculo rojo paseaba por las paredes, arriba, abajo, a su alrededor, meticulosamente. Aquellas paredes estaban formadas, a la derecha, por un muro, a la izquierda, por una pared de tablas, y por unos entarimados arriba y abajo. Raoul se dijo que Christine había pasado por allí cuando siguió la voz del ángel de la música. Aquél debía ser el camino habitual de Erik cuando, a través de los muros, iba a sorprender la buena fe y a intrigar la inocencia de Christine. Y Raoul, que recordaba las palabras del Persa, pensó que aquel camino había sido misteriosamente creado por el propio fantasma. Pero, más tarde, supo que Erik había hallado, dispuesto ya para él, un corredor secreto cuya existencia, durante mucho tiempo, había sido el único en conocer. Tal corredor había sido construido durante la Comuna de París para permitir a los carceleros conducir directamente a sus prisioneros hasta los calabozos que se habían dispuesto en los sótanos, pues los federados habían ocupado el edificio tras el 18 de marzo y habían convertido la parte alta en punto de partida para los globos aerostáticos que se encargaban de llevar a los demás departamentos sus incendiarias proclamas, y la parte baja en una prisión del Estado.

El Persa se había arrodillado dejando en tierra su linterna. Parecía ocupado en un rápido trabajo en el entarimado y, de pronto, veló la luz.

Entonces Raoul oyó un ligero sonido metálico y vio, en el entarimado del corredor, un pálido cuadrado luminoso. Era como si acabara de abrirse una ventana en los sótanos todavía iluminados de la Ópera. Raoul ya no veía al Persa, pero lo sintió, de pronto, a su lado y notó su aliento.

—Sígame y haga todo lo que yo haga.

Raoul fue conducido hacia el tragaluz luminoso. Entonces, vio al Persa arrodillarse de nuevo y, colgándose del tragaluz con las dos manos, deslizarse hacia el sótano. El Persa sujetaba entonces su pistola entre los dientes. Cosa curiosa, el vizconde confiaba plenamente en el Persa. Pese a que ignoraba todo de él y que la mayoría de sus palabras no hicieron más que aumentar la oscuridad de aquella aventura, no dudaba en creer que, en aquella hora decisiva, el Persa estaba a su lado contra Erik. Su emoción le había parecido sincera al hablarle del "monstruo"; el interés que le había demostrado no le parecía sospechoso. En fin, si el Persa hubiera albergado algún siniestro propósito contra Raoul, no lo habría armado con sus propias manos. Y además,

¿no era preciso llegar, costara lo que costase, junto a Christine? Raoul no podía elegir los medios. Si hubiese dudado, aun albergando algún temor acerca de las intenciones del Persa, el joven se habría considerado el último de los cobardes.

Raoul, a su vez, se arrodilló y se colgó del escotillón con ambas manos. "¡Suéltese!", escuchó, y cayó en brazos del Persa que le ordenó enseguida tumbarse boca abajo, cerró el escotillón sobre sus cabezas, sin que Raoul pudiera ver cómo, y fue a tenderse al lado del vizconde. Éste quiso hacerle una pregunta, pero la mano del Persa se apoyó en su boca y oyó, de inmediato, una voz que reconoció como la del comisario de policía que lo había interrogado hacía un rato.

Raoul y el Persa se hallaban entonces tras un muro que los ocultaba perfectamente.

Cerca, una estrecha escalera subía a una pequeña habitación por la que debía pasearse el comisario de policía formulando preguntas, pues se escuchaba el ruido de sus pasos al mismo tiempo que el de su voz.

La luz que rodeaba los objetos era muy débil pero, puesto que salían de la espesa oscuridad que reinaba en el oculto corredor de arriba, Raoul no tuvo dificultad alguna para distinguir la forma de las cosas.

Y no pudo contener una sorda exclamación pues allí había tres cadáveres.

El primero yacía en el estrecho rellano de la pequeña escalera que subía hasta la puerta tras la cual se escuchaba al comisario; los otros dos habían rodado hasta el pie de la escalera con los brazos en cruz. Raoul, pasando los dedos a través del muro que lo ocultaba, hubiera podido tocar la mano de uno de aquellos desgraciados.

—¡Silencio! —dijo de nuevo el Persa en un susurro.

También él había visto los cuerpos tendidos y pronunció una palabra para explicarlo todo:

—*Él.*

La voz del comisario se oía entonces con mayor claridad. Exigía explicaciones acerca del sistema de iluminación, explicaciones que el regidor le daba. El comisario debía, pues, encontrarse en el "registro de luces" o en sus dependencias. Contrariamente a lo que podría creerse, en especial tratándose de un teatro de ópera, los "tubos de órgano"[10] no estaban destinados a hacer música.

En aquella época, la electricidad sólo era empleada para algunos escasos efectos escénicos y para los timbres. El inmenso edificio y la propia escena eran todavía iluminados a gas, y con gas hidrógeno se regulaba y modificaba la iluminación de un decorado, por medio de un aparato especial la multiplicidad de cuyas tuberías motivó que fuera llamado "tubos de órgano".

Junto al agujero del inyector había una garita reservada para el jefe de iluminación que, desde allí, daba órdenes a los empleados y vigilaba la ejecución. En aquella garita, y durante todas las representaciones, se colocaba Mauclair.

Pero Mauclair no estaba ahora en su garita, ni los empleados en sus respectivos lugares.

—¡Mauclair! ¡Mauclair!

La voz del regidor resonaba en los sótanos como en un tambor, pero Mauclair no respondía.

---

10. Cada vez que Leroux utiliza, anteriormente, la frase *jeu d'orgue* (tubos de órgano) he traducido por "registro de luces". Ahora, sin embargo, respeto la frase original, para justificar el comentario y porque el propio Leroux da la explicación de la frase. *(N. del T.)*

Hemos dicho ya que había una puerta que se abría a una pequeña escalera que subía del segundo sótano. El comisario la empujó, pero no logró abrirla.

—¡Caramba, caramba! —exclamó—. Mire, señor regidor, no puedo abrir esta puerta... ¿Siempre está tan dura?

El regidor, con un fuerte golpe, empujó la puerta. Advirtió que, al mismo tiempo, empujaba un cuerpo humano y no pudo contener una exclamación pues había reconocido de inmediato aquel cuerpo:

—¡Mauclair!

Todos los personajes que habían seguido al comisario en aquella visita al registro de luces, avanzaron inquietos.

—¡Infeliz! ¡Está muerto! —gimió el regidor.

Pero el señor comisario Mifroid, a quien nada sorprendía, estaba ya inclinado sobre aquel gran cuerpo.

—No —dijo—, tiene una borrachera mortal, que no es lo mismo.

—Sería la primera vez —declaró el regidor.

—Entonces lo han obligado a tomar un narcótico... es muy posible.

Mifroid se levantó, bajó unos escalones y gritó:

—¡Miren!

A la luz de un pequeño farol, al pie de la escalera, vieron otros dos cuerpos tendidos. El regidor reconoció a los ayudantes de Mauclair... Mifroid bajó, los auscultó.

—Duermen profundamente —dijo—. ¡Curioso asunto! No podemos dudar de la intervención de un desconocido en el servicio de iluminación... y, evidentemente, ese desconocido trabajaba para el raptor... ¡Pero qué extraña idea la de raptar a una artista en el escenario...! Eso es desafiar las dificultades o no sé lo que me digo. Vayan a buscar al médico del teatro.

Y el señor Mifroid repitió:

—¡Curioso, curioso asunto!

Luego se volvió hacia el interior de la pequeña habitación y se dirigió a personas que, desde el lugar donde se hallaban, ni Raoul ni el Persa veían.

—¿Qué dicen a todo esto, señores? —preguntó— . Ustedes son los únicos que no dan su opinión. Y sin embargo, deben pensar alguna cosa...

Entonces, en el rellano, Raoul y el Persa vieron adelantarse los dos rostros asustados de los señores directores, sólo se veían sus rostros por encima del rellano, y escucharon la voz conmovida de Moncharmin:

—Aquí ocurren cosas, señor comisario, que no podemos explicarnos.

Y ambos rostros desaparecieron.

—Gracias por la información, caballeros —dijo Mifroid, burlón.

Pero el regidor, cuyo mentón reposaba entonces en la palma de su mano derecha, señal de profunda reflexión, dijo:

—No es la primera vez que Mauclair se duerme en el teatro. Recuerdo haberlo encontrado una noche roncando en su garita, al lado de su tabaquera.

—¿Hace mucho de esto? —preguntó el señor Mifroid limpiando con meticuloso cuidado los cristales de sus anteojos, pues el señor comisario era miope, como les puede suceder a los más hermosos ojos del mundo.

—¡Dios mío...! —dijo el regidor—. No, no hace mucho... ¡Mire...! Era la noche... claro que sí... era la noche que la Carlotta, ya sabe, señor comisario, soltó su famoso gallo...

—¿De modo que la noche que la Carlotta soltó su famoso gallo?

Y el señor Mifroid, tras haberse colocado de nuevo sobre la nariz los binóculos de transparentes cristales, miró atentamente al regidor, como si quisiera adivinar sus pensamientos.

—¿De modo que Mauclair toma rapé...? —preguntó en tono negligente.

—Sí, señor comisario... Mire, aquí está precisamente, en esa tabla, su tabaquera... ¡Oh, es un gran aficionado al rapé!

—¡También yo! —dijo el señor Mifroid, y se puso la tabaquera en el bolsillo.

Raoul y el Persa asistieron, sin que nadie sospechara su presencia, al transporte de los tres cuerpos efectuado por unos tramoyistas. El comisario los siguió y todo el mundo subió tras él. Se oyeron todavía durante unos instantes sus pasos resonando sobre las tablas.

Cuando estuvieron solos, el Persa indicó a Raoul que se levantara. Éste obedeció; pero como no había colocado, al mismo tiempo, la mano a la altura de los ojos dispuesta a disparar, como el Persa no había dejado de hacer, éste le recomendó que tomara de nuevo aquella posición y que no la abandonara pasara lo que pasara.

—Pero eso cansa inútilmente la mano —murmuró Raoul—, y si disparo no estaré seguro de mi habilidad.

—Cambie entonces el arma de mano —concedió el Persa.

—No sé tirar con la izquierda.

El Persa respondió a estas palabras con la siguiente y extraña declaración que, evidentemente, no estaba hecha para aclarar las cosas en el trastornado cerebro del joven:

—*No se trata de disparar con la mano izquierda o con la mano derecha; se trata de tener una de sus manos colocada como si se dispusiera a apretar el gatillo de una pistola, con el*

brazo doblado a medias; por lo que se refiere a la propia pisto-
la, puede usted ponérsela en el bolsillo.

Y añadió:

—Que esto quede claro o no respondo de nada. Es una cuestión de vida o muerte. Ahora, sígame en silencio.

Se encontraban entonces en el segundo sótano; Raoul sólo distinguía, a la luz de unos inmóviles candiles colocados de vez en cuando en sus prisiones de cristal, una ínfima parte de aquel extravagante abismo, sublime e infantil, divertido como una caja de guiñol, terrorífico como una sima, que son los sótanos del escenario de la Ópera.

Son cinco y todos son formidables. Reproducen todos los planos del escenario, sus escotillones y trampillas. Sólo las trampas son reemplazadas por raíles. Unas estructuras transversales soportan también escotillones y trampillas. Unos postes apoyados en cubos metálicos o de piedra, traviesas o entibos forman series de pasadizos que permiten dejar paso libre a las "glorias"[11] y otros efectos o combinaciones. Se da a tales aparatos cierta estabilidad sujetándolos por medio de ganchos de hierro según las necesidades del momento. Las cabrias, las poleas, los contrapesos están generosamente distribuidos por los subsuelos. Sirven para manejar los grandes decorados, para efectuar cambios a la vista, para provocar la súbita desaparición de los personajes del espectáculo. Allí es, según dicen los señores X., Y., Z., que han consagrado a la obra de Garnier un estudio muy interesante, donde se transforman los cacoquimios en hermosos caballeros, las horrendas brujas en hadas radiantes de juventud. Satán procede de los sótanos y en ellos se hunde.

11. En el teatro, elementos que se colocan en el cielo del escenario, en el que se representan lunas, soles, resplandores, etcétera. *(N. del T.)*

284

De los sótanos escapan las luces del infierno, en los sótanos se albergan los demonios.

...Y los fantasmas se pasean por ellos como por su propia casa...

Raoul perseguía al Persa, obedeciendo al pie de la letra sus recomendaciones, sin intentar comprender los gestos que le ordenaba hacer... diciéndose que sólo en él estaba su esperanza.

...¿Qué hubiera hecho en aquel terrorífico dédalo sin su compañero?

¿No se hubiera visto detenido, a cada paso, por el prodigioso entrecruzado de vigas y cuerdas? ¿No hubiera caído, sin poder ya liberarse, en aquella gigantesca telaraña?

Y si conseguía pasar a través de aquella red de hilos y contrapesos que se renovaban sin cesar ante él, ¿no corría el peligro de caer en alguno de aquellos agujeros que, a veces, se abrían bajo sus pies y en cuyas tinieblas no podía penetrar la mirada?

Bajaban... seguían bajando...

Ahora, estaban en el tercer sótano.

Su camino seguía siendo iluminado por algún lejano candil...

Cuanto más descendían, más precauciones parecía tomar el Persa... No dejaba de volverse hacia Raoul para recomendarle que se mantuviera en la posición precisa, mostrándole el modo como él mismo llevaba su puño, desarmado ahora, pero siempre dispuesto a tirar como si empuñara una pistola.

De pronto una voz resonante los inmovilizó. Alguien, situado encima de ellos, gritaba:

—¡Todos los "cerradores de puertas" a escena! —les reclama el comisario de policía:

...Se oyeron pasos y unas sombras se deslizaron en la penumbra. El Persa había arrastrado a Raoul hasta detrás de un bastidor. Vieron pasar a su lado, por encima de ellos, a ancianos inclinados por los años y el fardo de antiguos decorados de ópera. Algunos apenas si podían arrastrarse...; otros, por costumbre, con la espalda doblada y las manos extendidas, buscaban puertas que cerrar.

Pues eran los cerradores de puertas... Antiguos tramoyistas agotados de quienes una caritativa dirección había tenido piedad. Los había convertido en cerradores de puertas, tanto en los subsuelos como en la parte alta. Iban y venían sin cesar, de arriba abajo del escenario, para cerrar las puertas; entonces se les llamaba también, pues creo que ahora han muerto todos ya: "los cazadores de corrientes de aire".

Las corrientes de aire, vengan de donde vengan, son muy malas para la voz.[12]

El Persa y Raoul se felicitaron, en un aparte, de este incidente que los liberaba de testigos molestos, pues algunos de los cerradores de puertas, sin tener ya nada que hacer y sin domicilio, permanecían por pereza o necesidad en la Ópera, donde pasaban la noche. Podían tropezar con ellos, despertarlos y provocar la exigencia de explicaciones. La investigación del señor Mifroid protegía, momentáneamente, a nuestros dos compañeros de esos encuentros.

Pero no gozaron por mucho tiempo de su soledad... Otras sombras bajaban, ahora, por el mismo camino por donde habían subido los "cerradores de puertas". Estas sombras llevaban cada una, delante, una pequeña linterna... que agitaban con fuerza, arriba y abajo, examinándolo todo a su alrededor y dando muestras, con toda evidencia, de buscar algo o a alguien.

12. El señor Pedro Gailhard me contó que él mismo había creado todavía algún puesto de cerrador de puertas para viejos tramoyistas a quienes no quería poner de patitas en la calle. *(N. del A.)*

—¡Diablos...! —murmuró el Persa—. No sé lo que buscan pero podrían encontrarnos... ¡huyamos...!, ¡rápido...! Con la mano en guardia, caballero, siempre dispuesto a disparar... Doblemos el brazo, más, así... La mano a la altura del ojo, como si se batiera en duelo y estuviera aguardando la orden de "¡fuego...!". ¡Deje la pistola en el bolsillo...! ¡De prisa, bajemos! (arrastraba a Raoul hacia el cuarto sótano...). A la altura del ojo, ¡es cuestión de vida o muerte...! Eso es por aquí, esta escalera (estaba llegando al quinto sótano...). ¡Ah, qué duelo, caballero, qué duelo...!

El Persa, tras llegar al quinto sótano, suspiró... Parecía gozar de una mayor seguridad de la que había mostrado hacía un momento, cuando ambos se detuvieron en el tercero; sin embargo, seguía manteniendo la postura de su mano...

Raoul tuvo tiempo de asombrarse una vez más, sin, por otra parte, hacer nueva observación alguna, ¡ni una!, pues en verdad, no era momento de asombrarse, digo en silencio, de tan extraordinario concepto de la defensa personal que consistía en mantener la pistola en el bolsillo mientras la mano permanecía dispuesta a disparar como si siguiera manteniendo la pistola a la altura del ojo; posición de espera de la orden de "¡fuego!" en los duelos de la época.

Y, a este respecto, Raoul creía poder pensar lo siguiente: "Recuerdo muy bien que me ha dicho: son pistolas de las que estoy seguro".

De donde parecía lógico poder extraer esta conclusión interrogativa: "¿Qué puede importarle estar seguro de una pistola que le parece inútil utilizar?".

Pero el Persa lo detuvo en sus difusos intentos de reflexión. Indicándole por señas que no se moviera, subió unos peldaños de la escalera que acababan de dejar. Luego, rápidamente, regresó al lado de Raoul.

—Somos estúpidos —murmuró—, pronto nos veremos libres de las sombras con linternas... Son los bomberos que hacen su ronda.[13]

Los dos hombres permanecieron entonces a la defensiva durante, al menos, cinco largos minutos, luego el Persa arrastró de nuevo a Raoul hacia la escalera que acababan de bajar; pero, de pronto, su gesto le ordenó de nuevo que se mantuviera inmóvil.

...Ante ellos, la noche se agitaba.

—¡Cuerpo a tierra! —murmuró el Persa. Los dos hombres se tumbaron en el suelo. Justo a tiempo.

...Una sombra que, esta vez, no llevaba linterna alguna..., simplemente una sombra entre las sombras, pasó.

Pasó junto a ellos, casi rozándolos.

Sintieron en sus rostros el cálido hálito de su capa.

Pudieron distinguir que la sombra llevaba una capa que la envolvía de la cabeza a los pies. Llevaba un sombrero de fieltro blando.

...Se alejó rozando los muros con el pie y, a veces, dando pataditas en las esquinas.

—¡Uf! —exclamó el Persa—. De buena hemos escapado... Esta sombra me conoce y me ha llevado ya dos veces al despacho de la dirección.

—¿Pertenece a la policía del teatro? —preguntó Raoul.

13. En aquella época los bomberos tenían también la misión, al margen de las representaciones, de velar por la seguridad de la Ópera, pero este servicio fue luego suprimido. Cuando le pregunté al señor Pedro Gailhard las causas, me respondió que "era porque temieron que, en su perfecta inexperiencia del subsuelo del teatro, le pegaran fuego" *(N. del A.)*

—¡Mucho peor! —respondió sin más explicaciones el Persa.[14]

—¿No es... él?

—¿Él...? Si no llega por detrás, veremos sus ojos de oro... Ésta es, en cierto modo, nuestra fuerza en la oscuridad. Pero puede llegar por detrás... sin hacer ruido... y somos hombres muertos si no mantenemos siempre las manos como si fueran a disparar, extendidas hacia delante a la altura de los ojos.

El Persa no había terminado de formular otra vez tal "línea de conducta" cuando, ante los dos hombres, apareció un rostro fantástico.

...Un rostro completo... una cara; ya no sólo dos ojos de oro.

...Sino un rostro luminoso... ¡una cara incendiada!

Sí, una cara incendiada que avanzaba a la altura de un hombre, ¡pero sin cuerpo!

Aquella cara desprendía fuego.

Parecía, en la oscuridad, una llama en forma de rostro humano.

—¡Oh! —dijo el Persa entre dientes—, es la primera vez que la veo... ¡El teniente de bomberos no estaba loco...! ¡Efectivamente, la había visto...! ¿Qué significaba esta llama? ¡No es *él*, pero tal vez sea algo que él nos envía...! Atención... atención...

14. El autor, al igual que el Persa, no dará otra explicación acerca de la aparición de esta sombra. Mientras que todo, en esta histórica narración, será normalmente explicado en la sucesión de los acontecimientos, aparentemente anormales a veces, el autor, a posta, no hará comprender al lector lo que el Persa quiso decir con estas palabras: "¡Mucho peor!" (que alguien de la policía del teatro). El lector deberá adivinarlo, pues el autor ha prometido al exdirector de la Ópera, el señor Pedro Gailhard, guardar secreto acerca de la personalidad extremadamente interesante y útil de la errante sombra de la capa que, condenándose a vivir en los sótanos del teatro, ha prestado prodigiosos servicios a quienes, las noches de gala por ejemplo, osan arriesgarse por los sótanos. Estoy hablando de servicios del Estado y no puedo ser más explícito, palabra. *(N. del A.)*

En nombre del cielo, mantenga la mano a la altura del ojo..., a la altura del ojo.

El rostro de fuego, que parecía un rostro infernal, de demonio ardiente, seguía avanzando a la altura de un hombre, sin cuerpo, ante los dos hombres aterrorizados...

—Tal vez él nos envía este rostro por delante para poder sorprendernos por detrás..., o de lado... ¡con él nunca se sabe...! Conozco muchos de sus trucos..., pero éste..., pero éste..., no lo conozco todavía... ¡Huyamos...! Por prudencia... ¿no es cierto...? Por prudencia..., con la mano a la altura del ojo.

Y ambos huyeron por el corredor subterráneo que se abría ante ellos.

Transcurridos algunos segundos de aquella carrera, que les parecieron inacabables minutos, se detuvieron.

—Sin embargo —dijo el Persa—, él raramente viene por aquí. Esta parte no le interesa... esta parte no conduce al Lago ni a la mansión del Lago... pero tal vez sepa que vamos *tras sus huellas*..., aunque le prometí dejarlo tranquilo en adelante y no seguir ocupándome de sus historias.

Al decirlo, volvió la cabeza y lo mismo hizo Raoul.

Distinguieron todavía la incendiada cabeza detrás de sus dos cabezas. Los había seguido... y debía haber corrido también, tal vez incluso con mayor rapidez, pues les pareció que se había aproximado.

Al mismo tiempo, comenzaron a percibir cierto ruido cuya naturaleza no podían adivinar; advirtieron simplemente que aquel ruido parecía desplazarse y acercarse con la llama-rostro de hombre. Eran unos chirridos o, mejor dicho, unos crujidos, como si millares de uñas arañaran una pizarra, ruido espantosamente insoportable que se produce también, a veces, cuando en la barra de tiza hay una piedrecita que rechina contra la pizarra.

Retrocedieron de nuevo, pero la llama-rostro avanzaba, seguía avanzando, ganando terreno. Ahora se distinguían muy bien sus rasgos. Tenía ojos redondos y fijos, la nariz algo torcida y la boca grande con un labio inferior semicircular, colgante; casi como los ojos, la nariz y el labio de la luna, cuando la luna es roja, sanguinolenta.

¿Cómo se deslizaba por las tinieblas esa luna roja, a la altura de un hombre, sin punto de apoyo, sin cuerpo, al menos aparentemente, que la soportara? ¿Y cómo iba tan de prisa, en línea recta, con los ojos tan, tan fijos? ¿Y de dónde procedía ese rechinar, crujir, arañar que arrastraba con ella?

En un momento dado, el Persa y Raoul no pudieron seguir retrocediendo y se apoyaron con fuerza contra el muro, sin saber qué les iba a ocurrir por causa de aquel incomprensible rostro de fuego y, sobre todo, de aquel ruido intenso, hormigueante, vivo, "numeroso", pues tal ruido estaba provocado por centenares de pequeños ruidos que se agitaban en las tinieblas, bajo la llama-rostro.

La llama-rostro avanza... ¡Aquí está: illega con su ruido...!, illega a su altura...!

Y los dos compañeros, pegados contra el muro, sienten que los cabellos se les erizan de horror pues, ahora, saben de dónde proceden los mil ruidos. Vienen como un hervidero, arrastrados en las sombras por innumerables y pequeñas olas apresuradas, más rápidas que las olas que fluyen sobre la arena, cuando sube la marea, pequeñas olas nocturnas que se arraciman bajo la luna, bajo la luna-llama-rostro.

Y las pequeñas oleadas pasan bajo sus piernas, suben por sus piernas, irresistibles. Entonces, Raoul y el Persa no pueden contener sus gritos de horror, de espanto y de dolor.

No pueden, tampoco, seguir manteniendo las manos a la altura de los ojos, como, en aquella época, se mantenía la pistola antes de que sonara la orden de: "¡Fuego!". Bajan las manos hasta las piernas para rechazar los pequeños islotes brillantes que llevan cosas afiladas, las olas llenas de patas, y de uñas, y de garras, y de dientes.

Sí, sí, Raoul y el Persa están a punto de desvanecerse como el teniente de bomberos Papin. Pero la llama-rostro se ha vuelto hacia ellos al oír su chillido y les habla:

—¡No se muevan! ¡No se muevan…! ¡Sobre todo, no me sigan…! ¡Soy el matador de ratas…! ¡Déjenme pasar con mis ratas…!

Y, bruscamente, la llama-rostro desaparece, desvaneciéndose en las tinieblas, mientras que, ante ella, el corredor, a lo lejos, se ilumina, simple resultado de la maniobra que el matador de ratas acaba de realizar con su linterna. De repente, para no enfurecer a las ratas que le precedían, había vuelto la linterna sobre sí mismo, iluminando su propia cabeza; ahora, para apresurar su huida, ilumina el espacio negro que tiene delante… Entonces salta, arrastrando con él las oleadas de ratas, trepadoras, rechinantes, aquellos mil ruidos… El Persa y Raoul, liberados, respiran aunque todavía temblorosos.

—Hubiera debido recordar que Erik me habló del matador de ratas —dijo el Persa—, pero no me dijo que tenía este aspecto… y es extraño que hasta ahora no me lo haya encontrado nunca.[15]

15. El antiguo director de la Ópera, el señor Pedro Gailhard, me contó un día en el cabo de Ail, en casa de la señora de Pierre Woolf, acerca de la inmensa depredación subterránea debida a los estragos de las ratas, hasta que se contrató, por un precio bastante elevado, a un individuo que aseguraba la supresión de la plaga dando, cada quince días, una vuelta por los sótanos.

—¡Ah!, creí efectivamente que era un nuevo truco del monstruo —suspiró—. Pero no, él jamás viene por estos parajes.

—¿Estamos, pues, muy lejos del Lago? —interrogó Raoul—. ¿Cuándo llegaremos, señor...? ¡Vayamos al Lago...! Cuando lleguemos al Lago gritaremos, llamaremos, golpearemos las paredes... ¡Christine nos oirá...! Y él también nos oirá... y como usted lo conoce, podremos hablarle.

—¡Criatura! —dijo el Persa—. Jamás entraremos en la mansión del Lago por el Lago.

—¿Por qué?

—Porque allí ha acumulado todas sus defensas... Ni yo mismo he podido llegar nunca a la otra orilla..., a la orilla de la mansión... Primero hay que cruzar el Lago... y está bien guardado... Mucho temo que más de uno de esos antiguos tramoyistas, viejos cerradores de puertas, a los que nadie ha vuelto a ver, hayan intentado simplemente cruzar el Lago... Es terrible... Yo mismo estuve a punto de perecer... Si el monstruo no me hubiera reconocido a tiempo... Un consejo, señor, no se

---

Desde aquel día no hay en la Ópera más ratas que las admitidas en la sala de la danza. El señor Gailhard creía que aquel hombre había descubierto un perfume secreto que atraía a las ratas, como el que utilizan algunos pescadores en las piernas para atraer a los peces. Las obligaba a seguirlo, hasta alguna bodega donde las ratas, embriagadas, se dejaban ahogar. Hemos visto ya el espanto que la aparición de aquella figura había causado al teniente de bomberos, llegando a producirle incluso un desmayo (conversación con el señor Gailhard) y, para mí, no cabe duda de que la llama-rostro vista por el bombero era la misma que tan cruel emoción produjo al Persa y al vizconde de Chagny (papeles del Persa). *(N. del A.)*

[En el argot teatral francés la palabra *rat* (rata) designa a las bailarinas jóvenes, alumnas de la Academia Nacional de Música, empleadas en la Ópera para papeles de figuración. *(N del T.)*]

acerque jamás al Lago... Y, sobre todo, tápese los oídos si oye cantar a *la Voz bajo el agua*. La voz de la sirena.

—Pero, entonces —replicó Raoul en un enfebrecido arrebato de impaciencia y de rabia—, ¿qué estamos haciendo aquí...? Si no puede usted hacer nada por Christine, déjeme al menos morir por ella.

El Persa intentó calmar al joven.

—Sólo tenemos un medio de salvar a Christine Daaé, créame; y es lograr penetrar en la mansión sin que el monstruo lo advierta.

—¿Y podemos esperar algo así, señor?

—¡Caramba!, si no tuviera esa esperanza no habría venido a buscarla.

—¿Y cómo se puede entrar en la mansión del Lago, sin pasar por el Lago?

—Por el tercer sótano, de donde nos han expulsado tan desafortunadamente... caballero, y a donde vamos a regresar ahora mismo... Le diré, señor... —prosiguió el Persa con la voz repentinamente alterada—, le diré el lugar exacto... Se encuentra entre un bastidor y un decorado abandonado de *El rey de Lahore*, exactamente en el lugar donde murió Joseph Buquet...

—¡Ah!, ¿aquel jefe de tramoyistas que encontraron colgado?

—Sí, señor —añadió el Persa en un tono extraño—, y cuya cuerda nunca pudo encontrarse... ¡Vamos, valor... y en marcha...! Y ponga de nuevo la mano en guardia, señor... pero ¿dónde estamos?

El Persa tuvo que encender de nuevo su linterna sorda. Dirigió el haz luminoso a dos vastos corredores que se cruzaban en ángulo recto y cuyas bóvedas se perdían en el infinito.

—Debemos estar —dijo— en la parte reservada particularmente al servicio de aguas... No percibo luminosidad alguna
que provenga de las calderas.

Precedió a Raoul, buscando su camino, deteniéndose bruscamente cuando temía el paso de algún *hidráulico*, luego tuvieron
que protegerse de la luz de una especie de fragua subterránea que acababan de apagar y ante la cual Raoul reconoció los
demonios entrevistos por Christine en el curso de su viaje el día
de su primer cautiverio.

Regresaron, así, poco a poco, hasta el prodigioso subsuelo
del escenario.

Debían hallarse entonces en el fondo de la *tina*, a gran profundidad, si se piensa que se excavó la tierra *hasta quince
metros por debajo de las capas de agua* que existían en toda
aquella parte de la capital; y tuvo que extraerse toda el agua...
Tanta se retiró que, para dar una idea de la masa de agua ex-
pulsada por las bombas, sería necesario imaginar una superficie como el patio del Louvre y en altura una vez y media las
torres de Notre-Dame. Sin embargo, fue necesario conservar
un lago.

En aquel momento, el Persa tocó una pared y dijo:

—Si no me equivoco, este muro podría perfectamente perte-
necer a la mansión del Lago.

Golpeó entonces una pared de la tina. Y tal vez no sea ocioso
que el lector sepa cómo habían sido construidos el fondo y las
paredes de la tina.

Para evitar que las aguas que rodeaban la construcción per-
manecieran en contacto inmediato con los muros que sostenían
todo el edificio de la maquinaria teatral, cuyo conjunto de estructuras, carpintería, cerrajería y telas pintadas al temple debe
ser especialmente preservado de la humedad, *el arquitecto se*

vio en la necesidad de establecer por todas partes una doble envoltura.

El trabajo de esa doble envoltura exigió un año. El Persa golpeaba contra el muro de la primera envoltura interior, mientras hablaba a Raoul de la mansión del Lago. Para alguien que conociera la arquitectura del monumento, el gesto del Persa parecía indicar que la *misteriosa mansión de Erik había sido construida en la doble envoltura,* formada por un grueso muro que actuaba como dique, luego por una pared de ladrillo, una enorme capa de cemento y otro muro de varios metros de grosor.

Al oír las palabras del Persa, Raoul se abalanzó contra la pared y escuchó ávidamente.

…Pero no oyó nada…, nada más que los lejanos pasos que resonaban sobre las tablas de la parte alta del teatro.

El Persa había apagado de nuevo la linterna.

—¡Atención! —exclamó—, ¡cuidado con la mano!, y ahora silencio, pues vamos a intentar penetrar en su casa.

Y lo arrastró hasta una pequeña escalera por la que, antes, habían bajado.

…Subieron de nuevo, deteniéndose en cada peldaño, espiando la oscuridad y el silencio…

Llegaron así al tercer sótano…

El Persa indicó entonces, por señas, a Raoul, que se arrodillara y, así, avanzando sobre las rodillas y una mano, y la otra mantenida en la posición indicada, llegaron a la pared del fondo.

Apoyada en aquella pared había una gran tela abandonada del decorado de *El rey de Lahore.*

…Y, muy cerca del decorado, un bastidor…

Entre el decorado y el bastidor había apenas lugar para un cuerpo.

...Un cuerpo que, cierto día, habían encontrado colgado... el cuerpo de Joseph Buquet.

El Persa, que seguía a gatas, se detuvo. Escuchaba.

Por un momento pareció dudar y miró a Raoul, luego sus ojos se dirigieron arriba hacia el segundo sótano que les enviaba la débil luminosidad de una linterna por el espacio que quedaba entre dos tablas.

Evidentemente la luminosidad molestaba al Persa.

Por fin inclinó la cabeza y se decidió.

Se deslizó entre el bastidor y el decorado de *El rey de Lahore*.

Raoul le siguió los pasos.

La mano libre del Persa tanteaba la pared. Raoul, por un instante, lo vio oprimir con fuerza la pared, como había oprimido el muro del camerino de Christine...

Y una piedra basculó...

Ahora había un agujero en la pared...

El Persa sacó esta vez su pistola del bolsillo e indicó a Raoul que debía imitarlo. Armó la pistola.

Resueltamente, siempre a gatas, se introdujo por el agujero que la piedra, al bascular, había dejado en el muro.

Raoul, que quiso pasar primero, tuvo que contentarse con seguirlo.

El agujero era bastante estrecho; el Persa se detuvo casi enseguida. Raoul le oyó palpar la piedra a su alrededor. Luego, sacó de nuevo la linterna sorda y se inclinó hacia delante, examinó algo que se hallaba debajo de él y apagó enseguida la linterna. Raoul le oyó decir en un susurro:

—Tendremos que dejarnos caer, sin ruido, unos metros; quítese los botines.

El mismo Persa estaba procediendo ya a tal operación. Le pasó sus zapatos a Raoul.

—Póngalos—dijo— más allá del muro... Los encontraremos cuando salgamos.[16]

Tras ello, el Persa avanzó un poco. Luego se volvió por completo, siempre a gatas, y se encontró así frente a frente con Raoul.

Le dijo:

—Me colgaré con las manos del extremo de la piedra, y me dejaré caer *en su casa*. Luego usted hará exactamente lo mismo. No tema: lo recibiré en mis brazos.

El Persa hizo lo que había dicho; y, abajo, Raoul oyó pronto el sordo ruido que, evidentemente, era producido por la caída del Persa. El joven se sobresaltó ante el temor de que el ruido descubriera su presencia. Sin embargo, mucho más que tal ruido era la ausencia de cualquier otro lo que le provocaba a Raoul una horrenda angustia. ¡Cómo!, según el Persa acababan de entrar en los propios muros de la mansión del Lago, y no oían a Christine... ¡Ni un grito..., ni una llamada..., ni un gemido...! ¡Dioses!, ¿acaso llegaban demasiado tarde...?

Raspando, con las rodillas, el muro, agarrándose a la piedra con sus nerviosos dedos, se dejó caer.

Sintió enseguida un abrazo.

—¡Soy yo! —dijo el Persa—, por favor, silencio.

Y permanecieron inmóviles, escuchando...

Nunca, a su alrededor, las sombras habían sido más opacas...

Jamás el silencio más pesado ni más terrible.

Raoul se hundía las uñas en los labios para no aullar.

---

16. Estos dos pares de botines que, según los papeles del Persa, fueron depositados entre el bastidor y el decorado de *El rey de Lahore*, en el lugar donde había sido encontrado ahorcado Joseph Buquet, jamás fueron encontrados. Sin duda debieron ser tomados por algún tramoyista o algún "cerrador de puertas". *(N. del A.)*

—¡Christine! ¡Soy yo...! Respóndeme si no has muerto, Christine.

Por fin, comenzó de nuevo el manejo de la linterna sorda. El Persa dirigió los rayos por encima de sus cabezas, contra el muro, buscando, sin encontrarlo, el agujero por donde habían saltado...

—¡Oh! —exclamó—, la piedra se ha cerrado por sí sola.

Y el haz luminoso de la linterna descendió a lo largo de la pared hasta llegar al suelo.

El Persa se inclinó y recogió algo, una especie de hilo que examinó unos segundos y arrojó con horror.

—¡El lazo del Pendjab! —murmuró.

—¿De qué se trata? —preguntó Raoul.

—Podría —respondió el Persa, estremeciéndose—, podría muy bien ser la cuerda del colgado que tanto buscaban...

Y, presa de pronto de una nueva ansiedad, paseó el pequeño disco rojo de su linterna por las paredes... Iluminó así, extraño acontecimiento, un tronco de árbol que, gracias a sus hojas, parecía todavía vivo... Las ramas de este árbol subían a largo de la pared para perderse en el techo.

A causa de las reducidas dimensiones del disco luminoso era difícil, de buenas a primeras, darse cuenta de las cosas... se veía un rincón con ramas..., luego una hoja... y otra... y, a su lado, no se veía nada de nada... sólo el haz luminoso que parecía reflejarse a sí mismo... Raoul pasó la mano por aquel nada de nada, por aquel reflejo...

—¡Caramba! —exclamó—, la pared es un espejo.

—¡Sí, un espejo! —dijo el Persa en un tono que indicaba la más profunda emoción. Y añadió, pasándose la mano que sujetaba la pistola por su sudorosa frente—: ¡Hemos caído en la cámara de los tormentos!

XXII

Relato del Persa

El mismo Persa ha contado cómo había intentado, en vano, hasta aquella noche, penetrar por el Lago en la mansión del Lago; cómo había descubierto la entrada del tercer sótano y, finalmente, cómo el vizconde de Chagny y él tuvieron que vérselas con la infernal imaginación del fantasma en *la cámara de los tormentos*. Éste es el relato escrito que nos dejó (en condiciones que se precisarán más tarde) y no he cambiado ni una sola palabra del original. Lo doy a la luz tal cual, porque no he creído conveniente silenciar las aventuras personales del daroga en torno a la mansión del Lago, antes de caer en ella acompañado de Raoul. Si, durante unos instantes, ese interesante inicio parece alejarnos un poco de la cámara de los tormentos, sólo lo hace para mejor devolvernos a ella luego, tras haber explicado cosas muy importantes y algunas actitudes y modos de hacer del Persa que han podido parecer extraordinarios.

"Era la primera vez que penetraba en la mansión del Lago —escribe el Persa—. En vano había rogado yo al *aficionado a los escotillones*, así llamábamos, en mi país, en Persia, a Erik, que me abriera sus misteriosas puertas. Siempre se había negado. Yo, que era pagado para conocer muchos de sus secretos y sus trucos, había en vano intentado, por medio de artimañas, forzar la consigna. Desde que me había vuelto a encontrar con

Erik en la Ópera, que parecía haber elegido como domicilio, lo había espiado a menudo, tanto por los corredores superiores como por los de abajo, o en las orillas mismas del Lago, mientras creyéndose solo, subía a la pequeña barca y abordaba directamente la pared de enfrente. Pero la oscuridad que lo rodeaba era siempre demasiado impenetrable para permitirme ver en qué lugar exacto hacía uso de la puerta del muro. La oscuridad, y también una terrible idea que se me había ocurrido al reflexionar sobre ciertas frases que me había dicho el monstruo, me impulsaron, cierto día en que yo me creía también solo, a subir a la pequeña barca y a dirigirla hacia aquella parte del muro por donde había visto desaparecer a Erik. Entonces tuve que vérmelas con la sirena que custodiaba los accesos a aquellos lugares, y cuyo encanto estuvo a punto de ser fatal para mí en las condiciones precisas que narro a continuación. Apenas había dejado yo la orilla cuando el silencio por el que navegaba fue insensiblemente turbado por una especie de aliento cantarín que me rodeó. Era, a un tiempo, respiración y música; aquello brotaba dulcemente de las aguas del Lago y me rodeaba sin que yo pudiera descubrir por qué artificio. Aquello me seguía, se desplazaba conmigo y era tan suave que no me daba miedo. Por el contrario, con el deseo de acercarme a la fuente de aquella dulce y cautivadora armonía, me incliné por la borda de mi pequeña barca, hacia las aguas, pues no me cabía duda de que el canto procedía de las propias aguas. Me hallaba ya en medio del Lago y en la barca no había nadie más que yo; la voz, pues ahora se trataba claramente de una voz, estaba a mi lado, sobre las aguas. Me incliné..., me incliné un poco más... El Lago estaba en perfecta calma y el rayo de luna que, tras haber pasado por el tragaluz de la rue Scribe, lo iluminaba, no me mostró nada en absoluto sobre aquella superficie lisa y negra como la tinta. Sacudí un poco las orejas con el propósito de desembarazarme de un posible zumbido, pero tuve que rendirme a la evidencia de que no existe zumbido tan armonioso como el cantarín aliento que me seguía y que, ahora, me atraía.

"Si hubiera yo sido un espíritu supersticioso o fácilmente accesible a las debilidades, no habría dejado de pensar que me las estaba viendo con alguna sirena encargada de turbar al viajero tan osado como para viajar por las aguas de la mansión del Lago, pero ¡gracias a Dios!, soy de un país donde amamos en demasía lo fantástico para no conocerlo a fondo y, antaño, yo mismo lo había estudiado mucho; con los más sencillos trucos alguien que conozca su oficio puede hacer trabajar la imaginación humana.

"De modo que no dudaba en absoluto de que me las estaba viendo con un nuevo invento de Erik, pero, una vez más, aquel invento era tan perfecto que, al inclinarme por encima de la borda, me impulsaba menos el deseo de descubrir la superchería que el de gozar de su encanto.

"Me incliné, me incliné..., hasta estar a punto de zozobrar.

"De pronto, dos brazos monstruosos brotaron del seno de las aguas y me agarraron del cuello, arrastrándome hacia el abismo con una fuerza irresistible. Ciertamente habría estado perdido si no hubiera tenido tiempo de lanzar un grito por el que Erik me reconociera.

"Pues era él, y en vez de ahogarme como había tenido ciertamente la intención de hacer, nadó y me depositó suavemente en la orilla.

"—¿Te das cuenta de tu imprudencia? —me dijo, irguiéndose ante mí chorreando todavía aquel agua infernal—. ¿Por qué intentas entrar en mi morada? No te he invitado. No quiero saber nada de ti ni de nadie en el mundo. ¿Acaso sólo me salvaste la vida para hacérmela insoportable? Por grande que sea el servicio que le prestaste, tal vez Erik terminará por olvidarlo y sabes que nada puede contener a Erik, ni siquiera el propio Erik.

"Él hablaba pero, yo no sentía más deseo que el de conocer lo que llamaba ya *el truco de la sirena*. Aceptó satisfacer mi curiosidad, pues Erik , que es un auténtico monstruo, y lo juzgo de este modo porque, lamentablemente, tuve en Persia ocasión de verlo actuar, es también, por otro lado, un verdadero niño presuntuoso y vanidoso, y nada le gusta tanto, tras haber asombrado a su público, como demostrar el ingenio verdaderamente milagroso de su espíritu.

"Se puso a reír y me enseñó un largo tallo de caña.

"—Es un truco muy tonto —me dijo—, pero es muy cómodo para respirar y cantar bajo el agua. Es una artimaña que aprendí de los piratas del Tonkín, que así pueden permanecer ocultos horas enteras en el fondo de los ríos.[17]

"Le hablé con severidad:

"—Es un truco que ha estado a punto de matarme... —dije— y tal vez ha sido fatal para otros.

"No me respondió, pero se levantó ante mí con aquel aire de infantil amenaza que tanto conozco.

"No me dejé 'impresionar'. Le dije claramente:

"—Ya sabes lo que me prometiste, Erik. Basta de crímenes.

"—Pero ¿realmente —preguntó adoptando un aire amable— he cometido crímenes?

17. Un informe administrativo, venido del Tonkín y llegado a París a fines de julio de 1900, cuenta cómo el célebre jefe de banda De Tham, perseguido con sus piratas por nuestros soldados, escapó con todos los suyos, gracias a la argucia de las cañas. *(N. del A.)*

"—¡Desgraciado...! —exclamé—. ¿Acaso has olvidado las *horas rosas de Mazenderan?*

"—Sí —respondió repentinamente triste—, prefiero haberlas olvidado; sin embargo, hice reír mucho a la pequeña sultana.

"—Todo eso —dije yo— pertenece al pasado..., pero existe el presente..., y me debes cuentas del presente porque, si yo hubiera querido, no existiría para ti... Recuérdalo, Erik: ¡te salvé la vida!

"Y aproveché el derrotero que había tomado la conversación para hablarle de una cosa que, desde hacía algún tiempo, ocupaba a menudo mis pensamientos.

"—Erik —pedí—. Erik, júrame...

"—¿Qué? —exclamó—, bien sabes que no cumplo mis juramentos. Los juramentos se han hecho para engañar a los imbéciles.

"—Dímelo... A mí bien puedes decírmelo.

"—¿Qué?

"—¿El candil... el candil? Erik...

"—¿Qué hay del candil?

"—Bien sabes lo que quiero decir.

"—¡Ah! —sonrió sarcástico—, el candil... Te lo diré... *Lo del candil no fue cosa mía...* El candil estaba muy gastado...

"Cuando reía, Erik era todavía más horrendo. Saltó a la barca riéndose de modo tan siniestro que no pude evitar el temblor.

"—Muy gastado, querido *daroga*.[18] Muy gastado, aquel candil...

"Cayó solo... ¡Hizo buumm! Y, ahora, acepta un consejo, daroga, ve a secarte si no quieres tener una buena jaqueca..., y no

18. Daroga, en Persia: comandante general de la policía del gobierno. *(N. del A.)*

305

vuelvas a subir nunca en mi barca…, y, sobre todo, no intentes entrar en mi casa…, no siempre estoy…, daroga…, y me apenaría tener que dedicarte mi *misa de difuntos*.

"Mientras lo decía, riendo sarcásticamente, se mantenía de pie en la parte trasera de su barca y se movía con un balanceo de mono. Parecía entonces inconmovible como una roca, con sus ojos dorados. Y, luego, ya sólo vi sus ojos y, por fin, desapareció en la noche del Lago.

"¡A partir de aquel día renuncié a penetrar en su mansión del Lago! Evidentemente aquella entrada estaba demasiado bien custodiada, en especial desde que sabía que yo la conocía. Pero pensé que debía existir otra, pues, más de una vez, había visto desaparecer a Erik en el tercer sótano, mientras yo lo vigilaba, sin que pudiera adivinar cómo lo hacía. Nunca repetiré lo suficiente que, desde que encontré de nuevo a Erik, instalado en la Ópera, yo vivía en el perpetuo terror de sus horribles fantasías, no por lo que pudiera afectarme, ciertamente, sino por lo que los demás podían temer.[19] Y cuando sucedía algún accidente, algún acontecimiento fatal, no dejaba de decirme: 'Tal vez haya sido Erik…', como los demás decían a mi alrededor: 'Ha sido el fantasma…'. ¿Cuántas veces no habré oído pronunciar esta frase por gente que sonreía? ¡Infelices! Si hubieran sabido que el fantasma existía en carne y hueso y era mucho más

19. Aquí el Persa hubiera podido confesar que la suerte de Erik le interesaba también por sí mismo, pues no ignoraba que si el gobierno de Teherán sabía que Erik seguía vivo, la modesta pensión del antiguo daroga no duraría mucho. Es justo, por lo demás, añadir que el Persa poseía un corazón noble y generoso, y no dudamos en absoluto que las catástrofes que los demás podían temer ocuparan en gran medida su espíritu. Su conducta, por lo demás, en todo este asunto, es prueba suficiente y está por encima de todo elogio. *(N. del A.)*

terrible que la vana sombra que evocaban, juro que habrían dejado de burlarse... Si sólo hubieran sabido de qué era capaz Erik, sobre todo en un campo de batalla como el de la Ópera... ¡si hubieran conocido el fondo de mi temible pensamiento...!

"Por mi parte, ya no podía vivir... Aunque Erik me hubiera anunciado con suficiente solemnidad que había cambiado y se había convertido en el más virtuoso de los hombres, *desde que era amado por sí mismo*, frase que al oírla me dejó horriblemente perplejo, no podía evitar estremecerme al pensar en el monstruo. Su aterradora, única y nauseabunda fealdad lo ponía al margen de la humanidad, y muy a menudo me había parecido que, por la misma razón, él no creía tener deber alguno para con la raza humana. El modo como me había hablado de sus amores sólo había aumentado mis zozobras, pues yo preveía que aquel acontecimiento al que había aludido como refiriéndose a una habladuría, tono que yo conocía muy bien, sería causa de nuevos dramas más horrendos que todos los demás. Sabía hasta qué grado de sublime y desastrosa desesperación podía llegar el dolor de Erik, y las palabras que me había dicho, difusamente anunciadoras de la más horrible catástrofe, no cesaban de habitar mis temibles pensamientos.

"Por otra parte, yo había descubierto el extraño comercio moral que se había establecido entre el monstruo y Christine Daaé. Oculto en la buhardilla contigua al camerino de la joven diva, yo había asistido a admirables sesiones de música que, evidentemente, sumían a Christine en un maravilloso éxtasis; sin embargo, jamás hubiera podido imaginar que la voz de Erik, que podía ser retumbante como el trueno o dulce como la de los ángeles, a voluntad, pudiese hacer olvidar su fealdad. Lo comprendí todo cuando descubrí que Christine no lo había visto todavía. Tuve la ocasión de penetrar en el camerino y, recordando las lecciones que antaño me había dado, no me costó encontrar el mecanismo que hacía pivotar el muro que sostenía el espejo y comprobé por qué artimañas de ladrillos huecos, de ladrillos bocina, conseguía que Christine lo oyera como si estuviera a su lado. Descubrí, también de este modo, el camino que lleva a la fuente y al calabozo, al calabozo usado por los de la Comuna, y también el escotillón que permitía a Erik introducirse directamente en los sótanos del escenario.

"Cuál fue mi estupefacción, algunos días más tarde, al enterarme, por mis propios ojos y oídos, de que Erik y Christine Daaé se veían, y al sorprender al monstruo, inclinado sobre la llorosa pequeña, en el camino de los comuneros (a un extremo, bajo tierra) y refrescando la frente de una Christine Daaé desvanecida. Un caballo blanco, el caballo del *Prophète*, que había desaparecido de las cuadras de los sótanos de la Ópera se mantenía tranquilamente a su lado. Me dejé ver. Fue terrible. Vi unas chispas que brotaban de los dos ojos de oro y fui, antes de poder decir una sola palabra, alcanzado en plena frente por un golpe que me aturdió. Cuando volví en mí, Erik, Christine y el caballo blanco habían desaparecido. Estaba convencido de que la infeliz se hallaba prisionera en la mansión del Lago. Sin dudarlo, decidí regresar a la orilla, pese al evidente peligro de semejante empresa. Durante veinticuatro horas espié, oculto cerca de la negra ribera, la aparición del monstruo, pues pensaba que saldría, porque estaba forzado a procurarse provisiones. Y debo decir, a este propósito, que, cuando iba a París o se atrevía a aparecer en público, se ponía, en el lugar de su horrendo agujero nasal, una nariz de cartón provista de un bigote, lo que no le privaba por completo de su aire macabro, puesto que, cuando pasaba, se decía a sus espaldas: '¡Caramba!, por ahí viene uno que ha escapado de la tumba', pero le hacía casi, y digo casi, soportable a la vista.

"Estaba, pues, espiándolos a orillas del Lago, del Lago del Averno, como había llamado, varias veces, ante mí, con risa sardónica, a su Lago, y fatigado de mi larga espera, seguía diciéndome: 'Ha pasado por otra puerta, la del «tercer sótano»', cuando escuché un leve chapoteo en la oscuridad, vi los dos ojos dorados brillando como fanales y, pronto, la barca atracó. Erik saltó a la orilla y vino hacia mí.

"—Hace ya veinticuatro horas que estás aquí —me dijo—; me estás cansando; te anuncio que esto va a terminar muy mal. ¡Y tú lo habrás querido!, pues mi paciencia es prodigiosa sólo por ti... Crees seguirme, inmenso necio (textual), pero soy yo quien te sigue, y sé todo lo que tú sabes de mí. Ayer, en *mi camino de los comuneros*, te perdoné; pero te lo advierto, de verdad, que no te vuelva a ver por allí. Eres muy imprudente, palabra, y me pregunto si sabes qué significa lo que te estoy diciendo.

"Estaba tan encolerizado que no quise, entonces, interrumpirlo. Tras haber resoplado como una foca, precisó su horrible pensamiento, que correspondía a mi temible pensamiento.

"—Sí, hay que saber de una vez por todas (de una vez por todas he dicho) qué significa lo que estoy diciendo. Te digo que con tus imprudencias (pues ya te has hecho detener dos veces por la sombra del sombrero de fieltro, que ignoraba lo que hacías en los sótanos y te ha llevado a los directores que te han tomado por un fantasioso persa, aficionado a los trucos de prestidigitación y a los bastidores teatrales... Yo estaba allí... sí, estaba en el despacho; ya sabes que estoy en todas partes), te decía, pues, que con tus imprudencias terminarán preguntándose qué estás buscando aquí... terminarán sabiendo que buscas a Erik..., y, como tú, buscarán a Erik..., y descubrirán la mansión del Lago... Entonces, amigo, peor para ellos... ¡No respondo de nada!

"Resopló de nuevo como una foca.

"—¡De nada...! Si los secretos de Erik no siguen siendo los secretos de Erik, peor para *muchos de los pertenecientes a la raza humana.* Eso es todo lo que quería decirte, a menos que seas un rematado necio (textual), debiera bastarte; a menos que no sepas lo que significan mis palabras...

"Estaba sentado en la parte trasera de su barca y golpeaba la madera de la pequeña embarcación con los talones, aguardando mi respuesta; le dije simplemente:

"—No es a Erik a quien vengo a buscar aquí...

"—Y ¿a quién buscas?

"—Ya lo sabes: a Christine Daaé.

"Me replicó:

"—Tengo perfecto derecho a citarla en mi casa. Me ama por mí mismo.

"—No es cierto—dije—, la has raptado y la mantienes prisionera.

"—Escucha —me dijo—, ¿prometes no ocuparte más de mis asuntos si te pruebo que me ama por mí mismo?

"—Sí, te lo prometo —respondí sin dudar, pues creí que para tal monstruo era imposible realizar semejante prueba.

"—¡Muy bien, es sencillo...! Christine Daaé saldrá de aquí cuando guste y volverá... ¡Sí, volverá!, porque querrá..., volverá por sí misma, porque me ama por mí mismo...

"—¡Oh, dudo mucho que vuelva...! Pero tu deber es dejarla partir.

"—Mi deber, ¡inmenso necio! (textual), es mi voluntad..., mi voluntad de dejarla partir; y volverá... ¡pues me ama...! Todo esto terminará, te lo aseguro, en una boda..., una boda en la Madeleine, ¡rematado necio! (textual). ¿Me crees ya? Te aseguro que mi misa de matrimonio está ya escrita... ¡Ya verás qué *Kyrie*...!

"Golpeó de nuevo con sus talones en la madera de la barca, en una especie de ritmo que acompañaba a media voz cantando: *¡Kyrie...! ¡Kyrie...! ¡Kyrie Eleison...!* ¡Ya verás, verás qué misa!

"—Escucha —dije—, te creeré si veo a Christine Daaé salir de la mansión del Lago y regresar libremente a ella.

"—¿Y no seguirás ocupándote de mis asuntos? Muy bien, esta noche lo verás... Ven al baile de máscaras. Christine y yo nos daremos una vueltecita por allí... Luego te ocultarás en la buhardilla y verás cómo Christine, que habrá regresado a su camerino, estará deseando tomar de nuevo el camino de los comuneros.

"—¡De acuerdo!

"Si veía aquello, efectivamente, sólo tendría que inclinarme, pues una bellísima persona tiene derecho a amar al más horrible de los monstruos, sobre todo cuando, como éste, posee la seducción de la música y la tal persona es, precisamente, una distinguida cantante.

"—¡Y ahora vete!, tengo que marcharme para hacer mis compras...

"Me fui, pues, inquietándome todavía a causa de Christine Daaé, pero sobre todo guardando, en el fondo de mí mismo, un temible pensamiento que había formidablemente despertado por mis imprudencias.

"Me decía: '¿Cómo terminará todo esto?'. Y, por más que soy de temperamento fatalista, no podía deshacerme de una indefinible angustia motivada por la increíble responsabilidad que, cierto día, había recaído sobre mí al dejar vivir a un monstruo que, hoy, *amenazaba a muchos de los pertenecientes a la raza humana.*

"Ante mi enorme asombro, las cosas ocurrieron como él me había anunciado. Christine Daaé salió de la mansión del Lago y regresó a ella varias veces sin que, aparentemente, se viera forzada a hacerlo. Mi espíritu quiso entonces desprenderse de aquel amoroso misterio, pero era muy difícil, sobre todo para mí, a causa del temible pensamiento, no preocuparme por Erik. Sin embargo, resignado a una extremada prudencia, no cometí el error de regresar a orillas del Lago o tomar de nuevo el camino de los comuneros. Pero el recuerdo de la puerta secreta del tercer sótano me perseguía y, más de una vez, me dirigí directamente a aquel lugar que, como sabía, estaba con frecuencia desierto durante el día. Pasaba allí interminables estancias retorciéndome los dedos y oculto por un decorado de *El rey de Lahore*, dejado allí, ignoro por qué, puesto que *El rey de Lahore* no se representaba con frecuencia. Tanta paciencia debía verse recompensada. Cierto día vi que el monstruo venía, a gatas, hacia mí. Yo estaba seguro de que no me veía. Pasó entre el decorado que allí estaba y un bastidor, fue hasta el muro y manejó, en un lugar que pude precisar de lejos, un resorte que hizo bascular una piedra y abrió un pasadizo. Desapareció por aquel pasadizo y la piedra se cerró tras él. Así pues, conocía ya el secreto del monstruo, secreto que podía, cuando la hora llegara, entregarme la mansión del Lago.

"Para asegurarme, aguardé al menos media hora e hice, a mi vez, actuar el resorte. Todo ocurrió al igual que con Erik. Pero no quise penetrar en el agujero sabiendo que Erik estaba en casa. Por otra parte, la idea de que Erik podía sorprenderme aquí me recordó, de pronto, la muerte de Joseph Buquet y, no deseando comprometer semejante descubrimiento, que podía ser útil a mucha gente, *a muchos de los pertenecientes a la raza humana*, abandoné los sótanos del teatro tras haber colocado cuidadosamente la piedra en su lugar, de acuerdo con un sistema que no había variado en absoluto desde Persia.

"Ya imaginarán que la intriga de Erik y Christine Daaé seguía interesándome mucho, no por obedecer a la circunstancia de una enfermiza curiosidad, sino a causa, como antes he dicho, de aquel temible pensamiento que no me abandonaba: 'Si Erik descubre —pensaba— que no es amado por sí mismo, podemos esperar cualquier cosa'. Y, sin cesar de vagar prudentemente por la Ópera, pronto supe la verdad acerca de los tristes amores del monstruo. Se había apoderado, por el terror, del espíritu de Christine, pero el corazón de la dulce niña pertenecía por completo al vizconde Raoul de Chagny. Mientras ambos jugaban, como dos inocentes prometidos, en la parte alta de la Ópera, huyendo del monstruo, no sospechaban que alguien velaba por ellos. Yo estaba decidido a todo: a matar al monstruo, si era preciso, y dar luego explicaciones a la justicia. Pero Erik no se dejó ver y ello no me tranquilizaba.

"Es preciso que explique todos mis cálculos. Creía que el monstruo, expulsado de su morada por los celos, me permitiría penetrar así sin peligro en la mansión del Lago por el pasadizo del tercer sótano. Yo estaba muy interesado, en beneficio de todo el mundo, en saber exactamente lo que allí dentro podría haber. Cierto día, cansado de aguardar una ocasión, hice bascular la piedra y, de inmediato, oí una música formidable; el monstruo trabajaba, con todas las puertas de su casa abiertas, en su *Don Juan triunfante*. Yo sabía que aquélla era la obra de su vida. No quise moverme y permanecí prudentemente en mi oscuro agujero. Cesó por unos instantes de tocar y comenzó a caminar como un loco por su morada. Y dijo en voz alta, resonante:

"—¡Todo tiene que estar terminado antes! ¡Completamente terminado!

"Esta frase no podía, tampoco, tranquilizarme y, como la música comenzó de nuevo, cerré suavemente la piedra. Pero, pese a la piedra cerrada, oía todavía un canto lejano, lejano, que brotaba de las profundidades de la tierra, como el canto de la sirena había brotado de las profundidades de las aguas. Y recordé las palabras de algunos tramoyistas que habían provocado sonrisas cuando murió Joseph Buquet:

"—Había, alrededor del cuerpo del ahorcado, un rumor que se parecía a un canto funerario.

"El día del rapto de Christine Daaé llegué muy tarde al teatro temblando ante la posibilidad de enterarme de malas noticias. Había pasado un día atroz, pues, desde que leí un periódico de la mañana que anunciaba el matrimonio de Christine y del vizconde de Chagny, no había dejado de preguntarme si, a fin de cuentas, *no haría mejor denunciando al monstruo.* Pero recuperé la razón y me persuadí de que tal actitud sólo podía precipitar la posible catástrofe.

"Cuando el coche me dejó ante la Ópera, miré al monumento como si me asombrara realmente *verlo todavía en pie.*

"Pero, como todo oriental, soy un poco fatalista y entré *preparado para todo.*

"El rapto de Christine Daaé en el acto de la prisión, que naturalmente sorprendió a todo el mundo, me encontró dispuesto. Estaba seguro de que Erik la había engañado, como el rey de los prestidigitadores que, en verdad, es. Y pensé que aquella vez era el fin para Christine y, *tal vez, para todo el mundo.*

"Entonces me pregunté si no sería oportuno aconsejar que emprendiera la huida a toda aquella gente que permanecía en el teatro.

"Pero fui de nuevo detenido, en mis deseos de denuncia, por la certidumbre de que me tomarían por un loco. Además, no ignoraba que si, por ejemplo, gritaba '¡Fuego!' para lograr que la gente saliera, podía ser el causante de una catástrofe, de asfixias en la huida, aplastamientos, luchas salvajes, peores que la catástrofe misma.

"Sin embargo, resolví actuar personalmente sin esperar más. Por otra parte, el momento me pareció propicio. Había muchas posibilidades de que Erik, en aquel momento, sólo pensara en su cautiva. Era preciso aprovecharlo para penetrar en su morada por el tercer sótano y pensé unirme, para tal empresa, con el pobre, pequeño y desesperado vizconde que, a las primeras palabras, acepté demostrando una confianza en mí que me conmovió profundamente; yo había enviado a mi criado para que trajera mis pistolas. Darius se unió a nosotros, con el estuche, en el camerino de Christine. Entregué una pistola al vizconde aconsejándole que se dispusiera, como yo mismo, a disparar pues, a fin de cuentas, Erik podía estar esperándonos detrás del muro. Debíamos pasar por el camino de los comuneros y el escotillón.

"El pequeño vizconde me había preguntado, al ver mis pistolas, si teníamos que batirnos en duelo. '¡Cierto! —le dije—, ¡y qué duelo!' Pero, naturalmente, no tuve tiempo de explicarle nada. El pequeño vizconde es valeroso pero, al fin y al cabo, lo ignoraba casi todo de su adversario. ¡Y era mejor así!

"¿Qué es un duelo con el más terrible de los espadachines si se compara a un combate con el más genial de los prestidigitadores? Yo mismo me acostumbraba difícilmente a la idea de que iba a iniciar una lucha con el hombre que sólo es realmente visible cuando lo desea y que, en cambio, lo ve todo a su alrededor, aunque para los demás todo permanece oscuro... Con un hombre cuya extraña ciencia, sutileza, imaginación y habilidad le permiten disponer de todas las fuerzas naturales, combinándolas para crear ante los ojos o los oídos de los demás la ilusión que los perderá... Y todo en los sótanos de la Ópera, es decir, en el país de la fantasmagoría. ¿Es posible pensar, sin estremecimiento, en algo semejante? ¿Es posible, simplemente, hacerse una idea de lo que podría ocurrir, ante los ojos o los oídos de un habitante de la Ópera, si se hubiera encerrado en la Ópera, en sus cinco sótanos y sus veinticinco pisos, a un Robert Houdin feroz y burlón, que a veces se divirtiera y otras odiara, que a veces vaciara los bolsillos y otras matara...?

"Piensen en ello. ¡Combatir al aficionado a los escotillones! ¡Dios mío!, ¡a quien construyó en todos los palacios de nuestro país esas sorprendentes trampillas giratorias que son los mejores escotillones! ¡Combatir al aficionado a los escotillones en el país de los escotillones...!

"Si mi esperanza estribaba en que no hubiera abandonado a Christine Daaé en aquella mansión del Lago donde había debido transportarla, una vez más, desvanecida, mi terror era que estuviera ya merodeando a nuestro alrededor, preparando el *lazo del Pendjab*.

"Nadie mejor que él sabe lanzar el lazo del Pendjab y es el príncipe de los estranguladores al igual que es el rey de los prestidigitadores. Cuando había terminado ya de hacer reír a la pequeña sultana, en el tiempo de las *horas rosas de Mazenderan*, ésta le pedía que se divirtiera haciéndola estremecer. Y él no había encontrado nada mejor que el juego del lazo del Pendjab. Erik, que había vivido en la India, había regresado con una increíble habilidad para estrangular. Se hacía encerrar en un patio adonde llevaban un guerrero, con frecuencia condenado a muerte, armado con una larga pica y una amplia espada. Erik, por su parte, sólo tenía el lazo y siempre sucedía que, precisamente cuando el guerrero creía matar a Erik de un golpe formidable, se escuchaba silbar el lazo. Con un movimiento de muñeca, Erik había apretado la delgada cuerdecita en el cuello de su enemigo y lo arrastraba, enseguida, ante la pequeña sultana y sus doncellas que miraban por una ventana y aplaudían. También la pequeña sultana aprendió a lanzar el lazo del Pendjab y mató de este modo a varias de sus doncellas e incluso a algunas de sus amigas cuando la visitaban. Pero prefiero dejar el terrible tema de las *horas rosas de Mazenderan*. Si he hablado de ello es porque tuve, cuando llegué con el vizconde de Chagny a los sótanos de la Ópera, que poner en guardia a mi compañero contra una posibilidad, siempre amenazándonos, de estrangulación. Cierto, una vez que en los sótanos mis pistolas no podían ya servirnos de nada, pues yo estaba seguro de que, desde el momento en que no se había opuesto de inmediato a nuestra entrada en el camino de los comuneros, Erik no se dejaría ya ver. Pero siempre podía estrangularnos. No tuve tiempo de explicárselo todo al vizconde y ni siquiera sé si, de haber dispuesto de tal tiempo, lo hubiera utilizado para contarle que había en alguna parte, en la oscuridad, un lazo del Pendjab dispuesto a silbar. Era inútil complicar la situación y me limité a aconsejar al señor de Chagny que mantuviera su mano siempre a la altura de los ojos, con el brazo doblado en la posición del tirador de pistola que aguarda la orden de 'fuego'. En esta posición es posible, aun para el más experto estrangulador, lanzar con efectividad el lazo del Pendjab. Al mismo tiempo que el cuello el lazo aprieta el brazo o la mano y así se hace inofensivo porque la víctima puede soltarse con facilidad.

"Tras haber evitado al comisario de policía, a algunos cerradores de puertas y luego a los bomberos, y encontrado, por primera vez, al matador de ratas, pasando desapercibidos ante los ojos del hombre del sombrero de fieltro, el vizconde y yo llegamos sin más impedimento al tercer sótano, entre el bastidor y el decorado de *El rey de Lahore*. Hice bascular la piedra y saltamos a la morada que Erik se había construido en la doble envoltura de los muros de los cimientos de la Ópera *(y con la mayor tranquilidad del mundo, porque Erik fue uno de los primeros maestros de obra de Philippe Garnier, el arquitecto de la Ópera, y había seguido trabajando, misteriosamente, solo, cuando los trabajos oficialmente habían sido suspendidos, durante la guerra, el sitio de París y la Comuna).*

"Yo conocía muy bien a mi Erik como para acariciar la presunción de llegar a descubrir todos los trucos que, durante aquel tiempo, hubiera podido fabricarse; de modo que cuando salté al interior de su casa no me sentí en absoluto tranquilo. Sabía lo que había hecho en cierto palacio de Mazenderan. Había convertido en poco tiempo la más honesta construcción del mundo en la casa del diablo, donde no se podía ya pronunciar una sola palabra sin que ésta fuera espiada o transmitida por el eco. ¡Cuántos dramas familiares!, ¡cuántas tragedias ensangrentadas arrastraba, tras de sí, el monstruo con sus escotillones! Sin contar con que, en los palacios que había 'trucado', jamás podía saberse con exactitud dónde se encontraba uno. Lograba asombrosos inventos. Ciertamente el más curioso, el más horrible y el más peligroso de todos ellos era la *cámara de los tormentos*. Salvo en casos excepcionales, cuando la pequeña sultana se divertía haciendo sufrir a algún habitante de la ciudad, sólo entraban en ella los condenados a muerte. Fue, según creo, la más atroz imaginación de las *horas rosas de Mazenderan*. De modo que cuando el visitante que había entrado en la cámara de los tormentos 'tenía bastante', siempre le estaba permitido terminar gracias a un lazo del Pendjab que se dejaba a su disposición al pie del árbol de hierro.

"De modo que mi conmoción fue grande cuando, inmediatamente después de haber penetrado en la morada del monstruo, descubrí que la habitación en la que acabábamos de saltar, el señor vizconde de Chagny y yo, era precisamente la reconstrucción exacta de la cámara de los tormentos de las *horas rosas de Mazenderan*.

"A nuestros pies se hallaba el lazo del Pendjab que tanto había temido yo durante toda la noche. Estaba convencido de que aquel lazo había servido ya para Joseph Buquet. El jefe de tramoyistas debió sorprender, como yo, cierta noche a Erik cuando hacía bascular la piedra del tercer sótano. Curioso, había, a su vez, penetrado en el pasadizo antes de que la piedra se cerrara, para caer así en la cámara de los tormentos de donde sólo había salido ahorcado. Yo podía muy bien imaginar a Erik arrastrando el cuerpo del que quería librarse hasta el decorado de *El rey de Lahore* y colgarlo para dar un escarmiento o para aumentar *el supersticioso terror que debía ayudarle a proteger los accesos a la caverna*.

"Pero, tras haber reflexionado, Erik debió regresar a recoger el lazo del Pendjab, que está hecho, singularmente, con intestinos de gato, y hubiera podido fomentar la curiosidad de un juez de instrucción. Así se explicaba la desaparición de la cuerda del ahorcado.

"¡Y ahora descubría a nuestros pies el lazo, en la cámara de los tormentos...! No soy pusilánime, pero el sudor frío me cubrió el rostro.

"La linterna cuyo pequeño disco rojo paseaba yo por las paredes de aquella excesivamente famosa cámara, temblaba entre mis manos.

"El señor de Chagny se dio cuenta y me dijo:

"—¿Qué ocurre, señor?

"Le hice violentas señas de que se callara pues podía albergar, todavía, la esperanza de que estuviésemos en la cámara de los tormentos sin que el monstruo lo supiera.

"Pero ni siquiera esta esperanza era la salvación pues podía muy bien imaginar que, por el lado del tercer sótano, la cámara de los tormentos era la encargada de custodiar la *mansión del Lago* y tal vez, además, de modo automático.

"Sí, tal vez los suplicios fueran a comenzar de *modo automático*.

"¿Quién habría podido decir cuál de nuestros gestos los desencadenarían?

"Recomendé a mi compañero la más absoluta inmovilidad.

"Un pesado silencio nos rodeaba.

"Y mi linterna roja continuaba dando la vuelta a la cámara de los tormentos… La reconocía… la reconocía."

XXIII

Continúa el relato del Persa

"Estábamos en el centro de una pequeña sala de forma perfectamente hexagonal cuyos seis muros estaban provistos de arriba abajo, interiormente, de espejos... En los rincones se distinguían muy bien los 'añadidos' del espejo..., los pequeños sectores destinados a girar sobre sus goznes..., sí, sí, los reconozco... y reconozco el árbol de hierro en un rincón, al fondo de uno de esos pequeños espejos..., el árbol de hierro, con su rama de hierro... para los ahorcados.

"Había tomado del brazo a mi compañero. El vizconde de Chagny estaba estremecido, dispuesto a gritar a su prometida el auxilio que se disponía a llevarle... Temí que no pudiera contenerse.

"De pronto, oímos un ruido a nuestra izquierda.

"Fue, al comienzo, como una puerta que se abriera y se cerrara en la habitación contigua, y se oyó un sordo gemido. Sujeté con más fuerza todavía el brazo del señor de Chagny, luego oímos claramente estas palabras:

"—¡Tómelo o déjelo! La misa de bodas o la misa de difuntos.

"Reconocí la voz del monstruo.

"Se oyó un nuevo gemido.

"Y tras ello un largo silencio.

"Yo estaba, entonces, persuadido de que el monstruo ignoraba nuestra presencia en la morada, pues si hubiera sido de otro modo se las habría arreglado para que no lo oyéramos en absoluto. Para ello le hubiera bastado cerrar herméticamente la invisible y pequeña ventana por la que los amantes de las torturas miraban al interior de la cámara de los tormentos.

"Y, además, estaba seguro de que si él hubiera conocido nuestra presencia los suplicios habrían comenzado enseguida.

"Así pues, teníamos una gran ventaja sobre Erik: estábamos a su lado, pero él no lo sabía.

"Lo importante era no dárselo a conocer y nada temía yo tanto como los impulsos del vizconde de Chagny que quería arrojarse a través de las paredes para reunirse con Christine Daaé, cuyos gemidos, a intervalos, creíamos oír.

"—¡La misa de difuntos no es muy alegre! —continuó la voz de Erik—, mientras que la misa de bodas, ¡qué voy a decirle!, es magnífica. Hay que decidirse y saber lo que quiere. A mí me es imposible seguir viviendo así, en las profundidades de la tierra, en un agujero, como un topo. El *Don Juan triunfante* está ya terminado, ahora quiero vivir como todo el mundo. Quiero tener una mujer como todo el mundo y los domingos iremos a pasear. He inventado una máscara que me proporciona un rostro normal. Ni siquiera se volverán a mi paso. Serás la más feliz de las mujeres. Y cantaremos, para nosotros mismos, hasta el agotamiento. ¡Lloras! ¡Tienes miedo de mí! Sin embargo, en el fondo, no soy tan malo. ¡Ámame y ya verás! *Para ser bueno sólo me faltó ser amado.* Si me amas seré dulce como un corderillo y harás de mí lo que quieras.

"Pronto, el gemido que acompañaba aquella especie de letanía amorosa creció y creció. Nunca he oído nada más desesperado y el señor de Chagny y yo reconocimos que aquella terrible lamentación pertenecía al propio Erik. Por lo que a Christine se refiere debía de estar en alguna parte, tal vez al otro lado del muro que teníamos enfrente, muda de horror, sin fuerzas ya para gritar, con el monstruo arrodillado a sus pies.

"Aquella lamentación era sonora, rugiente y jadeante como el quejido de un océano. Por tres veces Erik hizo brotar el lamento de roquedal de su garganta:

"—¡No me amas, no me amas, no me amas!

"Y luego se suavizó:

"—¿Por qué lloras? Ya sabes que eso me apena.

"Un silencio.

"Cada silencio era para nosotros desesperante. Nos decíamos: 'Tal vez haya dejado sola a Christine detrás del muro'.

"Sólo pensábamos en la posibilidad de avisar a Christine Daaé de nuestra presencia sin que el monstruo lo advirtiera.

"Ahora sólo podíamos salir de la cámara de los tormentos si Christine nos abría la puerta; y sólo con esta condición inicial podríamos socorrerla, pues ignorábamos incluso en qué lugar podría hallarse la puerta.

"De pronto, el silencio de al lado se vio turbado por el ruido de un timbre eléctrico.

"Hubo un salto al otro lado del muro y la voz de trueno de Erik:

"—¡Llaman! ¡Entren, por favor!

"Una lúgubre y sarcástica carcajada.

"— Pero ¿quién viene de nuevo a molestarme? Espérame aquí un poco… *voy a decirle a la sirena que abra.*

"Unos pasos se alejaron, una puerta se cerró. No tuve siquiera tiempo de pensar en el nuevo horror que se preparaba; olvidé que el monstruo sólo salía, tal vez, para cometer un nuevo crimen; sólo comprendí una cosa: ¡Christine estaba sola al otro lado del muro!

"El vizconde de Chagny estaba ya llamándola.

"—¡Christine, Christine!

"Puesto que oíamos lo que se decía en la habitación contigua, no había razón alguna para que mi compañero no fuera también escuchado. Y, sin embargo, el vizconde tuvo que repetir varias veces su llamada.

"Por fin una voz débil llegó hasta nosotros.

"—Sueño —dijo.

"—¡Christine, Christine, soy yo, Raoul!

"Silencio.

"—¡Pero respóndame, Christine...! Si está sola, respóndame, en nombre del cielo.

"Entonces, la voz de Christine murmuró el nombre de Raoul.

"—¡Sí, sí! ¡Soy yo! ¡No es un sueño...! ¡Tenga confianza, Christine... Estamos aquí para salvarla..., pero no cometa una imprudencia... Cuando oiga al monstruo, avísenos.

"—¡Raoul..., Raoul!

"Se hizo repetir varias veces que no estaba soñando y que Raoul de Chagny, conducido por un abnegado compañero que conocía el secreto de la morada de Erik, había podido llegar hasta ella.

"Pero, de inmediato, la alegría excesivamente repentina que le habíamos procurado dio paso a un mayor terror. Quiso que Raoul se alejara de inmediato. Temblaba ante la posibilidad de que Erik descubriera el escondrijo pues, en tal caso, no habría dudado en matar al joven. Nos informó, en pocas palabras, de que Erik había enloquecido por completo de amor y estaba decidido *a matar a todo el mundo y, con el mundo, a matarse a sí mismo*, si ella no aceptaba ser su esposa ante el juez y el cura, el cura de la Madeleine. Le había dado tiempo hasta las once de la noche del día siguiente para reflexionar. Era el último plazo. Entonces tendría que elegir, como él decía, entre la misa de bodas y la misa de difuntos.

"Y Erik había pronunciado una frase que Christine no había comprendido por completo: 'Sí o no; si es no, todo el mundo puede darse por muerto y *enterrado*'. Pero yo comprendí muy bien aquellas palabras, pues respondían de modo horrible a mi temible pensamiento.

"—¿Puede decirnos dónde está Erik? —pregunté.

"Contestó que debía de haber salido de la morada.

"—¿Puede usted comprobarlo?

"—¡No…! Estoy atada…, no puedo hacer un solo movimiento.

"Al enterarnos de eso, el señor de Chagny y yo no pudimos contener un grito de rabia. La salvación de los tres dependía de la libertad de movimientos de la joven.

"—¡Tenemos que liberarla, llegar hasta ella!

"—Pero ¿dónde están ustedes? —preguntó Christine—. No hay en mi habitación más que dos puertas: es la habitación Luis Felipe de la que ya le hablé, Raoul… Hay una puerta por la que Erik entra y sale y otra que jamás ha abierto ante mí y que me ha prohibido cruzar nunca porque, dice, es la más peligrosa de las puertas… ¡La puerta de los tormentos…!

"—¡Christine, estamos precisamente detrás de esta puerta…!

"—¿Están en la cámara de los tormentos?

"—Sí, pero no vemos la puerta.

"—¡Ah, si sólo pudiera arrastrarme hasta allí…! Golpearía la puerta y podrían ver el lugar donde está.

"—¿Es una puerta con cerradura? —pregunté.

"—Sí, con cerradura.

"Pensé: 'Se abre desde el otro lado con una llave, como todas las puertas, pero desde nuestro lado se abre con un resorte y un contrapeso, y no será fácil de descubrir'.

"—Señorita —dije—, es absolutamente necesario que abra usted esta puerta.

"—¿Cómo? —respondió la desolada voz de la infeliz... —oímos el ruido de un cuerpo que se movía, que, evidentemente, intentaba liberarse de las ataduras que lo aprisionaban...

"—Sólo con astucia podremos salir de ésta —dije—. Necesitamos la llave de esta puerta...

"—Sé dónde está —respondió Christine que parecía agotada por el esfuerzo que acababa de realizar—. ¡Pero estoy muy bien atada...! ¡Miserable...!

"Y se oyó un sollozo.

"—¿Dónde está la llave? —pregunté, ordenando al señor de Chagny que se callara y me dejara llevar el asunto pues no teníamos ni un minuto que perder.

"—En la habitación, al lado del órgano, con otra llavecita de bronce que también me ha prohibido tocar. Las dos están en una pequeña bolsa de cuero a la que llama *la bolsa de la vida y de la muerte*... ¡Raoul, Raoul...! ¡Huya...! Aquí todo es misterioso y terrible... Y Erik va a volverse loco por completo... ¡y usted está en la cámara de los tormentos...! ¡Váyase por donde ha venido! ¡Esta cámara debe de tener un nombre semejante por alguna razón!

"—¡Christine! —dijo el joven—, saldremos de aquí juntos o moriremos juntos.

"—Sólo de nosotros depende que salgamos de aquí sanos y salvos —murmuré—, pero tenemos que conservar la sangre fría. ¿Por qué la ha atado, señorita? Usted no puede huir de su casa y él lo sabe.

"—¡He querido matarme! El monstruo, esta noche, después de haberme traído hasta aquí, desvanecida, casi cloroformizada, se ha ausentado, ha ido, al parecer (él me lo ha dicho), a casa de su banquero... Cuando regresó me encontró con el rostro lleno de sangre... ¡He querido matarme!, he golpeado con mi frente las paredes.

"—¡Christine! —gimió Raoul, y comenzó a sollozar.

"—Entonces, me ha atado... sólo tendré derecho a morir mañana a las once de la noche...

"Toda esta conversación a través del muro estaba mucho más 'entrecortada' y era mucho más prudente de lo que podría parecer al transcribirla aquí. A menudo nos deteníamos en mitad de una frase porque nos había parecido escuchar un crujido, unos pasos un rumor insólito... Ella nos decía: '¡No, no, no es él... ¡Ha salido! ¡Ha salido de verdad! He reconocido el ruido que hace, al cerrarse, el muro del Lago'.

"—¡Señorita! —declaré—, el monstruo la ha atado... y el propio monstruo la desatará... sólo es preciso representar la comedia conveniente... ¡No olvide que la ama!

"—¡Infeliz de mí —oímos—, cómo podré olvidarlo nunca!

"—Recuérdelo para sonreírle... suplíquele... dígale que las ataduras la están hiriendo.

"Pero Christine Daaé dijo:

"—¡Silencio...! Oigo algo en el muro del Lago... ¡Es él...! ¡Váyanse, váyanse, váyanse...!

"—No nos iríamos aunque quisiéramos —afirmé para impresionar a la joven—. ¡Ya no podemos marcharnos! ¡Y estamos en la cámara de los tormentos!

"—¡Silencio! —musitó de nuevo Christine.

"Los tres nos callamos.

"Unos pasos sordos se arrastraban lentamente por detrás del muro, se detuvieron un momento e hicieron de nuevo gemir el entarimado.

"Luego se oyó un suspiro formidable seguido del grito de horror de Christine, y escuchamos la voz de Erik.

"—Te pido perdón por mostrarte semejante rostro, tengo muy mal aspecto, ¿no es cierto? ¡El otro tiene la culpa! ¿Por qué ha llamado? ¿Acaso me meto yo con los que pasan? Ya no se meterá con nadie. Es culpa de la sirena...

"Un nuevo suspiro, más profundo, más formidable, brotaba de las abismales profundidades de un alma.

"—¿Por qué has gritado, Christine?

"—Porque sufro, Erik.

"—Creí haberte asustado...

"—Erik, desáteme... ¿acaso no soy su prisionera?

"—Querrías morir de nuevo...

"—Me ha dado usted hasta mañana a las once de la noche, Erik...

"Los pasos se arrastraban de nuevo sobre el entarimado.

"—Al fin y al cabo, puesto que debemos morir juntos... y tengo tanta prisa como tú... sí, también yo, estoy harto de esta vida, ¡comprendes...! Espera, no te muevas, voy a desatarte... Sólo tienes que decir una palabra: no, y todo habrá terminado enseguida, para todo el mundo... ¡Tienes razón! ¿Por qué esperar hasta mañana a las once? ¡Ah, sí, porque sería más hermoso...! Siempre he tenido la enfermedad del decorado... de lo grandioso... ¡Es infantil...! ¡En la vida sólo hay que pensar en uno mismo...! En la propia muerte... lo demás es superfluo... *¿ves qué mojado estoy...?* ¡Ah, querida mía, me he equivocado al salir...! Afuera hace un clima de mil diablos... Aparte de todo, Christine, creo que sufro alucinaciones... Sabes, el que hace un momento llamaba en casa de la sirena (ve a buscarlo ahora al fondo del Lago), parecía... Así, vuélvete... ¿estás satisfecha? Ya eres libre... ¡Dios mío!, ¡tus muñecas, Christine!, ¿te he hecho daño, di...? Eso sólo merece ya la muerte... A propósito de muerte, *tengo que cantarle su misa.*

"Al oír tan terribles palabras, no pude evitar un horrendo presentimiento... También yo había llamado, una vez, a la puerta del monstruo... ¡y sin saberlo, claro...! Puse, seguramente, en marcha algún mecanismo que le avisara... Y recordaba los dos brazos que habían brotado de las aguas negras como la tinta... ¿Quién habría sido el infeliz extraviado por aquella ribera?

"Pensar en aquel infeliz casi me impedía alegrarme de la estratagema de Christine y, sin embargo, el vizconde de Chagny murmuraba a mi oído la palabra mágica: '¡libre...!'. ¿Quién? ¿Quién era el *otro*? ¿Para quién estaba sonando ahora la misa de difuntos?

"¡Ah, qué canto sublime y furioso! Toda la mansión del Lago resonaba..., todas las entrañas de la tierra se estremecían... Habíamos puesto las orejas contra el muro de espejo para escuchar mejor las maniobras de Christine Daaé, las maniobras que estaba llevando a cabo para liberarnos, pero ya sólo oíamos el resonar de la misa de difuntos. Era más bien una misa de condenados... Parecía, en las entrañas de la tierra, la ronda de los demonios. Recuerdo que el *Dies irae* que él cantó nos envolvió como una tempestad. Sí, a nuestro alrededor teníamos relámpagos y rayos... Ciertamente lo había oído cantar antaño... Llegó incluso a hacer cantar las fauces pétreas de mis toros androcéfalos, en los muros del palacio de Mazenderan... ¡Pero cantar así nunca! ¡Nunca! Estaba cantando como el dios del trueno...

"De pronto, la voz y el órgano se detuvieron tan bruscamente que el señor de Chagny y yo retrocedimos detrás de la pared a causa de la impresión... Y la voz, súbitamente cambiada, transformada, rechinó pausada y claramente cada una de esas metálicas sílabas:

"—*¿Qué has hecho con mi bolsa?*"

XXIV

Continúa el relato del Persa

"La voz repitió con furor:

"—¿Qué has hecho con mi bolsa?

"Christine Daaé no debía temblar más que nosotros.

"—¿Has querido que te desatara para tomar la bolsa?, di...

"Se oyeron pasos precipitados, la carrera de Christine que regresaba a la habitación Luis Felipe, como para buscar abrigo ante nuestro muro.

"—¿Por qué huyes? —decía la voz rabiosa que la había seguido—. ¡Devuélveme la bolsa! ¿Acaso no sabes que es la bolsa de la vida y de la muerte?

"—Escúcheme, Erik —suspiró la joven—, puesto que, a partir de ahora, vamos a vivir juntos... ¿por qué se molesta...? Todo lo suyo me pertenece...

"Lo decía de un modo tan tembloroso que movía a la compasión. La infeliz debía estar empleando la energía que le quedaba para vencer su terror... Pero no se podía sorprender al monstruo con supercherías tan infantiles dichas con los dientes castañeando.

"—Sabe usted muy bien que ahí dentro sólo hay dos llaves... ¿Para qué las quiere? —preguntó.

"—Quería —dijo ella— visitar la habitación que no conozco y que siempre me ha ocultado usted... ¡Es una curiosidad de mujer! —añadió en un tono que quería ser travieso y que, sin duda, sólo consiguió aumentar la desconfianza de Erik, de tan falso que sonaba...

"—¡No me gustan las mujeres curiosas! —replicó Erik—, y usted debiera desconfiar después de la historia de Barba Azul... ¡Vamos!, devuélvame la bolsa... devuélvame la bolsa... ¡Quieres dejar la llave de una vez..., pequeña curiosa!

"Y rio sarcásticamente mientras Christine lanzaba un grito de dolor... Erik acababa de arrebatarle la bolsa.

"En aquel momento el vizconde, no pudiendo contenerse, lanzó un grito de rabia e impotencia que apenas si pude ahogar en sus labios...

"—¡Ah! —exclamó el monstruo— ¿Qué ha sido esto...? ¿Has oído, Christine?

"—¡No, no! —respondió la infeliz—; no he oído nada.

"—Me ha parecido que alguien había lanzado un grito.

"—¡Un grito...! ¿Se está usted volviendo loco, Erik...? ¿Quién quiere usted que grite en el interior de esta morada...? ¡Yo he gritado porque usted me hacía daño...! ¡No he oído nada...!

"—¡Tiemblas mientras me lo estás diciendo...! ¡Estás muy alterada...! ¡Mientes...! ¡Han gritado, han gritado...! ¡Hay alguien en la cámara de los tormentos...! ¡Ahora comprendo...!

"—¡No hay nadie, Erik...!

"—¡Ya comprendo...!

"—¡Nadie...!

"—¡Tal vez tu prometido...!

"—¡Si yo no tengo prometido...! Bien lo sabe usted...

"De nuevo una malvada y sarcástica risa.

"—Además, es muy fácil de saber... Mi pequeña Christine, amor mío... No necesitamos abrir la puerta para ver lo que ocurre en la cámara de los tormentos... ¿Quieres verlo? ¿Quieres verlo...? ¡Mira...! Si hay alguien..., si realmente hay alguien, vas a ver cómo se ilumina arriba, junto al techo, la ventana invisible... Basta con descorrer la cortina negra y, luego, apagar aquí... Así, ya está... ¡Apaguemos! No tienes miedo de la oscuridad cuando estás con tu maridito...

"Entonces se escuchó la voz agonizante de Christine.

"—¡No...! ¡Tengo miedo...! ¡Le digo que tengo miedo en la oscuridad...! ¡Esta habitación no me interesa en absoluto...! Es usted el que me asusta siempre, como a un niño, con la cámara de los tormentos... De modo que he sido curiosa, ¡es cierto...! Pero no me interesa en absoluto... en absoluto...

"Y lo que yo tanto temía comenzó *automáticamente*... De pronto nos vimos inundados de luz... Sí, se produjo, detrás de nuestro muro, una especie de incendio. El vizconde de Chagny, que no lo esperaba, se sorprendió de tal modo que titubeó. Y estalló, en la habitación de al lado, aquella voz de cólera.

"—¡Ya te decía que había alguien...! ¿Ves ahora la ventana...? ¡La ventana luminosa...! ¡Allí arriba...! ¡El que está detrás del muro no la ve...!, pero tú vas a subir por la escalera..., ¡para eso está...! Bueno, ahora ya lo sabes... Sirve para mirar por la ventana de la cámara de los tormentos... Curiosilla...

"—¿Qué tormentos...? ¿Qué tormentos hay ahí dentro...? ¡Erik, Erik, dígame que quiere darme miedo...! ¡Dígamelo si me ama, Erik...! ¿Verdad que no hay suplicios? Son sólo historias para niños...

"—Vaya a verlo, querida mía, por la ventanita...

"Ignoro si el vizconde, a mi lado, oía ahora la desfalleciente voz de la joven, pues estaba muy ocupado con el inaudito espectáculo que acababa de surgir ante su extraviada vista... Por lo que a mí respecta, había visto aquel espectáculo con excesiva frecuencia, por la pequeña ventana de las *horas rosas de Mazenderan*, y sólo me interesaba lo que se decía al lado, buscando en ello un modo de actuar, una resolución que tomar.

"—Vaya, vaya a mirar por la pequeña ventana... Ya me dirá usted... *cómo es su nariz.*

"Oímos el ruido que producía una escalera de mano al ser apoyada contra el muro...

"—¡Suba...! ¡No...! ¡No, subiré yo... querida mía...!

"—Sí, quiero verlo... ¡Déjeme!

"—¡Ah, mi pequeña...! ¡Mi pequeña...! ¡Qué bonita es usted...! Es muy amable de su parte ahorrarme, a mi edad, ese trabajo... Ya me dirá cómo tiene la nariz... Si la gente sospechara la felicidad que supone tener una nariz..., una nariz propia..., jamás vendrían a meterla en la cámara de los tormentos...

"En ese momento oímos claramente, por encima de nuestras cabezas, estas palabras:

"—¡No hay nadie, amigo mío...!

"—¿Nadie...? ¿Está segura de que no hay nadie...?

"—No, palabra... no hay nadie...

"—¡Muy bien, así está mejor...! ¿Qué ha visto, Christine...? Pero bueno, pero bueno, ¡no va usted a encontrarse mal ahora...! ¡Si no hay nadie...! Venga aquí... Baje... Aquí... Tranquilícese puesto que no hay nadie... *Pero ¿qué le ha parecido el paisaje...?*

"—¡Oh, muy bien...!

"—¡Vamos, eso va mejor...! ¿No es cierto que va mejor...? ¡Es cierto que va mejor...! ¡Nada de emociones...! ¿Qué extraña mansión, no es cierto, en la que pueden verse semejantes paisajes...?

"—Sí, diríase que estamos en el Museo Grévin... Pero, dígame, Erik... ¡no hay tormentos ahí dentro...! ¡Sabe que me ha dado mucho miedo...!

"—Pero ¿por qué, si no hay nadie…?

"—¿Es usted el que construyó esta cámara, Erik…? Es muy hermosa, ¿sabe? Decididamente es usted un gran artista, Erik…

"—Sí, un gran artista 'en mi género'.

"—Pero dígame, Erik, ¿por qué llamó a esta habitación la cámara de los tormentos…?

"—¡Oh, es muy sencillo! Primero, ¿qué ha visto usted?

"—¡He visto un bosque…!

"—¿Y qué hay en un bosque?

"—¡Árboles…!

"—¿Y qué hay en los árboles?

"—Pájaros…

"—¿Has visto pájaros…?

"—No, no he visto pájaros.

"—Entonces, ¿qué has visto?, ¡Busca…! ¡Has visto ramas! ¿Y qué hay en una rama? —dijo la terrible voz—. *¡Hay un patíbulo!* Por eso llamo a mi bosque la cámara de los tormentos… Ya ves que es un modo de hablar. Es una broma… ¡Jamás me expreso como los demás…! ¡Nunca hago nada como los demás…! Pero estoy muy cansado…, muy cansado… Estoy harto, ¿sabes?, de tener una selva en la casa y una cámara de los tormentos… Y de vivir, como un charlatán, en el fondo de una caja de doble fondo… ¡Estoy harto, estoy harto…! Quiero tener un apartamento tranquilo, con puertas y ventanas ordinarias y una mujer honesta dentro, como todo el mundo… Tú deberías comprenderlo, Christine, y así no me sería necesario repetírtelo constantemente… ¡Una mujer como todo el mundo…! Una mujer a la que amar, con la que pasear el domingo, y a la que hacer reír toda la semana. ¡Ah, conmigo no te aburrirías! Tengo en las mangas más de un truco, sin contar los trucos de las cartas... ¡Caramba!, ¿quieres que te haga juegos de manos con las cartas? ¡Eso nos ayudará a pasar unos minutos, Christine, mi pequeña Christine...! ¿Me escuchas...? ¡Ya no me rechazas...! ¿Di? ¡Tú me amas...! ¡No, no me amas...! ¡Pero no importa! ¡Ya me amarás! Antes no podías mirar mi máscara porque sabías lo que había detrás... Y ahora la miras, olvidas lo que hay detrás y ya no quieres rechazarme... Uno se acostumbra a todo cuando lo desea..., cuando tiene buena voluntad... ¡Cuántos jóvenes que no se amaban antes de la boda se han adorado después! ¡Ah, yo no sé lo que digo...! Pero conmigo te divertirías mucho... No hay otro como yo, eso te lo juro ante el buen Dios que nos casará (si eres razonable), no hay otro como yo para hacer de ventrílocuo... ¡Soy el primer ventrílocuo del mundo...! ¡Ríes...! ¡Tal vez no me crees...! ¡Escucha!

"El miserable (que era, en efecto, el primer ventrílocuo del mundo) estaba aturdiendo a la pequeña (me daba perfecta cuenta) para apartar su atención de la cámara de los tormentos... ¡Estúpido cálculo...! Christine sólo pensaba en nosotros... Repitió varias veces, en el tono más dulce que pudo hallar y en el de la más ardiente súplica:

"—Apague la ventanita... ¡Erik, apague la ventanita...!

"Pues creía que aquella luz, repentinamente aparecida en la ventana y de la que de modo tan amenazador había hablado el monstruo, tenía una terrible razón de ser... Una sola cosa debía, por el momento, tranquilizarla: nos había visto a ambos, detrás del muro, en el centro del magnífico incendio, de pie y en buen estado... Pero ciertamente se habría sentido más tranquila si la luz se hubiera apagado...

"El otro había comenzado ya a hacer de ventrílocuo. Decía:

"—Mira, levanto un poco mi máscara... sólo un poco... ¿ves mis labios? ¿Lo que tengo de labios? ¡No se mueven...! Tengo la boca cerrada…, esa especie de boca mía…, y, sin embargo, oyes mi voz… Hablo con el vientre… Es muy natural… A eso se llama ventriloquía… Es muy conocida; escucha mi voz… ¿Adónde quieres que vaya? ¿A tu oído izquierdo? ¿A tu oído derecho…? ¿A la mesa…? ¿A los cofrecillos de ébano de la chimenea…? ¡Ah, te asombras…! Mi voz está en los cofrecillos de la chimenea… ¿La quieres lejana…? ¿La quieres próxima…? ¿Retumbante…?, ¿aguda…?, ¿nasal…? Mi voz se pasea por todas partes, ¡por todas partes…! Escucha, querida… En ese cofrecillo que hay a la derecha de la chimenea, escucha lo que dice en el cofrecillo de la izquierda: *¿Habrá que girar el saltamontes…?* Y ahora, ¡crac!, está en la bolsa de cuero… ¿Qué está diciendo? *'Soy la bolsa de la vida y de la muerte.'* Y ahora, ¡crac…!, está en la garganta de la Carlotta, al fondo de la dorada garganta, de la garganta de cristal de la Carlotta, ¡palabra…! ¿Qué está diciendo? Dice: 'Soy yo, señor gallo, soy yo el que canto: *oigo esta voz solitaria…*, ¡quiquiriquí!, que canta en mi quiquiriquí…'. Y ahora, ¡crac!, ha llegado hasta una silla del palco del fantasma…, y dice: 'La señora Carlotta canta esta noche *como para hacer caer la lámpara…'*. Y ahora, ¡crac…! ¡Ja, ja, ja, ja…! ¿Dónde está la voz de Erik…? Escúchame, Christine, querida mía… Escucha… Está detrás de la puerta de la cámara de los tormentos… ¡Escúchame…! Soy yo quien está en la cámara de los tormentos… ¿Y qué estoy diciendo? Digo: 'Infelices quienes gozan de la dicha de tener nariz, una verdadera nariz, y vienen a meterla en la cámara de los tormentos… ¡Ja, ja, ja'.

”¡Maldita voz la del formidable ventrílocuo! ¡Estaba en todas partes, en todas partes…! Pasaba por la pequeña ventana invisible…, a través de los muros…, corría a nuestro alrededor…, entre nosotros… ¡Erik estaba allí…! ¡Nos hablaba…! Hicimos el ademán de arrojarnos sobre él… Pero, más rápida, más inaprensible que la voz sonora del eco, la voz de Erik había saltado al otro lado del muro...

"Pronto dejamos de oír porque sucedió lo siguiente:

"La voz de Christine:

"—¡Erik, Erik...! Me está cansando usted con su voz... ¡Cállese, Erik...! ¿No le parece que hace calor aquí...?

"—¡Oh, sí! —responde la voz de Erik—, el calor se está haciendo insoportable...

"Y de nuevo la voz jadeante de angustia de Christine:

"—¡Qué es esto...! ¡El muro está muy caliente...! ¡El muro arde...!

"— Voy a decírselo, Christine, querida mía, es a causa de la selva de ahí al lado...

"—Pero ¿qué quiere decir...?, ¿la selva...?

"—*¿Acaso no se ha dado cuenta de que era una selva del Congo?*

"Y la risa del monstruo resonó, tan terrible, que dejamos de escuchar los suplicantes clamores de Christine... El vizconde de Chagny gritaba y golpeaba las paredes como un loco... Yo ya no podía contenerlo... Pero ya sólo se oía la risa del monstruo..., y el propio monstruo sólo debía oír su risa... Y luego se escuchó el ruido de una rápida lucha, de un cuerpo que caía sobre las tablas y era arrastrado..., y el golpazo de una puerta cerrada con fuerza..., y luego nada, nada a nuestro alrededor sino el abrasador silencio del mediodía..., en el corazón de una selva africana..."

XXV

Continúa el relato del Persa

"He dicho ya que la cámara en la que el señor vizconde de Chagny y yo nos encontrábamos era regularmente hexagonal y estaba por completo cubierta de espejos. Se ha visto ya, en especial después, en ciertas exposiciones, esta especie de habitaciones así dispuestas y llamadas 'casas de los espejismos' o 'palacio de las ilusiones'. Pero su invención se debe por completo a Erik, que construyó, ante mis ojos, la primera sala de este género durante las *horas rosas de Mazenderan*. Bastaba colocar en los rincones algún motivo decorativo, una columna por ejemplo, para contemplar de inmediato un palacio de mil columnas pues, por efecto de los espejos, la sala real se veía aumentada por otras diez salas hexagonales cada una de las cuales se multiplicaba hasta el infinito. Antaño, para divertir a 'la pequeña sultana', había creado así un decorado que se convirtió en el 'templo innumerable'; pero la pequeña sultana se cansó pronto de tan infantil ilusión y, entonces, Erik transformó su invento en cámara de los tormentos. En vez del motivo arquitectónico puesto en los rincones, colocó en el primer muro un árbol de hierro. ¿Por qué ese árbol, que tan perfectamente imitaba la vida, con sus hojas pintadas, era de hierro? Porque tenía que ser suficientemente sólido para resistir todos los ataques del 'paciente' que era encerrado en la cámara de los tormentos.

"Veremos cómo, por dos veces, el decorado obtenido de este modo se transformaba instantáneamente en otros dos decorados sucesivos, gracias a la rotación automática de las plataformas circulares que se hallaban en los rincones y que habían sido divididas en tercios, que coincidían perfectamente con los ángulos de los espejos y comprendían, cada uno de ellos, un motivo decorativo distinto que aparecía por turno.

"Los muros de aquella extraña sala no ofrecían asidero alguno al paciente puesto que, al margen del motivo decorativo, de una solidez a toda prueba, estaban sólo cubiertos de espejos, y espejos lo suficientemente gruesos como para que nada tuvieran que temer de la rabia del infeliz a quien, por lo demás, se encerraba desnudo de manos y pies.

"Ningún mueble. El techo era luminoso. Un ingenioso sistema de calefacción eléctrica, que más tarde ha sido imitado, permitía aumentar la temperatura de las paredes a voluntad, dando así a la sala la atmósfera deseada...

"Quiero enumerar todos los detalles precisos de una invención muy natural que produce la sobrenatural ilusión, con algunas ramas pintadas, de una selva ecuatorial abrasada por el sol de mediodía, para que nadie pueda poner en duda la actual cordura de mi cerebro, para que nadie pueda decir: 'Este hombre se ha vuelto loco' o 'este hombre miente' o 'este hombre nos toma por imbéciles'.[20]

"Sí, sencillamente, hubiera contado las cosas así:

"'Tras bajar al fondo de un sótano, encontramos una selva ecuatorial abrasada por el sol de mediodía', habría obtenido un

---

20. La época en la que el Persa escribía hace comprensible que haya tomado tantas precauciones contra la incredulidad: hoy, cuando todo el mundo ha podido ver estas salas, tales precauciones serían superfluas. *(N. del A.)*

hermoso efecto de estúpido asombro, pero no busco efecto alguno, pues mi finalidad, al escribir estas líneas, es contar lo que nos sucedió, exactamente, al señor vizconde de Chagny y a mí, durante una aventura terrible que, durante cierto tiempo, ocupó a la justicia de este país.

"Sigo ahora narrando los hechos desde donde los dejé.

"Cuando el techo se iluminó y, a nuestro alrededor, surgió la selva, la estupefacción del vizconde sobrepasó todo lo imaginable; la aparición de aquella selva impenetrable cuyos troncos y ramas innumerables nos rodeaban *hasta el infinito*, lo sumió en una terrible consternación. Se pasó las manos por la frente como para expulsar una visión de ensueño y sus ojos parpadearon como si, al despertar, tuviera dificultades para retomar conocimiento de la realidad de las cosas. ¡Por un instante se olvidó de *escuchar*!

"Ya he dicho que la aparición de la selva no me sorprendió en absoluto. De modo que escuché lo que ocurría en la sala contigua. Por fin, mi atención fue atraída especialmente no tanto por el propio decorado, del que mi pensamiento se desembarazaba, como por el propio espejo que lo producía. Aquel espejo estaba, en algunos lugares, *roto*.

"Sí, tenía grietas; alguien había conseguido 'estrellarlo', pese a su solidez, y aquello me probó, sin duda alguna, que la cámara de los tormentos en la que nos hallábamos *había ya servido*.

"Un infeliz, cuyas manos y pies estaban menos desnudos que los condenados de las *horas rosas de Mazenderan* había, ciertamente, caído en aquella 'ilusión mortal' y, loco de rabia, había golpeado aquellos espejos que, pese a sus ligeras grietas, no por ello habían dejado de reflejar su agonía. Y la rama del árbol en la que había terminado su suplicio estaba dispuesta de tal modo que, antes de morir, el infeliz había visto patalear con él, supremo consuelo, a mil ahorcados.

"¡Sí, sí! ¡Joseph Buquet había estado allí...!

"¿Íbamos a morir como él?

"No lo creía, pues sabía que teníamos unas horas ante nosotros y que podría emplearlas más útilmente de lo que Joseph Buquet había sido capaz de hacer.

"¿Acaso no conocía yo con bastante profundidad la mayoría de los 'trucos' de Erik? Había llegado el momento de utilizar tal conocimiento.

"En principio no pensé en absoluto en retroceder por el pasadizo que nos había llevado a aquella cámara maldita, no me ocupé en absoluto de la posibilidad de hacer bascular desde el interior la piedra que cerraba el pasadizo. Por una razón muy simple: ¡no tenía los medios...! Habíamos saltado desde demasiada altura a la cámara de los suplicios y ningún mueble nos permitía ahora alcanzar tal pasadizo, ni siquiera la rama del árbol de hierro, ni siquiera los hombros de uno de nosotros utilizados como estribo.

"Sólo había una salida posible, la que daba a la habitación Luis Felipe en la que se hallaban Erik y Christine Daaé. Pero si tal salida era una puerta ordinaria por el lado de Christine, para nosotros era absolutamente invisible... Teníamos, pues, que intentar abrirla sin saber siquiera dónde estaba, lo cual no era tarea fácil.

"Cuando estuve seguro de que no podíamos esperar nada de Christine Daaé, cuando hube oído al monstruo llevar o, mejor dicho, arrastrar a la desgraciada joven fuera de la habitación Luis Felipe *para que no pudiera impedir nuestro suplicio*, decidí poner enseguida manos a la obra, es decir, buscar el secreto de la puerta.

"Pero primero tuve que calmar al señor de Chagny, que se paseaba ya como un alucinado lanzando incoherentes quejas. Los fragmentos de la conversación que había podido escuchar, pese a su conmoción, entre Christine y el monstruo, no habían contribuido poco a ponerle fuera de sí; si añaden a ello el golpe de la selva mágica y el ardiente calor que comenzaba a hacer resbalar el sudor por sus sienes, no les será difícil comprender que el humor del señor de Chagny comenzara a sufrir cierta exaltación. Pese a todas mis recomendaciones, mi compañero no mostraba prudencia alguna.

"Iba y venía sin motivo, precipitándose hacia un espacio inexistente, creyendo entrar en una avenida que lo llevaría al horizonte y golpeándose, tras algunos pasos, con el propio reflejo de su selva ilusoria.

"Al hacerlo gritaba: '¡Christine, Christine...!', y agitaba su pistola, llamando con todas sus fuerzas al monstruo, desafiando a un duelo a muerte al ángel de la música e injuriando, también, a su ilusoria selva. El suplicio comenzaba a producir efecto sobre un espíritu desprevenido. Intenté combatirlo, tanto como fue posible, dando con tranquilidad algunas razones al pobre vizconde; haciéndole tocar con los dedos los espejos y el árbol de hierro, las ramas en las plataformas giratorias y explicándole, según las leyes de la óptica, toda la luminosa imaginería que nos rodeaba y de la que no podíamos ser víctimas como vulgares ignorantes.

"—Estamos en una habitación, en una habitación pequeña; tiene que repetírselo sin cesar..., y saldremos de esta habitación cuando hayamos hallado la puerta. Muy bien, pues busquémosla.

"Y le prometí que, si me dejaba actuar sin aturdirme con sus gritos y sus paseos de loco, antes de una hora habría encontrado el truco de la puerta.

"Se tendió entonces en el suelo, como suele hacerse en los bosques y declaró que esperaría que yo hubiera encontrado la puerta de la selva puesto que no tenía nada mejor que hacer. Y creyó necesario añadir que, desde el lugar donde se encontraba, 'la vista era espléndida'. (El suplicio, pese a todo lo que yo pudiera decir, surtía su efecto.)

"Por lo que a mí respecta, *olvidando la selva,* elegí un panel de espejo y comencé a palpar en todos sentidos, *buscando el punto débil* sobre el que era preciso presionar para hacer girar las puertas de acuerdo con el sistema de puertas y escotillones giratorios de Erik. A veces tal punto débil podía ser una simple mancha sobre el espejo, del tamaño de un guisante, bajo la que se hallaba el resorte. ¡Busqué, busqué! Palpé hasta donde me alcanzaban las manos. Erik era aproximadamente de mi misma estatura y pensé que no habría colocado el resorte más arriba de lo necesario para su talla (por lo demás, era sólo una suposición, pero en ello estribaba mi única esperanza). Decidí dar así, sin desfallecimiento y minuciosamente, la vuelta a los seis paneles de espejos y examinar luego, con mucha atención, el suelo.

"Mientras palpaba los paneles con gran cuidado, me esforcé en no perder ni un minuto pues el calor era cada vez mayor y, literalmente, estábamos abrasándonos en aquella selva ardiente.

"Hacía media hora que estaba trabajando así, y había terminado ya tres paneles, cuando nuestra mala suerte quiso que me volviera al oír una sorda exclamación lanzada por el vizconde.

"—¡Me ahogo! —decía—. Esos espejos producen un calor infernal... ¿Encontrará pronto ese resorte...? Por poco que tarde nos asaremos aquí.

"No me disgustó oírlo hablar de este modo. No había dicho ni una palabra de la selva y esperé que la razón de mi compañero pudiera luchar contra el suplicio el tiempo suficiente. Pero añadió:

"—Lo que me consuela es que el monstruo le ha dado a Christine tiempo hasta las once de mañana: si no podemos salir de aquí para acudir en su auxilio, al menos moriremos antes que ella. ¡La misa de Erik podrá servir para todos!

"Y aspiró una bocanada de aire cálido que casi le hizo desfallecer...

"Como yo no tenía las mismas razones desesperadas que el señor vizconde de Chagny para aceptar mi deceso, me volví, tras algunas palabras de aliento, hacia mi panel; pero había hecho mal dando algunos pasos al hablar porque, en el inaudito laberinto de la selva ilusoria, no estaba ya seguro de cuál era mi panel. Me vi obligado a empezar de nuevo al azar... Tampoco pude evitar manifestar mi descontento y el vizconde comprendió que tenía que volver a empezar. Eso fue para él un nuevo golpe.

"—¡Nunca saldremos de esta selva! —gimió.

"Su desesperación fue en aumento. Y, al aumentar, su desesperación le hacía olvidar que eran sólo unos espejos y creer que era víctima de una selva verdadera.

"Yo, por mi parte, había vuelto a buscar..., a palpar... A mi vez, comenzaba a ganarme la fiebre..., pues no encontraba nada..., absolutamente nada... En la habitación contigua seguía reinando el mismo silencio. Estábamos efectivamente perdidos en la selva..., sin salida..., sin brújula..., sin guía.... sin nada... ¡Oh! Bien sabía lo que nos aguardaba si nadie venía a ayudarnos..., o si yo no encontraba el resorte... Pero, por más que buscara, sólo hallaba ramas..., admirables, hermosas ramas que se erguían ante mí o se curvaban alegremente por encima de mi cabeza... ¡Pero no daban sombra! Y era, por otro lado, muy lógico puesto que estábamos en una selva ecuatorial, con el sol justo encima de nuestras cabezas... Una selva del Congo...

"Varias veces el señor de Chagny y yo nos habíamos puesto y quitado la chaqueta, creyendo a veces que nos daba más calor y otras, por el contrario, que nos protegía de él.

"Yo todavía resistía moralmente, pero me pareció que el señor de Chagny estaba ya 'fuera de sí' por completo. Pretendía que hacía más de tres días y tres noches que estaba caminando, sin detenerse, por aquella selva, buscando a Christine Daaé. De vez en cuando creía entreverla tras un tronco de árbol o deslizándose entre las ramas, y la llamaba con palabras suplicantes que hacían acudir las lágrimas a mis ojos. '¡Christine. Christine! —decía—. ¿Por qué huyes de mí?, ¿no me amas...? ¿No estamos comprometidos...? ¡Christine, detente...! ¡Ya ves que estoy agotado...! ¡Christine, ten piedad...! Voy a morir en esta selva... lejos de ti...'.

"—¡Tengo sed! —dijo por fin en un tono delirante.

"También yo tenía sed..., tenía la garganta ardiendo...

"Y sin embargo, agachado ahora sobre el suelo, eso no me impedía buscar..., buscar..., buscar el resorte de la puerta invisible..., tanto más cuanto que la estancia en la selva se hacía peligrosa pues la noche se acercaba... La oscuridad comenzaba a rodearnos ya... Había sucedido rápidamente, como llega la noche en los países ecuatoriales... de pronto, sin apenas crepúsculo...

"Y por la noche las selvas del ecuador son siempre peligrosas, sobre todo cuando, como nos ocurre a nosotros, no tenemos nada para encender fuego y alejar a las bestias feroces. Había intentado, dejando por un momento la búsqueda de mi resorte, romper alguna rama para encenderla con mi linterna, pero también yo había chocado con los famosos espejos y aquello me había recordado a tiempo que se trataba de los reflejos de una rama...

"El calor no se había alejado con el día, muy al contrario... Ahora, bajo el brillo azulado de la luna, hacía todavía más calor. Recomendé al vizconde que mantuviera las armas dispuestas para hacer fuego y que no se alejara de nuestro campamento mientras yo buscaba el resorte.

"De pronto, nos llegó, a pocos pasos, el rugido de un león que nos desgarró los oídos.

"—¡Oh! —dijo el vizconde en voz baja—, no está lejos... ¿No lo ve? Allí..., a través de los árboles, en aquellas matas... ¡Si ruge de nuevo disparo...!

"Y el rugido se oyó de nuevo, más formidable todavía. Y el vizconde disparó, pero no creo que alcanzara al león; sin embargo, rompió un espejo; a la mañana siguiente, al alba, pude comprobarlo. Durante la noche debíamos haber andado un buen trecho pues, de pronto, nos hallamos al borde del desierto, de un inmenso desierto de arena, piedras y rocas. Ciertamente no valía la pena salir de la selva para caer en el desierto. Fatigado ya, me había tendido junto al vizconde, personalmente cansado de buscar resortes que no encontraba.

"Yo estaba muy asombrado (y se lo dije al vizconde) de que no hubiéramos tenido, durante la noche, otros encuentros desagradables. Por lo común, tras el león había un leopardo y, luego, a veces, el zumbido de la mosca tse-tsé. Eran efectos muy fáciles de conseguir, y expliqué al señor de Chagny, mientras reposábamos antes de cruzar el desierto, que Erik obtenía el rugido del león con un largo tamboril cubierto, en uno de sus extremos, por una piel de asno. Sobre esta piel se enrolla una cuerda de intestino atada en su mitad a otra cuerda del mismo tipo que recorre el tambor en toda su longitud. Erik sólo tiene, entonces, que frotar la cuerda con un guante empapado de colofonia y, según la manera de frotar, imita perfectamente la voz del león, la del leopardo e, incluso, el zumbido de la mosca tse-tsé.

"La idea de que Erik podía hallarse en la habitación contigua, con sus trucos, me hizo de pronto adoptar la resolución de parlamentar con él pues, evidentemente, tenía que renunciar a la idea de sorprenderlo. Y ahora debía ya saber a qué atenerse con respecto a los moradores de la cámara de los tormentos. Lo llamé: '¡Erik, Erik…!'. Grité tan fuerte como pude a través del desierto, pero nadie respondió a mi voz… A nuestro alrededor sólo el silencio y la inmensidad desnuda de aquel desierto *pétreo*… ¿Qué iba a ser de nosotros en medio de aquella horrenda soledad…?

"Literalmente comenzábamos a morir de calor, de hambre y de sed… Sobre todo de sed… Por fin vi que el señor de Chagny se incorporaba sobre un codo y me señalaba un punto del horizonte… ¡Acababa de descubrir un oasis…!

"Sí, allí, abajo, el desierto daba paso al oasis…, un oasis con agua…, un agua transparente como un espejo… un agua que reflejaba el árbol de hierro… Ah, aquello…, aquello era el cuadro del *espejismo*… Lo reconocí enseguida…, el más terrible… Nadie había podido resistirlo…, nadie… Me esforcé por retener toda mi razón…, y no *esperar agua*…. porque sabía que si esperaba agua, el agua que reflejaba el árbol de hierro, y si, tras haber esperado agua, chocaba con el espejo, sólo me quedaría ya una cosa por hacer: ¡colgarme del árbol de hierro…!

"De modo que le grité al señor de Chagny: '¡Es el espejismo…, es el espejismo…! ¡No crea en el agua…! ¡Es un nuevo truco de los espejos…!'. Entonces me envió, como suele decirse, a paseo sin contemplaciones, con mi truco del espejo, mis resortes, mis puertas giratorias y mi palacio de los espejismos…

Afirmó, rabioso, que yo estaba loco o ciego si imaginaba que toda aquella agua que corría allí, entre los hermosos e innumerables árboles, no era agua verdadera... ¡Y el desierto era verdadero! ¡Y la selva también...! A él no podría hacérselo creer... Había viajado bastante..., y por todos los países...

"Y se arrastró diciendo:

"—¡Agua, agua...!

"Y tenía la boca abierta como si bebiera... Y también yo tenía la boca abierta como si bebiera...

"Pues no sólo veíamos el agua sino que también la *oíamos*... La oíamos correr..., chapotear... ¿Saben ustedes lo que significa la palabra *chapotear*? *¡Es una palabra que se oye con la lengua...!* Se saca la lengua de la boca para oírla mejor...

"Por fin, suplicio más intolerable todavía, oíamos la lluvia sin llover. Aquello era una invención demoniaca... ¡Oh!, yo sabía muy bien cómo la obtenía Erik. Llenaba de piedrecitas una caja muy estrecha y larga, cortada a intervalos por pequeños tabiques de madera y metal. Las piedrecitas, al caer, encontraban esos tabiques y saltaban de uno a otro produciendo sonidos entrecortados que recordaban hasta el engaño el rumor de una lluvia tempestuosa.

"De modo que el señor de Chagny y yo nos arrastrábamos, con la lengua colgando, hacia la orilla... *Nuestros ojos y oídos estaban llenos de agua, pero nuestra lengua seguía seca como el esparto...*

"Llegados al espejo, el señor de Chagny lo lamió.... y también yo.... también yo lamí el espejo...

"¡Ardía...!

"Entonces nos revolcamos por el suelo con un desesperado jadeo... El señor de Chagny acercó a su sien la última pistola cargada y yo miré, a mis pies, el lazo del Pendjab.

"Sabía por qué, en este tercer decorado, había regresado el árbol de hierro…

"¡El árbol de hierro me aguardaba…!

"Pero cuando estaba mirando el lazo del Pendjab vi una cosa que me sobresaltó con tanta violencia que el señor de Chagny detuvo su movimiento suicida. Estaba murmurando ya:

"—¡Adiós, Christine…!

"Le había sujetado el brazo. Y luego le quité la pistola… y, luego, me arrastré de rodillas hasta lo que había visto.

"Acababa de descubrir junto al lazo del Pendjab, en una ranura del entarimado, un clavo de negra cabeza cuya utilidad no ignoraba…

"¡Por fin! ¡Había encontrado el resorte…! ¡El resorte que iba a hacer bascular la puerta…! ¡Que iba a devolvernos la libertad…!, que iba a entregarnos a Erik.

"Tanteé el clavo… Mostré al señor de Chagny un rostro resplandeciente… El clavo de negra cabeza cedió bajo mi presión…

"Y entonces…

"…Entonces no fue una puerta lo que se abrió en la pared, sino un escotillón que se destacó del suelo.

"De inmediato, de aquel negro agujero, nos llegó aire fresco. Nos inclinamos hacia aquel cuadrado sombrío como si fuera una fuente de límpidas aguas. Con el mentón en la fresca sombra, la bebíamos.

"Y nos inclinábamos cada vez más por el escotillón. ¿Qué podía haber en aquel agujero, en aquel sótano que acababa de abrir misteriosamente su puerta en el entarimado…?

"¿Tal vez habría agua…?

"Agua para beber…

"Extendí el brazo en las tinieblas y encontré una piedra, y luego otra…, una escalera…, una negra escalera que bajaba al sótano.

"¡El vizconde se disponía ya a arrojarse por el agujero…!

"Allí dentro, aunque no encontrara agua, podríamos escapar del radiante efecto de aquellos abominables espejos.

"Pero detuve al vizconde, pues temía una nueva jugarreta del monstruo y, encendiendo mi linterna sorda, bajé primero…

"La escalera se hundía en las tinieblas más profundas y giraba sobre sí misma. ¡Ah, adorable frescor de la escalera y de las tinieblas…!

"Aquel frescor debía provenir menos del sistema de ventilación establecido, necesariamente, por Erik, que de la propia frescura de la tierra que debía hallarse saturada de agua en el lugar donde nos hallábamos… ¡Y además el lago no debía estar lejos…!

"Pronto estuvimos al pie de la escalera… Nuestros ojos comenzaban a acostumbrarse a la oscuridad, a distinguir a nuestro alrededor formas…, formas redondeadas…, hacia las que dirigí el foco luminoso de mi linterna…

"¡Toneles…!

"¡Estábamos en la bodega de Erik!

"Allí debía guardar su vino y, tal vez, su agua potable…

"Yo sabía que Erik era muy aficionado a los vinos de buena cosecha…

"¡Ah, allí había de donde elegir…!

"El señor de Chagny acariciaba las redondas formas repitiendo incesantemente:

"—¡Toneles, toneles…! ¡Cuántos toneles…!

"De hecho, había cierta cantidad alineada muy simétricamente en dos filas, entre las cuales nos hallábamos…

"Eran toneles pequeños e imaginé que Erik los había elegido de aquel tamaño para facilitar el transporte hasta la mansión del Lago...

"Los examinábamos unos tras otros intentando hallar alguno de ellos que tuviera una espita que nos indicara, gracias a ese indicio, que alguien había bebido, de vez en cuando, de él.

"Entonces, tras haber levantado a medias uno para comprobar que estaba lleno, nos pusimos de rodillas y, con la hoja de un cortaplumas que llevaba encima, intenté hacer saltar la cubierta.

"En aquel momento me pareció oír, como viniendo de muy lejos, una especie de monótono canto cuyo ritmo no me era desconocido, pues lo había oído muy a menudo en las calles de París:

"—¡Toneles, toneles! ¿Tienen toneles para vender...?

"Mi mano se inmovilizó en la cubierta... También el señor de Chagny lo había oído. Me dijo:

"—¡Es extraño...! Se diría que el tonel canta...

"El canto volvió a oírse, más lejano...

"—¡Toneles, toneles...! ¿Tienen toneles para vender...?

"—¡Oh, oh!, le juro —dijo el vizconde— que el canto se está alejando dentro del tonel...

"Nos levantamos y fuimos a mirar tras el tonel.

"—¡Está dentro! —exclamó el señor de Chagny—, ¡está dentro...!

"Pero ya no oíamos nada..., y nos vimos obligados a atribuir a ello nuestro mal estado, la real turbación de nuestros sentidos...

"Y regresamos a la cubierta. El señor de Chagny puso encima sus dos manos unidas y, haciendo un último esfuerzo, hice saltar la tapa.

"—Pero ¿qué es esto? —gritó enseguida el vizconde—. ¡Eso no es agua!

"El vizconde había acercado sus dos manos llenas a mi linterna... me incliné sobre las manos del vizconde... y, de inmediato, al darme cuenta de su contenido, retiré la linterna tan bruscamente que se rompió apagándose.... y se perdió para nosotros...

"Lo que acababa de ver en las manos del señor de Chagny... ¡era pólvora!"

XXVI

¿HABRÁ QUE GIRAR EL ESCORPIÓN?

¿HABRÁ QUE GIRAR EL SALTAMONTES?

Concluye el relato del Persa

"**D**e este modo, bajando a las profundidades de la bodega, yo había llegado por fin al fondo de mi temible pensamiento. El miserable no me había engañado con sus vagas amenazas dirigidas a muchos de los pertenecientes a la raza humana. Al margen de la humanidad, se había construido lejos de los hombres un cubil de bestia subterránea, decidido a hacerlo saltar todo, incluso a sí mismo, en una resonante catástrofe, si los de la superficie de la tierra venían a perseguirlo hasta el antro en donde había refugiado su monstruosa fealdad.

"El descubrimiento que acabábamos de hacer nos produjo una emoción que nos hizo olvidar todas las penalidades pasadas, todos nuestros sufrimientos presentes... Nuestra excepcional situación, puesto que hacía muy poco nos habíamos hallado al borde del suicidio, no se nos había aparecido todavía en su exacto espanto. Ahora comprendíamos todo lo que había querido decir y todo lo que le había dicho el monstruo a Christine Daaé, todo lo que significaba la abominable frase: '*¿Sí o no...? Si es no, todo el mundo puede darse por muerto y enterrado...*'. Sí, enterrado bajo los escombros de lo que había sido la gran Ópera de París... ¿Podía imaginarse un crimen más espantoso para abandonar el mundo en una apoteosis de horror? Preparada para tranquilidad de su retiro, la catástrofe serviría para vengar los amores del más horrible monstruo que se había paseado bajo los cielos... '¡Mañana por la noche, a las once, último plazo...!' ¡Ah, había elegido bien la hora...! ¡Habría mucha gente en la fiesta!, muchos de los pertenecientes a la raza humana... Arriba..., en los pisos resplandecientes del palacio de la música... ¿Qué más hermoso cortejo podía soñar para morir...? Iba a bajar a la tumba con los más hermosos hombres del mundo, adornados con todas las joyas... ¡Mañana por la noche, a las once! Íbamos a saltar en plena representación..., si Christine Daaé decía: '¡No...!'. ¡Mañana por la noche, a las once...! ¿Y cómo no iba a decir 'no' Christine Daaé? ¿Acaso no era preferible desposarse con la propia muerte antes que con aquel cadáver viviente? ¿Acaso no ignoraba que de su negativa dependía la fulminante suerte de muchos de los pertenecientes a la raza humana...? ¡Mañana por la noche, a las once...!

"Y, arrastrándonos en las tinieblas, huyendo de la pólvora, intentando hallar de nuevo los escalones de piedra.... pues allí arriba, sobre nuestras cabezas, el escotillón que llegaba a la cámara de los espejos se había apagado a su vez.... repetíamos: '¡Mañana por la noche, a las once...!'.

"...Encuentro, por fin, la escalera..., pero, de pronto, me pongo de pie sobre el primer peldaño pues un terrible pensamiento incendia repentinamente mi cerebro:

"—¿*Qué hora es?*

"¡Ah! ¿Qué hora es?, ¡qué hora es...! Pues, a fin de cuentas, mañana por la noche, a las once, puede ser ya hoy, puede ser ya enseguida... ¡Quién podría decirnos la hora que es...! Me parece que estamos encerrados en este infierno desde hace días y días, desde hace años..., desde el comienzo del mundo... ¡Tal vez todo saltará de un momento a otro...! ¡Ah, un ruido... ¡un crujido...! ¿Ha oído usted, señor...? ¡Allí..., allí, en aquel rincón... dioses...! ¡Parece un ruido mecánico...! ¡Otra vez...! ¡Ah, luz...!, tal vez sea el mecanismo que va hacerlo saltar todo... ¡Le digo que ha sido un crujido...! ¿Está usted sordo?

"El señor de Chagny y yo nos ponemos a gritar como locos... El terror nos persigue... Subimos la escalera girando por los peldaños... Tal vez, ahí arriba, el escotillón está cerrado. Tal vez sea esa puerta cerrada la que crea tal oscuridad... ¡Ah, salir de la oscuridad, salir de la oscuridad...! ¡Hallar de nuevo la mortal claridad de la cámara de los espejos...!

"...Pero hemos llegado arriba..., no, el escotillón no está cerrado, pero ahora la habitación de los espejos está tan oscura como la bodega que acabamos de dejar... Salimos por completo del sótano..., nos arrastramos por el suelo de la cámara de los tormentos..., por el suelo que nos separa de aquel polvorín... ¿Qué hora es...? ¡Gritamos, llamamos...! El señor de Chagny clama, con todas sus renacientes fuerzas: '¡Christine..., Christine...!'. Y yo llamo a Erik..., le recuerdo que le he salvado la vida... ¡pero nada nos responde...!, sólo nuestra propia desesperación..., nuestra propia locura... ¿Qué hora es...? 'Mañana por la noche, a las once...!' Discutimos... nos esforzamos por medir el tiempo que hemos pasado aquí..., pero somos incapaces de razonar... ¡Si al menos pudiéramos ver la esfera de un reloj con sus agujas en marcha...! Mi reloj está parado desde hace mucho tiempo..., pero el del señor de Chagny todavía funciona... Me dice que le ha dado cuerda al prepararse para venir a la Ópera... Intentamos extraer de este hecho alguna conclusión que nos permita esperar que todavía no ha llegado el minuto fatal...

"El menor ruido que llega a nosotros por el escotillón, que en vano he intentado cerrar, nos arroja a la más atroz angustia... ¿Qué hora es...? No llevamos encima ni una cerilla... y, sin embargo, tenemos que saber… El señor de Chagny piensa en romper el cristal de su reloj y palpar las dos agujas… Un silencio durante el cual palpa, interroga a las agujas con la punta de los dedos. La corona del reloj le sirve de punto de referencia… Estima, por la separación de las agujas, que pueden ser las once en punto…

"Pero tal vez haya pasado ya la hora que nos inquieta, ¿no es cierto…? Tal vez sean las once y diez… y, en ese caso, nos quedarían por lo menos doce horas.

"Y, de pronto, grito:

"—¡Silencio!

"Me ha parecido oír pasos en la habitación contigua.

"¡No me he engañado!, oigo un ruido de puertas seguido de pasos precipitados. Golpean el muro. La voz de Christine Daaé:

"—¡Raoul, Raoul!

"—¡Ah! —gritamos a la vez, ahora, a uno y otro lado del muro. Christine sollozaba, ignoraba si iba a encontrar con vida al señor de Chagny… Al parecer el monstruo se ha comportado de un modo horrible… No ha hecho más que delirar esperando que ella quisiera pronunciar el 'sí' que le negaba… Y, mientras, ella le prometía aquel 'sí' si accedía a llevarla a la cámara de los tormentos… Pero él se había negado obstinadamente a hacerlo, amenazando con ferocidad a todos los pertenecientes a la raza humana… Por fin, tras horas y horas de aquel infierno, acababa de salir…, dejándola sola para que reflexionara por última vez…

"…¡Horas y horas…!

"—¿Qué hora es? ¿Qué hora es, Christine…?

"—¡Son las once…! ¡Las once menos cinco…!

"—Pero ¿qué once…?

"—¡Las once que deben decidir entre la vida y la muerte…! Acaba de repetírmelo al irse… —continúa la voz jadeante de

Christine—. ¡Es espantoso…! Delira y se ha arrancado la máscara y sus ojos de oro lanzan llamas. ¡No hace más que reír…! Me ha dicho, riendo como un demonio borracho: '¡Cinco minutos! ¡Te dejo sola a causa de tu bien conocido pudor…! No quiero que te rubories ante mí cuando digas «sí», como las novias tímidas… ¡Qué diablos! ¡Soy un hombre de mundo…!'. ¡Ya les he dicho que parecía un demonio borracho… '¡Toma! (y ha buscado en la bolsa de la vida y de la muerte) ¡Toma!', me ha dicho, 'ésta es la llave de bronce que abre los cofrecillos de ébano que están en la chimenea de la habitación Luis Felipe… En uno de esos cofrecillos encontrarás un escorpión y en el otro un saltamontes, animales muy bien hechos en bronce del Japón; ¡son animales que dicen sí y no! Es decir que sólo tendrás que girar sobre su eje el escorpión, hasta ponerlo en la posición contraria a la que lo hayas encontrado… Eso, para mí, cuando regrese a la habitación Luis Felipe, a la habitación de boda, significará: *¡sí…!* El saltamontes, por su parte, si lo haces girar, querrá decir: ¡no! cuando regrese a la habitación Luis Felipe, ¡a la habitación de la muerte!' ¡Y reía como un demonio borracho! Yo no hacía más que reclamarle, de rodillas, la llave de la cámara de los tormentos, prometiéndole ser para siempre su mujer si me lo concedía… Pero me ha dicho que nadie necesitaría ya nunca esa llave y que iba a arrojarla al fondo del lago… Y luego, riendo como un demonio borracho me ha dejado diciéndome que sólo regresaría dentro de cinco minutos, porque sabía todo lo que un hombre galante debe al pudor de una mujer… ¡Ah!, sí, también me ha gritado: '¡El saltamontes… ¡Cuidado con el saltamontes…! Un saltamontes no sólo gira, ¡salta…! ¡salta…! *¡salta maravillosamente bien…!'*.

"Intento aquí reproducir frases, las entrecortadas palabras, las exclamaciones, el sentido de las palabras delirantes de

Christine... Pues, también ella, durante esas veinticuatro horas, había debido alcanzar las profundidades del dolor humano... Y tal vez había sufrido más que nosotros... Continuamente Christine se interrumpía y nos interrumpía para gritar: '¿Raoul, sufres...?'. Y palpaba los muros fríos ahora, y se preguntaba por qué razón habían estado tan calientes... Y transcurrieron los cinco minutos y, en mi pobre cerebro, el escorpión y el saltamontes movían todas sus patas...

"Sin embargo, yo había conservado lucidez suficiente como para comprender que si se hacía girar el saltamontes, el saltamontes saltaba... ¡y con él muchos de los pertenecientes a la raza humana! No cabía duda de que el saltamontes accionaba una corriente eléctrica destinada a hacer saltar el polvorín... Apresuradamente, el señor de Chagny, que ahora, desde que había oído de nuevo la voz de Christine, parecía haber recuperado toda su fuerza moral, explicaba a la joven en qué formidable situación nos hallábamos nosotros y toda la Ópera... *Había que hacer girar el escorpión* de inmediato...

"Aquel escorpión, que significaba el sí tan deseado por Erik, debía accionar algo que, tal vez, impediría que se produjera la catástrofe.

"—¡Hazlo...! ¡Hazlo pues, Christine, mi adorada mujer...! —ordenó Raoul.

"Hubo un silencio.

"—Christine—grité—, ¿dónde está usted?

"—¡Junto al escorpión!

"—¡No lo toque!

"Se me había ocurrido la idea, pues conocía bien a Erik, de que el monstruo había engañado de nuevo a la joven. Tal vez era el escorpión el encargado de hacerlo saltar todo. Porque, en resumidas cuentas, ¿por qué no estaba Erik allí? Hacía ya bastante tiempo que los cinco minutos habían transcurrido…, y no había regresado… Sin duda, se había puesto a salvo… Y, tal vez, esperaba la formidable explosión… ¡Sólo esperaba eso…! Ciertamente no podía esperar que Christine consintiera nunca en ser, voluntariamente, su presa… ¿Por qué no había regresado…? ¡No toque el escorpión…!

"—¡Él…! —gritó Christine—. ¡Lo escucho…! ¡Aquí está…!

"Se estaba acercando, en efecto. Oímos sus pasos que se acercaban a la habitación Luis Felipe. Se había reunido con Christine. No había pronunciado ni una sola palabra…

"Entonces, levanté la voz:

"—¡Erik, soy yo! ¿Me reconoces?

"Al oír esta llamada, respondió enseguida en un tono extraordinariamente pacífico:

"—¿*De modo que no han muerto ahí dentro…?* Pues bien, intenten mantenerse tranquilos.

"Quise interrumpirlo pero, con una frialdad que me dejó helado detrás de mi muro, me dijo:

"—Ni una palabra, *Daroga*, o te hago saltar.

"Y añadió enseguida:

"—¡El honor corresponde a la señorita…! La señorita no ha tocado el saltamontes (¡con qué terrorífica sangre fría!), pero nunca es tarde para obrar bien. Mire, yo abro sin necesidad de llave porque soy el aficionado a los escotillones y abro y cierro todo lo que quiero, como quiero… Abro los pequeños cofrecillos de ébano, mire, señorita, el interior de los pequeños cofrecillos de ébano…, hermosas bestezuelas… Están bastante bien hechas…, y qué inofensivas parecen… ¡Pero el hábito no hace al monje! (y todo en una voz uniforme, monótona…). Si se gira el saltamontes, saltamos todos, señorita… Hay bajo nuestros pies pólvora suficiente para hacer saltar todo un barrio de París… Si se gira el escorpión, toda esa pólvora quedará inundada... Señorita, con ocasión de nuestras bodas va usted a hacer un hermoso regalo a algunos centenares de parisinos que, en estos momentos, están aplaudiendo una mísera obra maestra de Meyerbeer... ¡Les regalará usted la vida...! Pues bien, señorita, con sus hermosas manos (¡qué cansada aquella voz!), va a girar el escorpión..., y enseguida, nos casaremos.

"Un silencio, y luego:

"—Si dentro de dos minutos, señorita, no ha girado usted el escorpión... tengo un reloj —añadió la voz de Erik—, un reloj que marcha muy bien, yo giraré el saltamontes... y el saltamontes *salta maravillosamente bien...*

"Se hizo de nuevo el silencio, más terrorífico por sí solo que todos los demás terroríficos silencios. Yo sabía que, cuando Erik adoptaba aquella voz pacífica, tranquila y cansada, era que estaba al límite de todo, capaz de la más titánica fechoría o de la más furiosa abnegación, y que una sílaba que disgustara su oído podría desencadenar el huracán. El señor de Chagny, por su parte, había comprendido que sólo quedaba rezar y, de rodillas, rezaba... Por lo que a mí respecta, mi sangre latía con tanta fuerza que tuve que poner la mano sobre el corazón, por miedo a que estallara... Presentíamos, y era demasiado horrible, lo que ocurría, en aquellos supremos segundos, en el enloquecido pensamiento de Christine Daaé... Comprendíamos que dudara en girar el escorpión... ¡Y si, efectivamente, era el escorpión el que iba a hacerlo saltar todo...! ¡Y si Erik había resuelto enterrarnos a todos con él!

"Por fin se oyó la voz de Erik, suave esta vez, de una suavidad angélica...

"—Han transcurrido los dos minutos... ¡Adiós, señorita...! ¡Salta, saltamontes...!

"—Erik —gritó Christine que debía de haberse precipitado sobre la mano del monstruo—, ¿me juras, monstruo, me juras por tu infernal amor que hay que girar el escorpión...?

"—Sí, para saltar a nuestras bodas...

"—¡Ah!, ya lo ves, vamos a saltar.

"—A nuestras bodas, benéfica e inocente chiquilla... ¡El escorpión abre la danza...! ¡Pero ya es suficiente...! No quieres el escorpión? ¡Para mí el saltamontes!

"—¡Erik...!

"—¡Basta...!

"Yo había unido mis gritos a los de Christine. El señor de Chagny, aún de rodillas, seguía rezando...

"—¡Erik! ¡He girado el escorpión...!

"¡Ah!, ¡qué segundo vivimos!

"¡Esperando!

"Esperando a no ser más que migajas rodeadas de trueno y ruinas...

"...Sentir crujir bajo nuestros pies, en el abierto abismo..., cosas..., cosas que podrían ser el comienzo de la apoteosis del horror..., pues, por el escotillón abierto a las tinieblas, negras fauces en la noche negra, subía, como el primer ruido de un cohete, un inquietante zumbido...

"Muy débil al principio... Y luego más intenso..., muy fuerte después...

"¡Escuchad, escuchad!, y contened con vuestras dos manos el corazón dispuesto a saltar con muchos de los pertenecientes a la raza humana.

"Pero no es el silbido del fuego.

"Diríase un cohete de agua...

"¡Al escotillón, al escotillón!

"¡Escuchad, escuchad!

"Ahora se oye un gluglú... gluglú...

"¡Al escotillón..., al escotillón..., al escotillón!

"¡Qué frescor!

"¡A la frescura, a la frescura! Nuestra sed, que había desaparecido con la llegada del espanto, regresaba intensificada con el ruido del agua.

"¡El agua, el agua, el agua que sube!

"Que sube por la bodega, sumerge los toneles, todos los toneles de pólvora (¡toneles, toneles...! ¿Tienen toneles para vender?) ¡Agua...! El agua hacia la que descendemos con inflamadas gargantas..., el agua que sube hasta nuestros mentones, hasta nuestras bocas...

"Y bebemos... En las profundidades de la bodega, bebemos...

"Y volvemos a subir, en la negra oscuridad, la escalera, peldaño a peldaño, la escalera que habíamos descendido para llegar al agua y que subimos con el agua.

"Realmente, la pólvora se ha perdido, se ha anegado... ¡con mucha agua...! ¡Buen trabajo! En la mansión del Lago no se escatima el agua. Si eso sigue así, toda el agua entrará en la bodega...

"Pues, en verdad, ya no se sabe cuándo va a detenerse...

"Hemos salido de la bodega y el agua sigue subiendo...

"Y también el agua sale de la bodega, cubre el entarimado... Si eso sigue así la mansión del Lago va a inundarse. El suelo de la cámara de los espejos es ya un auténtico lago en el que chapotean nuestros pies. ¡Ya basta de agua! Erik debe cerrar el grifo: ¡Erik, Erik! La pólvora tiene ya suficiente agua! ¡Cierra el grifo! ¡Gira el escorpión!

"Pero Erik no contesta... Sólo se oye el agua que sube... ¡ya nos llega a media pierna...!

"—¡Christine, Christine!, ¡el agua sube!, ¡nos llega a las rodillas! —grita el señor de Chagny.

"Pero Christine no contesta... sólo se oye el agua que sube.

"¡Nada, nada en la habitación del lado...! ¡Ya no hay nadie, nadie que pueda cerrar el grifo!, ¡nadie que pueda girar el escorpión!

"Estamos solos, en la oscuridad, con el agua oscura que nos abraza, que sube, que nos hiela. ¡Erik, Erik! ¡Christine, Christine!

"Ahora hemos perdido pie y giramos en el agua, arrastrados por un irresistible movimiento de rotación, pues el agua gira con nosotros y chocamos con los espejos negros que nos rechazan..., y nuestras gargantas, levantándose por encima del torbellino, aúllan...

"¿Vamos a morir aquí? ¿Ahogados en la cámara de los tormentos...? Jamás he visto una cosa semejante. Erik, en los tiempos de las *horas rosas de Mazenderan*, jamás me mostró nada parecido por la pequeña ventana invisible... ¡Erik, Erik! ¡Te salvé la vida! ¡Recuérdalo...! ¡Estabas condenado...! ¡Ibas a morir...! ¡Te abrí la puerta de la vida...! ¡Erik!

"¡Ah, giramos en el agua como restos de un navío...!

"Pero he agarrado, de pronto, con mis extraviadas manos el tronco del árbol de hierro..., y llamo al señor de Chagny.... y ambos quedamos suspendidos de la rama del árbol de hierro...

"¡Y el agua sigue subiendo!

"¡Ah, ah, recuérdalo! ¿Cuánto espacio queda entre la rama del árbol de hierro y el techo en la cúpula de la cámara de los espejos...? ¡Intenta recordarlo...! A fin de cuentas, el agua tal vez se detenga... seguramente alcanzará su nivel... ¡Mire!, me parece que se detiene... ¡No, no! ¡Horror...! ¡A nadar, a nadar...! Nuestros brazos que nadan se enlazan; ¡nos ahogamos...!,

¡nos peleamos en el agua negra...! Ya nos cuesta respirar el aire negro por encima del agua negra..., el aire que huye, que oímos huir por encima de nuestras cabezas por un desconocido aparato de ventilación... ¡Ah, giramos, giramos!, giramos hasta que hayamos hallado la boca de aire... Pegaremos nuestra boca a la boca de aire... Pero mis fuerzas me abandonan, intento agarrarme a los muros. ¡Ah, cómo resbalan las paredes de espejo bajo mis dedos que buscan...! ¡Seguimos girando...! Nos hundimos... ¡Un último esfuerzo...! ¡Un último grito...! ¡Erik...! ¡Christine...! ¡Glu, glu, glu...!, en las orejas... ¡Glu, glu, glu...! En las profundidades del agua negra nuestras orejas hacen gluglú... Y todavía me parece, antes de perder por completo el conocimiento, escuchar entre dos gluglú... '¡Toneles, toneles...! ¿Tienen toneles para vender?'."

XXVII

A quí termina el relato escrito que me dejó el Persa. Pese al horror de una situación que parecía condenarlos definitivamente a la muerte, el señor de Chagny y su compañero se salvaron gracias a la sublime abnegación de Christine Daaé. Y conozco el resto de la aventura de labios del propio daroga.

Cuando fui a verlo, seguía viviendo en su pequeño apartamento de la rue de Rivoli, frente a las Tullerías. Estaba muy enfermo y fue necesario todo mi ardor de periodista-historiador al servicio de la verdad para decidirlo a revivir, conmigo, el increíble drama. Seguía siendo su viejo y fiel criado Darius quien le servía y quien me condujo a su lado. El daroga me recibió junto a una ventana que da al jardín, sentado en un gran sillón donde intentaba erguir un torso que, sin duda, no había carecido de belleza. Nuestro Persa tenía todavía unos ojos magníficos, pero su pobre rostro estaba muy fatigado. Se había hecho afeitar por completo la cabeza que, por lo común, cubría con un gorro de astracán; vestía una amplia hopalanda muy sencilla, e, inconscientemente, se entretenía jugando con los pulgares, pero su espíritu permanecía bastante lúcido.

No podía recordar los asuntos de antaño sin que volviera a apoderarse de él cierta fiebre y sólo a retazos pude arrancarle el sorprendente final de esta extraña historia. A veces se hacía rogar mucho tiempo para responder a mis preguntas y, de cuando en cuando, exaltado por sus recuerdos, evocaba espontáneamente, ante mí, con una fuerza asombrosa, la espantosa imagen de Erik y las terribles horas que el señor de Chagny y él habían vivido en la mansión del Lago.

Había que ver el temblor que le agitaba cuando me describió su despertar en la inquietante penumbra de la habitación Luis Felipe..., tras el drama de las aguas... Y he aquí el final de la terrible historia tal como me la contó para completar el relato escrito que había querido confiarme:

Al abrir los ojos el daroga había comprobado que estaba tendido en una cama... El señor de Chagny estaba acostado en un diván, junto al armario de luna. Un ángel y un demonio velaban por ellos...

Tras los espejismos e ilusiones de la cámara de los tormentos, la precisión de los burgueses detalles de aquella tranquila habitación parecían, también, inventados para desorientar el espíritu del mortal suficientemente temerario como para aventurarse por los dominios de la pesadilla viviente. Aquella cama de estilo, aquellas sillas de caoba encerada, aquella cómoda y aquellos apliques de cobre, el cuidado revelado por los pequeños tapetes de encaje puestos en los respaldos de los sillones, el reloj de péndulo y, a ambos lados de chimenea, los cofrecillos de tan inofensiva apariencia.... en fin, aquella estantería provista de conchas, de alfileteros rojos, de barcos de nácar y un enorme huevo de avestruz... todo discretamente iluminado por una lámpara de pantalla colocada sobre una mesilla..., aquel mobiliario de conmovedora y casera fealdad, tan apacible, tan lógico en *las profundidades de los sótanos de la Ópera*, desconcertaba la imaginación más que todas las pasadas fantasmagorías.

Y la sombra del hombre enmascarado, en aquel marco anticuado, preciso y curioso, parecía aún más formidable. Se inclinó hasta el oído del Persa y le dijo en voz baja:

—¿Te encuentras mejor, daroga…? ¿Miras mi mobiliario…? Es todo lo que me queda de mi pobre madre…

Le dijo otras cosas que ya no recordaba; pero, y eso le parecía muy singular, el Persa conservaba el preciso recuerdo de que, durante esa antigua visión de la habitación Luis Felipe, sólo Erik hablaba. Christine Daaé no decía una palabra; se desplazaba sin ruido, como una hermana de la caridad que hubiera hecho voto de silencio… Traía una taza de cordial o de té humeante… El hombre enmascarado la tomaba de sus manos y se la tendía al Persa.

Por lo que al señor de Chagny se refiere, dormía…

Erik dijo, vertiendo un poco de ron en la taza del daroga y señalándole al acostado vizconde:

—Ha vuelto en sí mucho antes de que pudiéramos saber si *tú seguías viviendo, daroga*. Está muy bien… Duerme… No hay que despertarlo…

Por unos instantes Erik dejó la habitación y el Persa, incorporándose sobre un codo, miró a su alrededor… Distinguió, sentada junto a la chimenea, la blanca silueta de Christine Daaé. Le dirigió la palabra…, la llamó…, pero estaba todavía muy débil y volvió a caer sobre la almohada… Christine se acercó a él, le puso la mano en la frente y, luego, se alejó… Y el Persa recordó, entonces, que, al irse, ella no dirigió ni una sola mirada al señor de Chagny que, por su parte, bien es verdad, dormía tranquilamente…. y volvió a sentarse en su sillón, junto a la chimenea, silenciosa como una hermana de la caridad que ha hecho voto de silencio…

Erik regresó con unos pequeños frascos que depositó sobre la chimenea. Y, también en voz baja, para no despertar al señor de Chagny, le dijo al Persa, tras haberse sentado a su cabecera y haberle tomado el pulso:

—Ahora, los dos estáis a salvo. Y dentro de poco os conduciré a la superficie de la tierra, *para complacer a mi mujer.*

Tras decir esto, sin más explicaciones, se levantó y volvió a desaparecer.

El Persa miró el perfil tranquilo de Christine Daaé bajo la lámpara. Leía un libro pequeño de cantos dorados como los de los libros religiosos. *La Imitación* tiene ediciones semejantes. Y el Persa tenía todavía en los oídos la naturalidad del tono en que el otro había dicho: "Para complacer a mi mujer".

Suavemente, el daroga llamó de nuevo, pero Christine debía estar muy *sumida en la lectura,* pues no oyó nada...

Erik regresó.... dio de beber al daroga una poción, tras haberle recomendado que no volviera a dirigir la palabra a "su mujer" ni a nadie, *pues aquello podía ser muy peligroso para la salud de todo el mundo.*

A partir de aquel momento, el Persa recuerda, todavía, la negra sombra de Erik y la blanca silueta de Christine que seguían deslizándose silenciosamente por la habitación y se inclinaban sobre el señor de Chagny. El Persa estaba todavía muy débil y el menor ruido, la puerta del armario de luna que rechinaba al abrirse, por ejemplo, le daba dolor de cabeza..., y, luego, se durmió como el señor de Chagny.

Esta vez ya sólo despertaría en su casa, cuidado por el fiel Darius, quien le dijo que, la noche anterior, lo habían encontrado a la puerta del apartamento, a donde debía haberlo transportado un desconocido que tomó la precaución de llamar antes de alejarse.

En cuanto el daroga hubo recuperado sus fuerzas y su responsabilidad, mandó a buscar noticias al domicilio del conde Philippe.

Le respondieron que el joven no había reaparecido y que el conde Philippe había muerto. Habían encontrado su cadáver en las orillas del Lago de la Ópera, en el lado de la rue Scribe. El Persa recordó la misa fúnebre a la que había asistido detrás de los muros de la cámara de los espejos y no dudó del crimen ni de quién era el criminal. Sin dificultad, ¡ay!, pues conocía a Erik, reconstruyó el drama. Tras haber creído que su hermano había raptado a Christine Daaé, Philippe se había precipitado tras de sus pasos por la carretera de Bruselas, pues sabía que por allí todo había sido dispuesto para tal aventura. No habiendo encontrado a ambos jóvenes, había regresado a la Ópera al recordar las extrañas confidencias de Raoul acerca de su fantástico rival, había sabido que el vizconde lo había intentado todo para penetrar en los sótanos del teatro y que, por fin, había desaparecido, dejando su sombrero en el camerino de la diva, junto a un estuche de pistolas. Y el conde, que no dudaba ya de la locura de su hermano, se había lanzado, a su vez, al infernal laberinto subterráneo. ¿Hacía falta más, a los ojos del Persa, para que el cadáver del conde fuera encontrado en la ribera del Lago, donde velaba la sirena, la sirena de Erik, aquella guardiana del Lago de los Muertos?

De modo que el Persa no lo dudó. Horrorizado ante esta nueva fechoría, no pudiendo seguir en su incertidumbre relativa a la definitiva suerte del vizconde y de Christine Daaé, se decidió a comunicárselo todo a la justicia.

La instrucción del caso había sido confiada al juez señor Faure y fue a llamar a su puerta. Se imaginarán, pues, cómo recibió la declaración del daroga un espíritu escéptico, con los pies en el suelo, superficial (digo lo que pienso) y no preparado en absoluto para tal confidencia. El Persa fue tratado como un loco.

El daroga, no esperando ya que lo escucharan nunca, se puso a escribir. Puesto que la justicia no deseaba su testimonio, tal vez la prensa lo aceptaría y, cierto día, cuando acababa de escribir la última línea del relato que he transcrito aquí, su criado Darius le anunció a un extranjero, que no había dicho su nombre, cuyo rostro era imposible ver y que, sencillamente, había asegurado que no se marcharía hasta haber hablado con el daroga.

El Persa, presintiendo de inmediato la personalidad de su singular visitante, ordenó que le hicieran pasar enseguida.

El daroga se había equivocado.

¡Era el fantasma! ¡Era Erik!

Parecía extremadamente débil y se apoyaba en el muro como si temiera caer... Tras haberse quitado el sombrero, mostró una frente de cérea palidez. El resto de la cara estaba oculto por la máscara.

El Persa se había erguido ante él.

—Asesino del conde Philippe, ¿qué has hecho de su hermano y de Christine Daaé?

Ante tan formidable apóstrofe, Erik titubeó y permaneció un instante en silencio, luego, tras arrastrarse hasta el sillón, se dejó caer en él lanzando un suspiro. Y desde allí, con frases sueltas, con breves palabras, dijo:

—Daroga, no me hables del conde Philippe... Estaba muerto... ya... cuando salí de mi mansión.... estaba muerto... ya... cuando... cantó la sirena.... fue un accidente... un triste.... un lamentablemente triste... accidente... Había caído torpe, sencilla y naturalmente en el Lago...

—¡Mientes! —gritó el Persa.

Entonces, Erik inclinó la cabeza y dijo:

—No he venido aquí..., para hablarte del conde Philippe.... sino para decirte que... voy a morir...

—¿Dónde están Christine Daaé y Raoul de Chagny?

—... de amor..., daroga..., voy a morir de amor..., así es...
ila amaba tanto...! Y todavía la amo, daroga, porque, como te
estoy diciendo, me muero. Si supieras qué hermosa estaba cuando me permitió besarla viva, por su eterna salvación... Era la
primera vez, daroga, la primera vez, ¿me oyes?, que besaba
a una mujer... Sí, viva, la besé viva y estaba hermosa como
una muerta...

El Persa se había levantado y se atrevió a tocar a Erik. Le
sacudió el brazo.

—¿Me dirás de una vez si está viva o muerta?

—¿Por qué me sacudes así...? —respondió Erik con esfuerzo—. Te he dicho que soy yo el que va a morir...; sí, la besé
viva...

—¿Y ahora está muerta?

—Te digo que la besé así, en la frente... ¡y ella no retiró su
frente de mi boca...! ¡Ah, es una muchacha honesta! ¡Y no creo
que esté muerta! ¡Y que no sepa que alguien ha tocado un solo
cabello de su cabeza! Es una buena y honesta muchacha que,
además, te salvó la vida, daroga, cuando yo no hubiera dado
un céntimo por tu piel de persa. En el fondo, nadie se ocupaba de ti. ¿Por qué estabas allí con el muchacho? ¡Además, ibas
a morir! Palabra, ella me suplicaba por su muchachito pero le
respondí que, puesto que había girado el escorpión, por ello, y
por su propia voluntad, yo me había convertido en su prometido
y que no tenía necesidad alguna de dos prometidos, lo cual era
bastante justo. ¡Y tú no existías, ya no existías, te lo aseguro, e
ibas a morir con el otro prometido!

"Pero —prosiguió—, escúchame bien, daroga, mientras gri-
tabais como posesos a causa del agua, Christine se acercó a mí,
con sus grandes ojos azules muy abiertos, y me juró, por su
eterna salvación, que aceptaba *ser mi mujer viva*. Hasta aquel

momento, en el fondo de sus ojos, yo había visto a mi mujer muerta; era la primera vez que veía a *mi mujer viva*. Era sincera, por su eterna salvación. No se mataría. Acepté el pacto. Medio minuto más tarde las aguas habían vuelto al Lago y yo te tiraba de la lengua, daroga, pues llegué a creer, palabra, que no llegarías a contarlo... ¡En fin...! ¡Eso es! Habíamos acordado que yo os llevaría a la superficie. Finalmente, cuando me dejasteis libre el suelo de la habitación Luis Felipe, regresé a ella solo.

—¿Qué hiciste del vizconde de Chagny? —interrumpió el Persa.

—¡Ah!, ya me comprenderás..., daroga, a ése no quise sacarlo enseguida a la superficie... Era un rehén... Pero tampoco podía mantenerlo en la mansión del Lago, a causa de Christine; de modo que lo encerré muy confortablemente, lo encadené limpiamente (el perfume de Mazenderan lo había dejado blando como un guante) en el calabozo de los comuneros que se halla en la parte más lejana del subsuelo de la Ópera, debajo del quinto sótano, a donde nadie va nunca y donde nadie podía oírlo. Me sentía muy tranquilo y regresé junto a Christine. Ella me estuvo esperando...

Parece ser que, a estas alturas de su relato, el fantasma se levantó con tanta solemnidad que el Persa, que había vuelto a ocupar su lugar en el sillón, tuvo que levantarse también, como obedeciendo al mismo impulso y sintiendo que resultaba imposible seguir sentado en tan solemne momento e incluso (según me dijo el propio Persa) se quitó el gorro de astracán aunque llevaba la cabeza afeitada.

—¡Sí! ¡Me estaba esperando...! —prosiguió Erik comenzando a temblar como una hoja, pero a temblar de auténtica y solemne emoción—, me esperaba erguida, viva, como una verdadera prometida viva, por su salvación eterna... y cuando avancé, más tímido que un niño pequeño, no huyó…, no, no…, permaneció allí…, me esperó…, incluso creo, daroga, que se adelantó un poco… ¡oh!, no mucho…, pero un poco, como una prometida viva, su frente… y…, y…, yo la… besé… ¡Yo… yo…, yo! ¡Y ella no murió…! Y ella permaneció naturalmente a mi lado, después que la hube besado, así… en la frente… ¡Ah, daroga, qué hermoso es besar a alguien…! ¡Tú no puedes saberlo…! ¡Pero yo, yo…! Mi madre, daroga, mi pobre y miserable madre jamás quiso que yo la besara… ¡Huía… arrojándome la máscara…! ¡Ni mujer alguna…! ¡Nunca…, nunca! ¡Ja, ja, ja! Entonces…, ¿sabes…?, ante tanta felicidad, lloré. Y, llorando, caí a sus pies…, y besé sus diminutos pies, llorando… También tú lloras, daroga; también ella lloraba…, el ángel lloró.

Mientras contaba estas cosas, Erik sollozaba y el Persa, en efecto, no había podido retener sus lágrimas ante el hombre enmascarado que, con los hombros agitados, las manos en el pecho, jadeaba unas veces de dolor y otras de enternecimiento.

—… ¡Oh, daroga!, sentí sus lágrimas corriendo por mi frente, ¡por mi frente! Eran cálidas…, eran dulces. Sus lágrimas penetraron bajo mi máscara y se mezclaban con las mías sobre mí! Escucha, daroga, escucha lo que hice… Arranqué mi máscara para no perder una sola de sus lágrimas… ¡Y ella no huyó…! ¡Y ella no murió! Permaneció viva, llorando… por mí…, conmigo… ¡lloramos juntos…! ¡Dios del cielo, me habéis dado toda la felicidad del mundo…!

Y Erik se derrumbó, jadeante, en el sillón.

—¡Ah! No voy a morir todavía…, no enseguida… ¡pero déjame llorar! —dijo al Persa.

Al cabo de un instante, el hombre de la máscara continuó:

—Escucha, daroga…, escucha bien esto…: mientras permanecía a sus pies…, la oí decir: *"Pobre infeliz Erik"*. *¡Y me tomó* *la mano…!* Ya sólo fui, comprendes, un perro dispuesto a morir por ella… ¡tal como te lo digo, daroga!

"Figúrate —prosiguió— que yo llevaba en la mano un anillo, un anillo de oro que le había dado…, que ella había perdido…, y que yo encontré…, una alianza… Se la puse en la mano y le dije: '¡Toma…!, ¡tómalo…! Tómalo para ti… y para él… Será mi regalo de bodas…, el regalo *del pobre infeliz Erik…* Sé que amas al muchacho… ¡No llores…!'. Me preguntó, con voz muy dulce, qué quería decir; entonces, yo se lo hice entender, y ella comprendió enseguida que yo no era más que un pobre perro dispuesto a morir…, pero ella, ella podría casarse con el joven cuando quisiera, porque había llorado conmigo… ¡Ah, daroga…! Ya puedes imaginar… que… cuando le estaba diciendo esto me parecía estar haciendo, tranquilamente, pedazos mi corazón, pero ella había llorado conmigo y había dicho: "¡Pobre infeliz Erik…!"".

La emoción de Erik era tal que tuvo que advertir al Persa que no lo mirara, pues se estaba ahogando y se veía obligado a quitarse la máscara. El propio daroga me contó que, tras estas palabras, él mismo se había dirigido a la ventana y la había abierto con el corazón lleno de piedad, pero tomando buen cuidado de mirar la copa de los árboles del jardín de las Tullerías para no enfrentarse al rostro del monstruo.

—Fui —había continuado Erik— a liberar al joven y le dije que me siguiera junto a Christine… Se besaron ante mí, en la habitación Luis Felipe… Christine llevaba mi anillo… Hice jurar a Christine que cuando yo hubiera muerto vendría una noche, pasando por el Lago de la rue Scribe, a enterrarme en secreto con el anillo de oro que habría llevado hasta aquel instante… Le dije cómo hallaría mi cuerpo y lo que era preciso hacer… Entonces, Christine me besó por primera vez, también ella, aquí, en la frente..., ¡en mi propia frente...! (no mires, da-roga) y se fueron los dos... Christine ya no lloraba..., sólo yo lloraba..., daroga, daroga... Si Christine cumple su juramento, pronto volverá...

Y Erik calló. El Persa no le había hecho pregunta alguna; se había tranquilizado por completo en lo referente a la suerte de Raoul de Chagny y de Christine Daaé, y ninguno de los per-tenecientes a la raza humana habría podido, tras haberle oído aquella noche, poner en duda la palabra de Erik que lloraba.

El monstruo se había vuelto a poner la máscara y había hecho acopio de fuerzas para dejar al daroga. Le anunció que, cuando sintiera que su fin estaba cercano, le enviaría, para agradecerle el bien que antaño le había hecho, lo que más querido le era en el mundo: los papeles de Christine Daaé, que ella había escrito durante aquella aventura, para Raoul, y que había dado a Erik, y algunos objetos que le habían pertenecido: dos pañuelos, un par de guantes y el lazo de un zapato. Tras una pregunta del Persa, Erik le comunicó que los dos jóvenes, en cuanto se vie-ron libres, decidieron ir a buscar un cura en algún rincón solita-rio donde ocultar su felicidad y que, con esta intención, se dirigieron a "la estación del Norte del Mundo". En fin, Erik contaba con que el Persa, en cuanto hubiera recibido las reli-quias y los papeles prometidos, anunciaría su muerte a los dos jóvenes. Para ello debía pagar una línea en los obituarios del diario *L'Époque*.

Eso era todo.

El Persa acompañó a Erik hasta la puerta de su apartamen-to y Darius lo llevó, sosteniéndolo, hasta la acera... Lo aguarda-ba un coche. Erik subió en él... El Persa, que se había asomado a la ventana le oyó decir al cochero:

—Explanada de la Ópera.

Y, luego, el coche se hundió en la noche. El Persa había visto, por última vez, al pobre infeliz Erik.

Tres semanas más tarde, el diario *L'Époque* publicaba esta nota necrológica:

"ERIK HA MUERTO"

Epílogo

Ésta es la verdadera historia del fantasma de la Ópera. Tal como yo anunciaba al comienzo de esta obra, ahora no puede dudarse ya de que Erik vivió realmente. Demasiadas pruebas de tal existencia se hallan, hoy, al alcance de todo el mundo como para que no puedan seguirse, *razonablemente*, los hechos y los gestos de Erik a través de todo el drama de los Chagny.

No es necesario repetir aquí cómo apasionó este asunto a la capital. Aquella artista raptada, el conde de Chagny muerto en condiciones tan excepcionales, su hermano desaparecido y el triple sueño de los empleados de la iluminación de la Ópera... ¡Qué dramas, qué pasiones, qué crímenes se habían desarrollado en torno al idilio de Raoul y la dulce y encantadora Christine...! ¿Qué habría sido de la sublime y misteriosa cantante de la que el mundo no oiría nunca, nunca más hablar...? La presentaron como víctima de la rivalidad de dos hermanos, y nadie imaginó lo que había ocurrido, nadie comprendió que si ambos, Raoul y Christine, habían desaparecido, los dos prometidos debían de haberse retirado lejos del mundo para saborear una felicidad que no hubieran querido hacer pública tras la inexplicable muerte del conde Philippe. Cierto día habían tomado un tren en la estación del Norte del Mundo... También yo, quizá, cierto día tome el tren en esta estación y vaya a buscar en las orillas de tus lagos, ¡oh, Noruega, oh, silenciosa Escandinavia!, las huellas tal vez todavía vivas de Raoul y de Christine, y las de mamá Valérius desaparecida, igualmente, en aquel tiempo... Tal vez un día escuche con mis propios oídos el eco solitario del Norte del Mundo, repitiendo el canto de la que conoció al ángel de la música...

Mucho después de que el asunto, por la poca inteligencia de las gestiones del juez de instrucción, señor Faure, fuese archivado, la prensa, de cuando en cuando, seguía intentando desvelar el misterio..., y seguía preguntándose dónde estaba la monstruosa mano que había preparado y ejecutado tan inauditas catástrofes. (Crimen y desaparición.)

Un diario de bulevar, que estaba al corriente de todas las murmuraciones de entre bastidores, fue el único en escribir: "Ahí está la mano del fantasma de la Ópera".

Y, naturalmente, sólo lo hizo de modo irónico.

Sólo el Persa, a quien no habían querido escuchar y que no intentó de nuevo, tras la visita de Erik, conseguir que la justicia lo hiciera, sabía la verdad.

Y poseía las pruebas principales que habían llegado a sus manos con las piadosas reliquias que el fantasma había anunciado...

A mí me correspondía completar aquellas pruebas, con la ayuda del propio daroga. Yo le tenía, día tras día, al corriente de mis investigaciones y él me guiaba. Desde hacía muchos, muchos años, no había regresado a la Ópera, pero conservaba del monumento el más preciso recuerdo, y no había mejor guía para descubrirme los más ocultos rincones. También fue él quien me indicó las fuentes donde podía investigar, los personajes que debía interrogar; y él me alentó a llamar a la puerta del señor Poligny, cuando el pobre hombre estaba casi en la agonía. No le sabía en tan mal estado y jamás olvidaré el efecto que mis preguntas sobre el fantasma le produjeron. Me miró como si estuviera viendo al diablo, y sólo me contestó con algunas frases sin ilación, pero que probaban (era lo esencial) cómo había perturbado F. de la Ó., en su tiempo, aquella vida ya muy agitada (el señor Poligny era uno de esos que se suelen llamar vividores).

Cuando transmití al Persa el escaso resultado de mi visita al señor Poligny, el daroga sonrió vagamente y me dijo: "Poligny no supo jamás cómo le 'tomó el pelo' el extraordinario crápula que era Erik (a veces el Persa hablaba de Erik como si fuera un dios, y otras como si fuera un vil canalla.) Poligny era supersticioso y Erik lo sabía. Erik sabía también muchas cosas acerca de los asuntos públicos y privados de la Ópera.

Cuando Poligny escuchó una voz misteriosa que le contaba en el palco n° 5 cómo empleaba su tiempo y la confianza de su asociado, no quiso saber más. Impresionado, primero, como si hubiera oído una voz celestial, se creyó condenado, y, luego, cuando la voz le pidió dinero, se dio cuenta por fin de que estaba manejado por un chantajista de quien el propio Debienne fue víctima. Ambos, cansados ya por varias razones de su dirección, se marcharon sin intentar conocer más a fondo la personalidad de aquel F. de la Ó. que tan singular pliego de condiciones les había hecho llegar. Legaron el misterio a la dirección siguiente, lanzando un gran suspiro de satisfacción, desembarazados de una historia que los había intrigado mucho sin hacerlos reír.

Así se expresó el Persa respecto a los señores Debienne y Poligny. Con este motivo, le hablé de sus sucesores y me asombré de que en las *Memorias de un director*, del señor Moncharmin, se hablara de un modo tan completo de los hechos y gestos de F. de la Ó., en la primera parte, para terminar no diciendo nada, o casi, en la segunda. A lo que el Persa, que conocía tales *Memorias* como si las hubiera escrito, me respondió que hallaría la explicación de todo el asunto si me tomaba el trabajo de pensar en las pocas líneas que, precisamente en la segunda parte de esas *Memorias*, Moncharmin dedica todavía al fantasma. Aquí están estas líneas, que nos interesan, además, de un modo particular, puesto que cuentan el sencillo modo en que terminó la famosa historia de los veinte mil francos:

Por lo que respecta a F. de la Ó. (es el señor Moncharmin quien habla), algunas de cuyas singulares fantasías he narrado aquí, al comienzo de mis memorias, sólo quiero añadir una cosa, y es que compensó con un buen gesto todas las preocupaciones que había causado a mi querido colaborador y, debo confesarlo, a mí mismo. Creyó sin duda que toda broma tenía sus límites, sobre todo si cuesta tan cara y cuando el comisario de policía ha sido llamado, pues, precisamente cuando citamos en nuestro despacho al señor Mifroid para contarle toda la historia, unos días después de la desaparición de Christine Daaé, hallamos sobre la mesa del despacho de Richard, en un hermoso sobre en el que se leía con tinta roja: *De parte de F. de la Ó.*, las sumas bastante importantes que, momentáneamente, había conseguido obtener, como si fuera un juego, de la caja de la dirección. Richard compartió mi opinión de que todo debía quedar así y de que no debíamos llevar más adelante el asunto. Y bien está lo que bien acaba. ¿No es cierto, querido F. de la Ó.?

Evidentemente, Moncharmin, sobre todo después de esta restitución, seguía creyendo que había sido, por un momento, juguete de la imaginación burlona de Richard como, por su lado, Richard no dejó de creer que Moncharmin se había divertido, para vengarse de algunas bromas, inventando todo el asunto del F. de la Ó.

Aquél no era el momento de pedir al Persa que me dijera de qué modo hacía el fantasma desaparecer veinte mil francos del bolsillo de Richard, pese al imperdible... Me respondió que no había profundizado en este nimio detalle, pero que, si yo "trabajaba" en el lugar de los hechos, hallaría ciertamente la clave del enigma en el propio despacho de la dirección, recordando que Erik no había sido llamado, sin motivo, *el aficionado a los escotillones.*

Y prometí al Persa consagrarme, en cuanto tuviera tiempo, a útiles investigaciones en ese sentido. Diré, enseguida, al lector que los resultados de esas investigaciones fueron perfectamente satisfactorias. Ciertamente, no creí descubrir tantas pruebas innegables de la autenticidad de los fenómenos atribuidos al fantasma.

Y bueno será que se sepa que los papeles del Persa, los de Christine Daaé, las declaraciones hechas por los antiguos colaboradores de los señores Richard y Moncharmin, por la pequeña Meg en persona (pues la excelente señora Giry había, lamentablemente, fallecido) y por la Sorelli, que vive ahora retirada en Louveciennes..., es bueno, decía, que se sepa que todo esto, pruebas documentales de la existencia del fantasma, que depositaré en los archivos de la Ópera, se halla comprobado por varios importantes descubrimientos de los que puedo justamente sentirme algo orgulloso.

Si bien no pude hallar la mansión del Lago, pues Erik clausuró definitivamente todas sus entradas secretas (y, de cualquier modo, estoy seguro de que sería fácil entrar en ella si se procediera a desecar el lago, como he solicitado varias veces a la administración de Bellas Artes),[21] no he dejado de descubrir el

21. Cuarenta y ocho horas antes de la aparición de esta obra, hablé todavía de ello al señor Dujardin-Beaumetz, nuestro simpático subsecretario de Estado para las Bellas Artes, que me dio esperanzas, y le dije que era deber del Estado terminar con la leyenda del fantasma para establecer, sobre bases indiscutibles, la curiosa historia de Erik. Para ello es necesario, y sería la coronación de mis trabajos personales, encontrar

corredor secreto de los comuneros, cuyo muro de tablas se cae ya en algunos lugares: y, asimismo, he descubierto el escotillón por el que el Persa y Raoul bajaron al subsuelo del teatro. Vi, en el calabozo de los comuneros, muchas iniciales grabadas en los muros por los infelices que estuvieron encerrados allí y, entre esas iniciales, una R y una C. ¿R C? ¿No es significativo? ¡Raoul de Chagny! Las letras son todavía hoy muy visibles. Naturalmente no me detuve aquí. En el primer y tercer sótanos, hice bascular dos escotillones de un sistema giratorio, absolutamente desconocidos para los tramoyistas que sólo usan escotillones de deslizamiento horizontal.

Puedo, por fin, decir con todo conocimiento de causa al lector: "Visite un día la Ópera, pida que le dejen pasear por ella en paz, sin estúpidos cicerones, entre en el palco n° 5 y golpee la enorme columna que separa este palco del proscenio; golpee con su bastón o su puño y escuche a la altura de la cabeza: ¡la columna suena a hueco! Y, tras ello, no se sorprenda de que haya podido ser habitada por la voz del fantasma; hay en esta columna lugar para dos hombres. No olvide, si se asombra usted de que mientras acontecieron los fenómenos del palco n° 5 nadie pensara en esta columna, que tiene aspecto de ser de mármol macizo y la voz que estaba encerrada en ella parecía provenir del lado opuesto (pues la voz del fantasma ventrílocuo salía de donde él quería). La columna está trabajada, esculpida, vaciada y vuelta a labrar por el cincel del artista. No desespero de descubrir algún día el pedazo esculpido que debía bajar y subir, a

---

la mansión del Lago, en la que se hallan, tal vez, tesoros de arte musical. No se duda ya de que Erik fuera un incomparable artista. ¿Quién puede asegurar que no hallaríamos en la mansión del Lago la famosa partitura de su *Don Juan triunfante*? *(N. del A.)*

voluntad, para dejar un libre y misterioso paso a la correspondencia del fantasma con la señora Giry y a sus propinas. Ciertamente, todo cuanto he visto, sentido, palpado, no es nada si se compara con lo que en realidad, un ser enorme y fabuloso como Erik, debió de crear en el misterio de un monumento como el de la Ópera, pero cambiaría todos estos descubrimientos por el que pude hacer, ante el propio administrador, en el despacho del director, a pocos centímetros del sillón: una trampilla, de la anchura de las tablas del entarimado, de la longitud de un antebrazo, no más..., una trampilla que se cierra como la tapa de un cofre, una trampilla por la que veo salir una mano que trabaja con destreza en los faldones de un frac...

¡Por allí habían huido los cuarenta mil francos...! Por allí también, gracias a algún artificio, habían regresado...

Cuando, con emoción bien comprensible, hablé de ello con el Persa, le dije:

—¿De modo que Erik sólo se divertía (puesto que devolvió los cuarenta mil francos) haciendo bromas con su pliego de condiciones...?

Me respondió:

—¡No lo crea...! Erik necesitaba dinero. Creyéndose al margen de la humanidad, no sentía escrúpulo alguno y se servía de los extraordinarios dones de habilidad e imaginación que había recibido de la naturaleza para compensarle de la atroz fealdad con que lo había dotado, para explotar a los humanos, y a veces lo hacía del modo más artístico del mundo, pues el truco valía a veces su peso en oro. Cuando devolvió los cuarenta mil francos, por voluntad propia, a los señores Richard y Moncharmin, lo hizo porque, en el momento de la restitución, *ya no los necesitaba*. Había renunciado a su boda con Christine Daaé. Había renunciado a todo lo terreno.

Según el Persa, Erik procedía de una pequeña ciudad de los alrededores de Rouen. Era hijo de un maestro de obras. Había abandonado pronto el domicilio paterno, donde su fealdad producía horror y espanto a sus parientes. Durante algún tiempo se había exhibido por las ferias, donde el empresario lo mostraba como "muerto viviente". Debió de cruzar Europa, de feria en feria, y completar su extraña educación de artista y mago en las mismas fuentes del arte y la magia, entre los gitanos. Todo un periodo de la existencia de Erik permanece bastante oscuro. Lo encontramos de nuevo en la feria de Nijni-Novgorod, donde gozaba ya toda su horrible gloria. Cantaba como nadie en el mundo ha cantado jamás; hacía ventriloquía y se entregaba a extraordinarios malabarismos de los que las caravanas, cuando regresaban a Asia, seguían hablando a lo largo de la ruta. Su fama cruzó así los muros del palacio de Mazenderan, donde la pequeña sultana, la favorita del *sha-en-shah*, se aburría. Un mercader de pieles, que se dirigía a Samarcanda y regresaba de Nijni-Novgorod, contó los milagros que había contemplado en la tienda de Erik. Llamaron al mercader a Palacio y el daroga de Mazenderan lo interrogó. Luego, el daroga fue encargado de buscar a Erik. Lo llevó a Persia donde, durante algunos meses, como se dice en Europa, hizo y deshizo a su antojo. Cometió bastantes horrores, pues no parecía distinguir ni el bien ni el mal, y cooperó en algunos hermosos asesinatos políticos con la misma tranquilidad con que combatió, con diabólicas invenciones, al emir de Afganistán que estaba en guerra con el Imperio. El *sha-en-shah* se hizo su amigo. Es la época en la que se sitúan las *horas rosas de Mazenderan*, de las que el daroga nos ha hecho un esbozo. Como Erik tenía, en arquitectura, ideas completamente personales y concebía un palacio como un prestidigitador puede imaginar un cofre para sus combinaciones, el *sha-en-shah* le encargó una construcción de este tipo, la cual llevó a buen término y era, al parecer, tan ingeniosa que Su Majestad podía pasearse por todas partes sin que lo vieran y desaparecer sin que fuera posible descubrir cómo. Cuando el *sha-en-shah* se vio dueño de semejante joyel ordenó, como había hecho cierto zar con respecto al genial arquitecto de una iglesia de la plaza Roja, de Moscú, que le sacaran a Erik sus ojos dorados. Pero pensó que, incluso ciego, Erik podría construir, para otro soberano, tan inaudita morada y, también que, mientras Erik viviera, alguien conocería el secreto del maravilloso palacio. La muerte de Erik fue decidida, al igual que la de todos los obreros que habían trabajado bajo sus órdenes. El daroga de Mazenderan fue encargado de la ejecución de aquella obra abominable. Erik le había hecho reír mucho y le había prestado algunos servicios. Le salvó la vida proporcionándole los medios para huir. Pero estuvo a punto de pagar con su cabeza tan generosa debilidad. Afortunadamente para el daroga se halló, a orillas del mar Caspio, un cadáver medio comido por las aves marinas que pasó por el de Erik, porque los amigos del daroga revistieron los despojos con efectos pertenecientes al propio Erik. El daroga fue desprovisto, al perder el favor del soberano, de sus bienes y fue condenado al exilio. El tesoro persa, sin embargo, pues el daroga pertenecía a la estirpe real, continuó pagándole una pequeña renta de algunos centenares de francos mensuales y, entonces, vino a refugiarse en París.

Por lo que a Erik respecta, pasó al Asia Menor, y fue luego a Constantinopla donde entró al servicio del sultán. Comprenderán ustedes qué servicios pudo prestar a un soberano víctima de todos los terrores cuando les diga que fue Erik el que construyó los famosos escotillones, cámaras secretas y cajas fuertes misteriosas que se encontraron en Yildiz-Kiosk tras la última revolución turca. Fue él también[22] el que tuvo la idea de fabricar autómatas vestidos como el príncipe y que se parecían asombrosamente al propio príncipe, autómatas que hacían creer que el jefe de los creyentes estaba despierto en cierto lugar cuando, en realidad, descansaba en otro.

Naturalmente, tuvo que abandonar el servicio del sultán por las mismas razones que lo obligaron a huir de Persia. Sabía demasiadas cosas. Entonces, fatigado por su aventurada, formidable y monstruosa vida, deseó convertirse en alguien *como todo el mundo*. Y se hizo maestro de obras, como un maestro de obras ordinario que construye casas para todo el mundo, con ladrillos ordinarios. Se encargó de unos trabajos en los cimientos de la Ópera. Cuando se vio en los sótanos de tan vasto teatro, su naturaleza artística, fantasiosa y *mágica*, lo dominó. Y además, ¿no seguía siendo igual de feo? Soñó en crearse una morada desconocida para el resto del mundo que lo ocultara para siempre de la mirada de los hombres.

Se sabe y puede adivinarse la continuación. Ella constituye esta increíble y, sin embargo, verídica historia. ¡Pobre infeliz Erik! ¿Hay que compadecerlo? ¿Hay que maldecirlo? ¡Él sólo pedía ser alguien como todo el mundo! ¡Pero era demasiado feo! Tuvo que ocultar su genio o hacer *trucos con él*, cuando con un rostro ordinario hubiera sido uno de los seres más nobles de la raza humana.

22. Entrevista con Mohamed Ali bey, la mañana siguiente de la entrada de las tropas de Salónica en Constantinopla, por el enviado especial del *Matin. (N. del A.)*

Tenía un corazón capaz de contener el imperio del mundo y tuvo que contentarse, por fin, con un sótano... ¡Decididamente hay que compadecer al fantasma de la Ópera!

He rogado, pese a sus crímenes, sobre sus despojos para que Dios tuviera piedad de él. ¿Por qué hizo Dios un hombre tan feo?

Estoy seguro, muy seguro, de haber orado sobre su cadáver, el otro día, cuando lo extrajeron de la tierra, precisamente en el lugar donde estaban enterrando las voces vivientes; era su esqueleto. No lo reconocí por la fealdad de su rostro, pues cuando llevan mucho tiempo muertos todos los hombres son feos, sino por el anillo de oro que llevaba y que, ciertamente, Christine Daaé le había puesto en el dedo, antes de enterrarlo como le había prometido.

El esqueleto se hallaba muy cerca de la pequeña fuente, en el lugar donde, por primera vez, cuando la llevó a los sótanos del teatro, el ángel de la música había tenido en sus brazos temblorosos a la desvanecida Christine Daaé.

Y ahora, ¿qué van a hacer con ese esqueleto? ¿Lo arrojarán a la fosa común...? Yo afirmo que el lugar del esqueleto del fantasma de la Ópera se halla en los archivos de la Academia Nacional de Música; no se trata de un esqueleto ordinario.

Gaston Leroux

Gaston Leroux nació en París el 6 de mayo de 1868 y falleció en Niza el 15 de abril de 1927. Tras dejar la escuela, Leroux trabajó como empleado en un bufete de abogados y, en su tiempo libre, comenzó a escribir ensayos y relatos cortos. En 1890 abandonó la toga por la pluma y se convirtió en periodista a tiempo completo, y en 1894 fue contratado por *Le Matin*, donde desarrolló la carrera de periodismo de investigación. Enviado a Rusia durante dos años, fue testigo del primer intento de revolución en 1905. Su vida de entonces no dista mucho de la de su personaje favorito, el investigador Rouletabille, héroe de *El misterio del cuarto amarillo*, que apareció por entregas en 1907 con gran éxito; al igual que *El perfume de la dama de negro* al año siguiente. En 1909, los primeros episodios de *El fantasma de la Ópera* aparecieron en las columnas de *Le Gaulois*.

Hasta su muerte en Cannes en 1927, Gaston Leroux escribió una novela al año, entre ellas *Las aventuras de Chéri-Bibi* y *La doble vida de Théophraste Longuet*. El melodrama del horrible recluso que secuestra a una bella joven en un teatro de la Ópera de París sigue siendo hoy día su obra más reconocida, sin embargo, no alcanzó fama internacional hasta que el actor estadounidense Lon Chaney interpretó el papel principal en la versión muda de 1925. El musical de Andrew Lloyd Webber, *El fantasma de la Ópera* (1986), volvió a dar popularidad a la novela de Leroux. Con 160 millones de espectadores acumulados y unos ingresos globales por encima de los 6000 millones de dólares, es la segunda producción teatral con mayor recaudación de todos los tiempos, sólo superada por *El rey león*. En la actualidad ocupa el primer puesto de la lista de espectáculos de mayor permanencia en cartel en la historia de Broadway y el tercero en la del West End, sólo por detrás de *La ratonera* y *Los miserables*. Entre los muchos reconocimientos que atesora se incluyen los premios Olivier y Tony al mejor musical, así como otros importantes galardones internacionales.

ÍNDICE

Marc Torrent Barceló (Barcelona, 1977). Vivió su fracaso escolar dejando los estudios de secundaria para pasar un año sabático dentro del almacén de una tienda de souvenirs, marcando el precio a objetos manufacturados en China. Una temporada después, y con las ideas un poco más claras, entró en la Escola Massana para estudiar dibujo e ilustración. Desde entonces ha trabajado en múltiples proyectos: álbum infantil, publicidad, libro de texto, prensa, cómic y un largo etcétera. Su habilidad más valorada es la versatilidad gráfica, aunque esto le lleve grandes quebraderos de cabeza. Pero peor sería seguir en el almacén de souvenirs. Fué miembro del colectivo de ilustración Edicions Garabattage y es co-fundador de la Asociación Cultural L'Automàtica (un proyecto de recuperación de las técnicas de impresión de tipos móviles y offset, en Barcelona). Combina su oficio de dibujante con la docencia y la pasión por la música, siendo miembro del grupo de punk Sandré. Ha sido el encargado de ilustrar la portada de esta edición de *El fantasma de la Ópera*.

Carles Murillo (Barcelona, 1980), diseñador gráfico independiente especializado en diseño editorial y dirección de arte, ha sido el encargado de desarrollar el concepto gráfico y el diseño de la colección Clásicos de Gran Travesía.

Para esta edición se han usado las tipografías **Century Expanded** (Linotype, Morris Fuller Benton y Linn Boyd Benton) y **Supreme LL** (Lineto, Arve Båtevik).

Esta obra se imprimió y encuadernó en el mes de marzo de 2024, en los talleres de Romayà Valls, S.A., que se localizan en la Plaça Verdaguer, 1, C.P. 08786, Capellades (España).